포스트모던 시대의 기독교 윤리

POWER, VALUE AND CONVICTION by WILLIAM SCHWEIKER

Originally published in the U. S. A. under the title
Power, Value, and Conviction: Theological Ethics
in the Postmodern Age by William Schweiker
Copyright ⓒ 1998 by William Schweiker
Translated and printed by permission of Pilgrim Press
through the arrangement of KCBS, Inc., Seoul, Korea
Korean copyright ⓒ 2003 Sallim Publishing Co., Seoul, Korea

이 책의 한국어판 저작권은 KCBS, Inc.를 통해
Pilgrim 출판사와 독점 계약한 살림출판사가 소유합니다.
저작권법에 의하여 한국 내에서 보호를 받는 저작물이므로
무단전재와 복제를 금합니다.

우리 시대의 신학총서 3

포스트모던 시대의 기독교 윤리
― 힘, 가치 그리고 확신

윌리엄 슈바이커 지음
문시영 옮김

살림

차 례

- 서문 6

제1부 포스트모더니즘과 윤리 35
    제1장 하나의 세계, 다양한 도덕 38
    제2장 신적 대리행위와 힘의 문제 58
    제3장 도덕회의론과 포스트모던 시대 86

제2부 책임과 도덕이론 115
    제4장 도덕적 의미의 이해 118
    제5장 근본적 해석과 도덕적 책임 146
    제6장 책임과 비교윤리 179

제3부 도덕실재론과 기독교 215
    제7장 기독론적 실재론과 힘의 가치 217
    제8장 신명령론적 윤리와 하나님의 타자성 243
    제9장 하나님의 선하심의 주권 265

- 역자후기 296

서문

현대인과 현대사회는 중대한 도덕적 도전들에 직면해 있다. 유전공학적 문제들로부터 민족주의와 국가간의 갈등에 이르기까지 그 목록을 다 말할 수 없을 정도로 광범위한 문제들이 제기되고 있다. 민족과 문화 및 종교는 도덕적으로, 정치적으로 각기 다른 입장들을 표명하고 있다. 어떤 사람들은 이제 더 이상 전통적인 사고방식으로는 우리 시대의 도전에 대응할 수 없다고 한다. 그들 중에는 새로운 패턴의 도덕적 사고방식을 전개해야 한다고 주장하는 사람도 여럿 있다. 반면에 현대사회에서 윤리학이 해야 할 일은 도덕적 지혜의 전통을 발굴해 내는 것이라고 주장하는 전통주의자들이 있다. 그들은 새로운 도덕을 추구할 것이 아니라 과거의 것을 재발견해야 한다고 주장한다. 우리는 새로운 것을 옹호하는 사람들과 전통을 고수하려는 자들 사이에 붙잡혀 있는 듯하다. 그 사이에 도덕적 문제들은 계속 증가하고 있으며 인간이 과연 이러한 도전에 충분히 응답할 수 있을지에 대한 의구심이 개인과 사회의 모든 삶의 영역에 스며들고 있다.

이 책에서 우리는 전통과 새로움 모두를 아우르는 신학적 윤리를 전개하고자 한다. 기독교는 인간실존의 이해를 위한 놀라운 원천이지만, 그것 역시 하나의 전통이라고 할 수 있다면 그 전통은 각 시대마다 창조적으로 재해석되어야 할 것이다. 우리 시대에 가장 긴요한 과제는 하나님, 그리스도, 그리고 인간의 삶에 관한 기독교적 확신에 표현된 힘(Power)과 가치의 관계를 어떻게 설정할 것인가 하는 데 있다. 힘과 가치의 관계설정의 필요성은 우리 삶의 주변에서 쉽게 느낄 수 있다. 인간은 힘을 욕망하며 평가하며 추구하며 추앙하는 존재들이다. 기독교에 따르면, 힘이 곧 인간의 궁극적 선이라고 할 수 없다. 힘은 생명을 존중하고 증진시키기 위한 목적에 부합되어야 하며, 그렇게 되도록 변형되어야 한다. 이것 역시 우리의 체험 속에서 느낄 수 있는 부분이다. 우리는 모두 잔학함이 아닌 자비로움을 희구하고, 억압이 아닌 정의를 추구한다. 무릇 전성기에 이르렀을 때, 힘만이 정당하다고 주장하는 어리석음을 범하지 않도록 겸손해야 한다. 우리 시대에 있어서 이러한 기독교 신앙의 메아리는 우리의 문명이 근본적으로 성서의 영향을 받아 형성되었다는 역사적 사실에서도 추론해 볼 수 있다. 우리는 또한 힘과 가치에 관한 타당한 추론을 삶의 문제와 연관지을 수 있어야 한다. 이 책을 통해 우리는 힘에 대한 일방적 칭송에 제한을 가하고 인간의 자유라고 하는 선을 긍정하며 문화와 세계 및 삶에 대한 인간의 창조능력을 긍정할 수 있게 되기를 바란다.

이 책에서 사용될 기독교 윤리적 접근 방법은 그리스도인에게만 타당한 것이 아니라 도덕적 존재로서의 우리 삶에 대한 분석 및 성찰에도 의미있는 것이 될 것이다. 이것은 삶에 이해가능한 구조와 동력이 있으며, 더구나 기독교는 이러한 삶의 의미를 파악하는 데 필수불가결의 것이라는 생각에서 나온다. 그리스도인들은 스스로를 타락하고 적대적인 세상 한 복판에서 그들의 정체성을 보존하기 위해 전투하는 남은 자라고 생각해서는 안된다. '기독교 부족'의 안전을 위해 이 세상을 포기할 수는 없다. 물론 이 세상이 엄청난 적대성을 지니고 있는 것은 사실이다. 그러나 세상 일에 관여하지 않는 것이 능사는 아니다. 삶의 문제들에 관여하며 그 문제들로부터 물러서지 않는 것이야말로 신앙의 진정한 가능성이며 요청이다. 그리스도인의 임무는 새로운 세상을 만들며, 삶을 변화시키고 약한 자와 고통당하는 자를 감싸주고, 정의를 위한 일에 기여하며 희망의 소리가 온누리에 울려 퍼지게 하는 데 있다. 기독교가 루터와 칼빈 및 웨슬리를 거쳐 우리 시대에 이르기까지 학교를 만들고 대학과 병원을 설립하며 삶의 모든 영역에서 교육과 사회정의를 위해 노력해 온 진정한 이유가 여기에 있다. 우리 시대는 기독교의 문화명령 또는 문화적 위탁이라는 심오한 전통을 재발견해야 할 때이다.

이제까지 살펴본 것처럼 필자는 교회공동체에 대해서 뿐만 아니라 문화의 문제도 깊이 생각해 보고자 한다. 우리가 지금까지 말한 것들은 문화에 관한 신학적 윤리의 문제들에 해당한다. 이것은 우리 시대의 기독교 신앙의 의미와 진리를 보여주기 위하여 생각의 방향이 교회라는 울타리를 넘어서는 것이어야 함을 보여준다. 나아가 우리 시대의 문제들을 곧 삶과 실천의 문제들로 보아야 하며 더욱이 문화의 영역들 사이를 오고가며 그 해결을 모색해야 하는 과제가 있음을 보여준다. 우리는 하나의 지구 위에 서로 다른 문화를 가지고 다양한 종교적 공동체로 구성된 사회에서 다양한 사회적 역할들을 수행하며 살고 있다. 우리가 사는 시대가 이러한 복합적인 사회라는 것은 탄식거리가 아닌 **인간을 위한** 선이라고 할 수 있다. 이러한 생각을 가질 때 비로소 우리의 사고의 폭이 넓어지며 의식의 포용력이 더욱 커질 것이다. 그러나 이것을 인간을 위한 선이라고 말하는 것은 그 자체로 하나의 도덕적 기준이 될 수 있다. 역사적으로 본다면, 우리는 지금 이른바 기독교 휴머니즘의 연장선상에 있다. 이에 대해서는 이론의 여지가 많았던 것도 사실이다. 휴머니즘을 반대하는 기독교 사상가들과 여러 부류의 이론가들은 기독교적 휴머니즘이란 순진한 생각이라고 말하면서 이 세상의 문제들에 대해 지나치게 낙관적이고 인본주의적인 관점이라고 몰아세운다. 고대의 휴머니즘이나 현대 휴머니즘을 막론하고 철학적 휴머니즘에서는 도덕에 관해 종교적 기초를 말하는 것은 어리석다고 주장한다. 그들은 인간의 능력을 넘어서는 생명의 가치와 범위에 대해 상상할 수가 없다. 필자는 '기독교 도덕철학'(Christian moral philosophy)[1])의 가능성과 그 중요성을 추호도 의심하지 않는다. 서론에서는 이러한 신학적 윤리와 문화에 대한 접근 필요성과 그 중요성을 설명하게 될 것이다.

인간됨의 경계선

윤리는 인간됨의 경계선이다. 윤리학은 삶의 기본적인 딜레마에 답을 주어야 한다. 도덕적 성찰은 삶의 영역에 삼투되어야 하며 실천능력을 더해주는 것이어야 한다. 이러한 맥락에서, 정합성있는 윤리가 되기 위해서는 다음의 다섯 가지 차원을 지니고 있어야 한다.[2] (1)윤리적 상황에 대한 해석, (2)개인 및 사회의 방향을 제시할 가치와 규범에 대한 설명, (3)도덕적 문제에 대한 명료한 실천적 추론의 제시, (4)자아와 타인과 하나님과의 관계에서 구현되어야 할 실존의 구상제시 및 그 정당화, (5)도덕적 비전을 위한 논증의 제공이 그것이다. 이처럼 윤리는 해석적, 규범적, 실천적, 기초적, 메타윤리적 차원들로 구성된다. 신학자들은 도덕적 삶에 대한 전망에 다양한 원천들(성서, 전통, 철학적 담론 등)과 함께 해석적 이론들(예: 사회학적 이론, 본문비평)을 고려해야 한다.

---

1) 이 용어는 니버(H. Richard Niebuhr)의 것이지만, 그의 주장을 답습하려는 것은 아니다. 니버의 주장은 다음의 책을 참고할 것. H. Richard Niebuhr, *The Responsible Self: An Essay in Christian Moral Philosophy*, with an introduction by James M. Gustafson (New York: Harper &Row, 1963).
2) 이에 대한 상세한 설명은 다음 책을 참고할 것. William Schweiker, *Responsibility and Christian Ethics* (Cambridge: Cambridge University Press, 1995).

이러한 의미에서, 이 책은 포스트모던 시대에 대한 하나의 진단이라 할 수 있으며 도덕적 삶에 관한 접근방법을 제시해 주는 것이라 하겠다.

우리는 문화에 대한 기독교윤리학적 관점을 제안하려 한다. 이것은 어떤 의미인가? 지금은 비록 소홀히 취급되고 있지만 문화에 대한 신학적 성찰은 20세기 기독교사상에서 중요한 주제였다. 예를 들어 폴 틸리히(Paul Tillich)는 문화를 종교의 양식으로 이해하였다. 종교란 우리로 하여금 궁극적인 것에 관심을 갖게 하는 매개체이며 문화의 실체라 할 수 있다.3) 이것은 기독교가 예술, 문학, 대중운동, 심리적 경향, 도덕적 신념 등 문화의 다양한 영역들에 관심을 가져야 하며 문화에 대한 이해가 필요하다는 점을 보여준다. 틸리히에 따르면, 문화의 영역들은 인간 영혼의 표현양식들이다. 문화에 대한 탐구는 자기 지식의 획득수단으로서, 독특한 문화적 양식들로 나타나는 영혼의 현현을 해독하는 수단이다. 필자의 관점과 틸리히의 주장 사이에는 유사한 점들도 있기는 하지만, 차이가 더 많다. 이에 대한 상세한 설명은 이 책의 방향성을 보여주는 데 도움이 될 것이다.

첫째로, 틸리히는 인간의 기초적인 질문이 이른바 존재론적 충격, 즉 '왜 무가 아니고 존재인가?'에 대한 질문과 체험에서 제기된다고 했다. 물론 이것도 중요하겠지만, 필자가 보기에 인간이 삶의 문제들을 햄릿의 질문, 즉 살 것인가 죽을 것인가 하는 단순한 형태로 직면하는 것은 아니다. 삶의 가장 긴요하고 기초적인 질문은 실존이라는 선에 관한 질문이다.4) 이것은 우리에게 가장 중요한 문제인 존재와 가치, 실

---

3) 그 예로 다음 책을 참고할 것. Paul Tillich, *The Protestant Era*, trans. James Luther Adams(Chicago: University of Chicago Press, 1948).For his ethics, see Morality and Beyond (Louisville, Ky.: Westminster/John Knox Press, 1995).
4) 이러한 입장은 필자만의 생각이 아니다. 주로 니버에게서 그 단초를 볼 수 있다. Raphael Demos, *H. Richard Niebuhr, and Others in response to Tillich's work*. Journal of Religion 46, nos.1, 2(1966). 그리고 최근에는 레비나스

존과 선의 관계에 대한 질문이다. 삶은 선한 것인가? 존재한다는 것은 죽는다는 것보다 선한 것인가? 무죄한 사람들이 고난을 당하는 이유는 무엇인가? 우리의 희망은 우리를 좌절시키는 것인가? 동물과 생태계는 도덕적 지위가 있는가? 선한 삶을 만드는 요인은 무엇인가? 왜 악한 자가 번성하는가? 이러한 질문들은 도덕이 문화의 한 영역에 종속되는 것이 아니라 세계이해와 삶에 대한 이해의 실마리가 된다는 점을 보여준다. 필자가 문화 이야기에 그치지 않고 도덕의 문제들에 관심을 가지려 하는 이유가 여기에 있다. 필자는 특히 우리 시대의 근본문제는 힘과 가치의 관계설정이라는 점을 강조하고자 한다. 우리는 지금 서양 문화를 통해 볼 때, 행동없는 삶은 가치없는 것이며 의미를 만들고 가치를 창출하는 것을 가장 중요한 것으로 간주하는 시대를 살고 있다. 인간의 힘으로 환자의 고통을 완화시키지 못한다면, 살아있다는 것만으로는 과연 어떤 가치가 있는가를 묻는 시대이다. 바꾸어 말한다면, 우리 시대는 힘에 대한 가치평가를 새로운 관점에서 다루어야 하는 시대이다. 우리는 바로 이 문제를 신학의 지평에서 설명하고 논증하고자 하는 것이다.

둘째로, 우리의 행성, 지구는 도덕적 신념의 수효만큼이나 많은 도덕적 세계들이 존재하고 있다. 틸리히는 문화의 모든 영역이 인간 영혼의 현현이라고 생각했다. 이것은 문화 안에 다양성이 드러나지만, 그 기저에는 인간의 기획에 대한 통일성을 보여주는 영적 연속이 발견된다는 뜻이다. 이에 대한 설명은 어려운 것은 아니지만 개괄적인 성격의 서문에서는 쉽게 표현할 수 없다. 우리는 이제 더 이상 모든 문화가 근본적으로 동일한 인간 영혼의 현현이라고 하거나, 문화의 모든 영역

(Emmanuel Levinas), 테일러(Charles Taylor), 머독(Iris Murdoch), 요나스(Hans Jonas), 리쾨르(Paul Ricoeur), 코악(Erazim Kohak) 등이 이러한 생각에 동조하고 있다. 이들의 사상에 대해서는 이 책의 곳곳에서 소개될 것이다.

이 인간 영혼의 작용을 이해하기 위해 해석되어야 한다고 말하려는 것은 아니다. 다양성과 다원주의를 의심하는 것은 인간의 삶 그 자체에 대한 공격이다. 다양성과 다원주의는 인간이라는 통일성이 모든 문화를 결속시킨다는 선험적인 전제 없이도 설명될 수 있어야 한다. 포스트모던 시대에 얻을 수 있는 것 중 하나는 인간의 보편성을 주장하는 모든 요소들이 그 각각의 실재적인 차이들을 인정하고 존중하며 함양시키고 있다는 것이다. 이것은 우리로 하여금 동일성을 강요하는 잔학성에 빠지지 않게 하며 삶에 대한 기만에 흐르지 않도록 보호해준다. 우리가 다원주의와 다양성이라는 문제에서 시작하려는 이유가 여기에 있다. 우리가 도덕적 세계관의 해석에 그치지 않고 그것들을 비교하려는 이유 또한 여기에 있다. 중요한 것은 필자의 접근 방식이 우리들 자신을 각각의 문화영역에 현현된 인간 영혼의 파악이 아닌 다양한 도덕의 세계를 탐험하며 해석하는 자로 이해하려 한다는 것이다. 여기에는 윤리적 상대주의가 반드시 수반되는 것도 아니며 다양성을 본래적 선으로 보려는 주장도 아니다. 우리는 인간의 삶에, 그리고 여러 문화 속에 나타나는 연속성이 다양성을 배양하며 보존시키는 실존의 각 차원들과 뒤엉켜 있음을 강조하고자 한다.

 이 두 가지, 즉 도덕적 다양성에 대한 관심, 그리고 가치와 존재에 대한 질문의 중요성을 제대로 파악한다면, 필자가 말하려는 이른바 도덕존재론을 이해할 수 있을 것이다. 틸리히를 비롯한 20세기의 문화신학자들은 존재에 관한 질문이 우선되어야 한다고 하였다. 따라서 그들에게는 존재론, 또는 존재에 대한 담론이 기초적인 과제였다. 최근에 이른바 해체주의 신학에서는 존재에 대한 질문의 우선성을 부정하며 결과적으로 존재론의 종말을 선언했다. 그러나 세부적인 이론들에서는 존재와 무에 대한 질문이 중심된 관심사였던 것으로 보인다. 필자의 신학적 성찰은 인간의 세계가 근본적으로 가치있는 것들에 대한 확신에 의하여 형성된 것이라는 점에 비추어 각각의 문화적 상황에 초점을 맞추고자 한다. 테일러(Chales Taylor)가 말한 것처럼 우리는 도덕의 영역에 존재한다. 이 영역은 삶의 방향을 어떻게 설정할 것인가 하는 문제에 직면하게 하며, 삶을 이끌어 주는 가치체계를 제공한다.[5] 2장에서도 말하겠지만, 필자의 도덕존재론은 우리 삶의 방향을 설정해 준 가치와 규범들을 평가하기 위해 우리의 도덕에 대한 검토를 수행하게 될 것이다. 신학적으로 말한다면, 삶을 이끌어가는 도덕을 평가하기 위한 기독교적 확신의 의미와 진실의 문제에 관심을 가지는 것이라 하겠다. 기독교 신앙에 의한 도덕적 비전은 우리 시대에 나타나는 삶의 와해라는 위기에 대해 어떻게 응답해야 하는지 보여준다. 우리 시대에 나타나는 여러 가지 삶의 위협들은 힘과 가치를 동일시하려는 관점에서 비롯되었다. 포스트모던의 상황에는 심각한 공포와 회의론이 자리한다. 이것은 기독교와는 반대되는 태도이다. 기독교는 감사와 존경, 그리고 실존의 신비라는 기쁨으로 충만하다. 기독교는 선이 실재한다고 확신한다. 따라서 신학적 윤리는 선한 것과 옳은 것에 대한 한 시대의 신념들을 비평하고 그 변형을 추구한다.

이 책은 신학적 윤리이자 문화분석이라 할 수 있다. 필자는 신학적 윤리의 관점에서 문화의 발전을 해석함으로써 윤리학의 여러 차원들에 대해 설명하고자 한다. 그렇다고 우리 시대의 문제만을 탐구하려는 것은 아니다. 필자의 논의는 기독교 신앙에 대한 하나의 해석을 제안하는 것이 될 것이다. 필자는 웨슬리의 신학에 기초하여 실존에 관한 기독교적 해석에 중심적인 몇 가지 확신을 가지고 있다. 책을 시작하면서 그 확신들을 확인하고자 한다. 그 확신들은 이 책 전체에 대한 정

---

[5] 이에 대한 설명은 다음 책을 참고할 것. Charles Taylor, *Sources of the Self: The Making of the Modern Identity* (Cambridge: Harvard University Press, 1990).

보를 제공해 주기 때문이다. 그 모든 확신들을 통하여 필자는 기존의 문화신학자들이 하나님을 존재 자체라고 말하였던 것과 같은 추상적 해석을 피하고, 문화를 이해함에 있어서 성서적 전통과 기독교 공동체에서 발견되는 복합적이고도 다의적인 설명법을 취하게 될 것이다. 필자는 이러한 복합적인 사고유형이 우리 시대의 삶과 행위에 대해 보여주는 계몽적인 능력을 입증하고자 한다.

이 책의 특징을 보여주는 첫째 확신은 신앙이란 삶의 문제와 연관되어야 한다는 것이다. 교리는 바르게 살도록 이끌어 주는 것이어야 한다. 신앙이란 삶에 관한 우리의 근본적인 태도 또는 성향이라고 할 수 있다. 그리고 정체의식에 관한 위탁이라 할 수 있다. 신앙과 삶이 연관되어 있다는 것은 신학적 윤리의 과제가 무엇인지를 엿볼 수 있게 한다. 기독교 윤리는 어떻게 살아야 하는가에 대한 도덕적 질문에 기독교적으로 응답하는 것이어야 한다. 도덕적 성찰은 의무나 덕의 문제에 그치지 않고 바로 이 질문의 대답을 추구한다. 또한 교리와 삶이 연관되어야 한다는 것은 신앙과 교리의 도덕적 의의를 밝혀낼 수 있어야 한다는 필요성을 보여준다. 하나님, 그리스도, 죄와 구원에 대한 신념 그리고 미래와 창조의 개념에 대해 이러한 도덕적 의미해명의 작업은 반드시 필요하다. 기독교의 독특한 도덕적 의미는 무엇인가? 신학의 개념들은 삶의 방식에 대해 어떤 정보를 제공해주며 우리는 어떻게 살아야 하는 것인가? 기독교 신앙은 하나의 삶의 방식이다. 따라서 신학적 윤리는 그 의미와 진리를 명료하게 보여주기 위해 도덕의 영역에서 재해석되고 적용되어야 한다.

둘째로, 도덕에 대한 문제제기는 삶을 더욱 선한 것이 되게 한다. 은총과 책임은 긴밀히 연관되어 있다.6) 웨슬리의 정신에 따르면, 행복함

---

6) 이에 대한 설명은 다음 책을 참고할 것. John B. Cobb Jr., *Grace and Responsibility: A Wesleyan Theology for Today*(Nashville: Abingdon Press, 1995).

과 거룩함은 완전이라는 개념 안에 연관되어 있다. 완전 또는 도덕적 진보는 그 어떤 비판에도 불구하고 결코 소홀히 할 수 없다. 이에 대해 과연 그 어떤 비판이 가능할 것인가! 만일 현대 서구인의 마음에 두려움을 조장하고 분노를 불러 일으키는 용어가 하나 있다면, 그것은 바로 완전이라는 것이다. 이 용어는 우리가 그 어떤 부족함이나 흠도 없이 완전해져야 한다는 것을 제안하는 것처럼 보인다. 그러나 그리스도인의 완전이라는 용어를 쓰면서 웨슬리가 생각했던 것은 그런 것이 아니었다. 그는 인간이 실수할 수 있는 존재임을 인정했다. 인간이 도달할 수 있고 또한 그렇게 추구해야 하는 완전이란 하나님과 이웃, 그리고 자신을 적극적으로 사랑함으로써 도달할 수 있는 삶의 통전성(wholeness)을 의미한다. 이 책에서 사용하는 도덕적 통전성이라는 용어는 삶의 목적으로서의 완전이라는 개념을 필자가 재해석한 것이라고 할 수 있다. 윤리학에서 완전이라는 개념이 필요한 이유는 더 이상 설명할 필요도 없다. 우리는 인간이 도덕적으로 악해지거나 사랑이 식어가거나 덜 정의로워지고 덜 진실해져야 한다는 삶의 방식을 권장할 수는 없다. 그것은 상상할 수도 없다. 인간은 선에 대한 진보를 추구해야 한다.

셋째로 삶의 진보는 단지 개인의 영역에 그치지 않는다. 그렇다고 사회적인 것만도 아니다. 도덕적, 종교적으로 삶을 변화시킬 뿐 아니라 세상을 더욱 선하게 만들어 가야 한다. 전통적 신학용어를 사용한다면, 개인의 성화와 사회적 성화는 기독교인에게 본질적인 것이다. 이것은 도덕에 대한 성찰이 본래적으로 사회적 문화적 분석과 비판, 그리고 재구성과 연관되어 있음을 보여준다. 이것은 문화에 관한 신학적 윤리의 배경이 개인의 도덕성 함양 뿐 아니라 사회적 왜곡과 불의를 해소하고 사회변혁을 진전시키는 것이어야 함을 보여준다. 도덕은 삶을 바르게 하고 선한 삶을 살게 하며 사회적 안녕을 증진시키는 데 기여할 수 있어야 한다.

이것은 우리를 넷째 확신에 이르게 한다. 도덕적으로 선해진다는 것은 광범위한 의미에서 이 세상과 우리 자신, 그리고 이웃과 하나님을 보다 깊이 있고 명확하게 바라보게 하는 것이다. 웨슬리는 히브리서 11장을 인용하면서 신앙이란 보이지 않는 것들의 증거이며 예수 그리스도 안에서 하나님에 대한 신뢰와 충성에 대한 구원론적 관계에 있다고 했다. 신앙과 도덕의 연관성이야말로 이 책의 기초이다. 해석학이 신학적 윤리에 중요하다는 것도 바로 이러한 이유이다. 여기에서 근본적 해석이란, 삶의 문제란 완전의 추구이며 세계와 이웃을 어떻게 바라보아야 할 것인가에 있다는 신학적 주장을 현대적으로 재해석한 것이다. 도덕적 삶은 실재적인 것, 특별히 실재적인 이웃들과 살아 계신 하나님을 알아가고 사랑하는 것이다.

도덕과 신앙의 연관성 및 실재에 대한 지식과 사랑의 연관성에 대해 말했으므로 이 책이 취하고 있는 다섯 번째 확신은 이제까지 말해온 것들로부터 도출할 수 있다. 기독교 전통에서 인간 영혼은 천하보다도 소중한 가치를 지닌다. 인간은 인격의 성숙과 사회의 개혁을 추구하며 산다. 우리 시대는 특히 개인이라는 실재가 지구적 구조 및 체계에 의해 위협받는 시대이다. 나중에 다시 말하겠지만, 이러한 체계들은 개인을 복잡한 네트워크 안으로 밀어 넣는다. 이러한 상황에서 그리스도인들은 인격체 및 모든 생명체의 대표가 되어야 한다. 이러한 맥락에서 필자는 다음과 같은 책임의 명법(命法)을 주장한다. 하나님 앞에서 삶의 통전성을 존중하고 함양하라. 이것이야말로 완전한 사랑에 관한 기독교 전통의 현대적 재해석이다. 필자가 알고 있는 한, 이것은 또한 기독교 휴머니즘을 다시 인정해야 하는 이유이기도 하다.

이 책의 마지막 확신은 아마도 가장 논쟁적이리라 생각된다. 신앙과 신학적 성찰의 온당한 대상은 하나님이시며 하나님 한 분에 대한 것이어야 한다. 그리스도인들은 단순히 제도로서의 교회나 종교체험 그 자체를 신봉하지 않는다. 그리스도인들은 성경에 증언된 하나님을 믿으며 교회공동체의 하나님을 믿는다. 그리고 신앙체험을 통해 계시된 하나님을 믿는다. 필자가 하나님 중심적인 논증을 진행한다는 것은 그리스도에 대해, 그리고 그리스도인의 삶에 나타난 성령의 역사를 소홀히 한다는 것이 아니라, 그리스도인들이 믿는 그리스도와 성령에 관한 이해가 반드시 하나님에 대한 것이 되어야 한다는 뜻이다. 우리 시대는 해체와 와해의 경향성에 의해 삶의 통전성이 위협받고 있다. 삶의 통전성은 하나님에게서, 그리고 오직 하나님 안에서 발견된다. 바로 이것이 이 책에서 추구하는 하나님 중심적 사유방식이다. 필자는 이러한 논의를 통해 포스트모던 시대의 해체적 기능을 수행하는 힘이야말로 기독교 신앙의 살아계신 하나님에 대한 도전이라는 점을 폭로하고자 한다.

물론, 필자에게 적대적인 입장을 취하는 사람이 아니라 해도 필자의 하나님 중심적 책임의 명법과 기독교 휴머니즘에 대해 다소 이상하게 생각할지 모른다. 이미 이 책의 개괄에서 모든 종류의 휴머니즘이 반드시 인간 중심적이고 세속적인 것은 아니라고 하였던 점을 기억해주기 바란다. 휴머니즘을 주장하는 것은 하나님 한 분만을 영화롭게 하지 못하는 것일까? 신학적 윤리에 대한 오해가 여기에서 싹튼다. 기독교 신앙의 핵심은 인간이란 하나님과 연관되지 않을 때 의미 없는 존재로 전락한다는 것이다. 또한 우리가 하나님에 대해 도덕적으로 말할 수 있는 것과 또한 그렇게 말하고자 하는 것은 무엇이라도 인간의 문제들과 연관되어야 한다. 하나님에 대한 지식과 인간에 대한 지식은 서로 연관되어야 한다. 바로 이러한 통찰이 하나님 중심주의와 휴머니즘의 매개가 된다. 필자의 근본적인 관심은 개인과 사회와 지구상의 모든 삶의 해체로 크게 위협받고 있는 테크놀러지와 포스트모던의 시대에 하나님에 대한 신앙의 도덕적 설득력을 보여주는 데 있다. 이를 위해 필자는 기독교 전통이라는 풍부한 상징적이고 개념적인 원천으로부터 논의를 전개할 것이며 우리 시대에 미치는 기독교 신앙의 계몽적 능력을 풀어내어 놓을 것이다.[7]

필자의 이러한 주장은 신약성서 요한1서 4장 20절을 반영한다. "누구든지 하나님을 사랑하노라 하고 그 형제를 미워하면 이는 거짓말하는 자니 보는 바 그 형제를 사랑치 아니하는 자가 보지 못하는 바 하나님을 사랑할 수가 없느니라." 이러한 삶을 위한 노력은 이웃을 고유한 가치와 존엄성을 지닌 존재로 대하며, 온전한 신앙으로 하나님을 바라보는 것이라 하겠다. 하나님에 대한 신앙을 포함한 종교적인 주장들은 도덕적으로 해석되고 적용되며 평가되어야 한다는 말의 뜻도 여기에 있다. 히브리 예언자들은 이미 그 사실을 보여 주었다. 그리고 그 통찰력이 예수 그리스도에게서 발견된다. 나아가 신약성서가 증언해주는 것이기도 하다.

실재론에 관하여

이 책의 독자들은 각 장에서 도덕실재론에 대한 질문이 얼마나 중요

---

[7] 기독교 윤리의 과제는 기독교신앙의 의의를 도덕적 맥락에서 검토함으로써 윤리적 지침을 제공하는 데 있다. 오타티(Douglas Ottati)는 말하기를 기독교 윤리학이란 인간의 행위지침과 맥락과 원천이 되는 하나님과 인간에 대한 지식이라고 하였다. 이에 대해서는 다음의 책을 참고할 것. Douglas Ottati, "The Reformed Tradition in Theological Ethics", in *Christian Ethics: Problems and prospects*, ed. Lisa Sowle Cahill and James F. Childress (Cleveland: The Pilgrim Press, 1996)

한지 알게 될 것이다. 라인홀드 니버에게서는 기독교 현실주의로, 틸리히에게서는 자기초월적 실재론으로 잘 알려져 있다.8) 앞서 말한 것처럼 이 책에서 말하는 신학적 윤리와 이들 신학자들의 생각에는 어느 정도 유사성이 있다. 하지만 실재론에 관한 필자의 관심은 두 신학자들의 생각과는 다소 차이가 있다.

현대 포스트모던적 시대는 인간의 힘이 실재에 응답할 수 있는 능력을 지니고 있으며 인간의 힘이라는 실재가 가치의 원천이 된다고 믿는 시대이다. 삶의 핵심적인 과제는 인간의 힘을 증대시키는 것이라고 한다. 힘이란 다른 모든 것들의 뿌리이기 때문이다. 우리 시대를 이러한 방식으로 읊조리면서, 필자는 존재라고 하는 순수한 선을 가장 심오한 것으로 간주하려는 생각들이 전반적으로 상실되었다는 사상가들의 생각, 즉 포스트모던 시대는 영속적인 것들을 상실한 시대라는 주장에 동의한다.9) 이것은 우리 시대를 휘어잡은 존재론적 충격을 말하는 것이 아니다. 오히려 가치론적 충격을 문제삼아야 한다. 다소 이상해 보일지 모르지만, 힘의 심연에로 전락하지 않는 삶의 가치에 대한 놀라운 느낌이라는 것이 있다. 어린이의 얼굴, 신기한 저녁 달빛 그리고 죽음을 맞이한 아버지의 손을 오랫동안 만지는 모습, 그리고 존재한다는 것은 선한 것이며 삶은 존중되고 함양되어야 한다는 의미에서 서로를 포용하는 용서의 말 한 마디가 그것이다. 바로 이러한 것들이 책임의

---

8) 이에 대한 이해를 증진시키기 위해 다음 책을 소개한다. Robin W. Lovin, *Reinhold Niebuhr and Christian Realism* (Cambridge: Cambridge University Press, 1995).
9) 이에 대해서는 다음 책들을 참고할 것 Jonas, *The Imperative of Responsiblilty: In Search of an Ethics for the Technological Age*, trans. Hans Jonas and David Herr (Chicago: University of Chicago Press, 1984); Erazim Kohak, *The Embers and the Stars: An Inquiry into the Murdoch*, *Sense of Nature* (Chicago: University of Chicago Press, 1984); Iris Murdoch, *Metaphysics as a Guide to Morals* (London: Allen Lane/The Penguin Press, 1992).

원천에 대한 체험이다. 이 체험들은 그 모든 왜곡에도 불구하고 진정한 실재란 하나님의 선하고 은혜로운 창조라는 사실을 의식하는 것을 말한다. 200여년 전 임마누엘 칸트는 그의 마음에 가득찬 두 가지 신기한 일이 있다고 했다. 위로 별빛이 빛나는 하늘과 내 마음에 새겨진 도덕률, 바로 그것이다. 그리스도인들은 모든 시대를 통하여 선이란 하나님의 살아계심과 주권적 통치에 근거하는 것이므로 선은 실재한다고 확신한다.

그러나 이러한 선에 대한 깊은 고백이 우리 시대에는 상실된 것처럼 보인다. 심지어는 신앙인들도 그 고백을 상실할 위험에 처한 것은 아닐까? 도덕적 관심과 영성에 관한 많은 말들이 큰소리로 들려옴에도 불구하고 우리는 '실천적 무신론'의 시대에 살고 있다. 우리는 또한 선의 실재를 부정하기 쉽고 인간의 힘이야말로 우리의 삶을 의미있고 목적이 가득한 것으로 만들어 갈 수 있으리라는 기대가 팽배한 시대를 살고 있다. 어떤 사람들은 에로스적 힘이 최대의 것이라고 여기며 다른 사람들은 자기창조의 전략을 자랑하기도 하며 많은 사람들은 정치권력을 얻기 위해 노력한다. 우리는 주께서 말씀하시기를 기대하면서 수많은 소리들 가운데 묻혀 살고 있다. 권력의지에 대한 오래된 요청을 저버리기란 쉽지 않다. 수많은 소리들 속에서 본래적 가치, 즉 우리의 힘으로 환원할 수 없는 가치체험을 재해석하라는 소리는 매우 소중하다. 기독교는 선이란 하나님에게서 비롯되며 하나님의 정체성이 곧 권능이라고 확신하며, 이것은 유한한 실재에 대해 어떤 관계를 설정해야 하는지를 보여준다. 이처럼 하나님에 대한 신앙은 힘의 가치전환을 수반한다. 기독교윤리적 비전의 중심은 힘이 아니라 삶의 통전성이다. 이러한 힘, 도덕규범, 그리고 삶의 통전성 사이의 관계설정에 대한 탐구는 윤리학의 초점이 도덕실재론에 맞추어져야 함을 보여준다.

최근 몇 년동안 필자는 반실재론, 즉 도덕이란 인간의 발명이며 사회적 구성물에 불과하다는 주장이 현대인에게 설득력있게 다가서는 이유는 과연 무엇인가 생각해 보았다. 도덕이란 사회적 구성물이라고 주장함으로써 인간의 자유가 극대화될 수 있을 것이라는 생각이 그 이유였을 것이다. 즉 인간의 자유는 실재에 의해 도덕적으로 구속되지 않는다는 생각이었을 것이다. 이것도 일리가 있는 주장이다. 예를 들어 이성간 성교가 출산을 목표로 하는 것이므로 모든 성행위가 그렇게 되어야 한다고 말할 수 없다. 이것은 성의 자유가 성적 본성에 대한 설명을 능가한다는 사실을 설명하려는 것이 아니다. 가부장적 구조로부터의 여성해방, 출산조절의 발달, 그리고 성에 대한 건전한 이해 등은 성의 자유에 대한 통찰에서 나온다. 문제는, 도덕적 가치란 자연적인 것으로 환원될 수 없다는 생각이 자칫 도덕적 가치는 사회적 구성물이며 결국 인간의 힘으로 환원된다는 주장으로 변질될 것이다. 윤리학에서 이것을 반실재론이라고 한다. 반실재론은 힘을 도덕의 중심에 놓으려 한다.

반실재론이 도덕적 상상력을 장악하는 이유는 무엇일까? 존재에 대한 주장과 당위에 대한 주장을 구분하여 자유에 대한 이해를 진척시키려는 것일까? 윤리학에서 이른바 존재와 당위의 문제(is-ought)가 여기에 해당한다. 이 문제는 이 책의 후반부에서 다룰 것이다. 여기에서는 반실재론에 대한 우리의 입장보다 중요한 문제를 생각해 볼 필요가 있다. 20세기 최대의 특징은 독선의 체험과 그에 대한 항전일 것이다. 이러한 독선과 폭정들에는 성차별, 인종차별 그리고 파시즘 등이 해당되며 이러한 생각들의 배후에는 사물의 본성에 호소하려는 경향이 있다. 가부장적 체제는 남성과 여성의 본성을, 인종차별은 인종의 본성을 그 근거로 제시하였으며, 파시즘은 유대인들을 인간 이하의 종족으로 만들어 버리고 아리안족의 승리를 선언하려는 것이었다. 이처럼 독선은 결과적으로 실재론의 옷을 입고 나타났다.

안타깝게도 이와 유사한 일이 기독교 윤리 안에도 있었다. 독일국가 사회주의 치하에서 어떤 신학자들은 억압적인 정치구조와 가정의 구조를 정당화하기 위해 창조의 질서라는 개념을 이끌어내었다. 자연법 윤리에 관한 전통적인 이론은 로마 가톨릭 윤리학자들에 의해 다른 종파들을 억누르고 전통적인 사회적, 개인적 관계를 지키는 데 사용되었다. 보수주의자들, 특히 미국의 경우에 삶의 중심에 하나님의 계명을 놓아야 한다고 주장했던 보수주의자들은 인종문제, 성차별문제 그리고 경제적 불의와 관련된 모든 분야에서 현상유지가 하나님의 뜻이라고 주장했다. 이 와중에 반실재론자들은 중요한 목소리를 내기 시작했다. 여성주의 이론가들은 성을 사회적 구성물이라고 주장했고, 아프리카출신 미국신학자들과 윤리학자들은 인종차별의 발전과정에 실재에 대한 독선적 호소가 자리하고 있음을 주장했던 것이다. 이제 그 독선적 황제는 발가벗겨졌다. 윤리학적으로 설명한다면, 반실재론이 해방의 작업을 위한 봉사자로서 역할을 했던 것이다.

필자는 반실재론의 도덕적 열정에 전적으로 동감한다. 필자가 해석학적 실재론이라는 용어를 쓰는 것은 어떤 의미에서는 도덕이란 인간이 만들어낸 것이라는 불가피한 사실을 인정한다는 뜻도 일부 들어있다. 해석학적 실재론을 인정한다면, 우리는 그 동안 우리가 살아온 가치들을 삶의 통전성이라고 하는 요구를 따라 전환시킬 수 있다. 우리는 도덕적 개선을 위하여 노력할 수 있다. 그리고 우리는 삶에 관한 독선적인 신념과 형식들을 뒤집을 수도 있다. 그렇다면, 해석학적 실재론을 강조하는 이유는 무엇인가? 여기에는 몇 가지 이유가 있다. 첫째 이유는 실재론 비판에 나타난 모호성에서 제기되었다. 고전적인 도덕실재론은 자연과 인간의 마음에는 인간이 알아낼 수 있는 도덕적 질서가 각인되어 있다고 믿어왔다. 도덕의 과제는 바로 그 질서에 순응하는 것이다. 나중에 다시 논하겠지만, 이 논증은 지지하기 어렵다. 그렇다고 해서 곧바로 도덕이란 인간의 발명이라는 반실재론자들의 주장을 용인할 필요는 없다. 반실재론을 인정한다는 것은 인간을 도덕적 중립의 상태에서 증발되는 존재로 묘사함으로써 인간이란 가치창조를 통해 영웅적이고 비극적인 존재로 살아야 한다고 주장하는 것과 다름없다.

인간에 대한 이러한 이해로는 도덕과 도덕적 행위자와 그 세계 사이의 연관성, 즉 필자가 통전성이라고 부르는 것을 설명할 수 없다. 반실재론자들은 자유를 강조하면서도 인간을 그의 세계로부터 분리시키는 결과를 낳고 있기 때문이다. 반실재론자는 이 세상을 인간을 위한 유용성의 세계로 보며 단지 도구적인 관점에서 평가하도록 이끌고 있다. 바로 이러한 이유 때문에 필자는 이 책의 여러 곳에서 반실재론적 조망을 채택할 경우, 테크놀러지의 시대에 있어서 인간의 삶이 결국은 힘의 극대화에 종속되기 쉽다는 점을 강조하고 있는 것이다.

윤리적 반실재론의 문제점은 바로 이러한 모호성에 있다. 만일 인간의 삶이 도덕적 공허의 상태에서 공기 중에 발산되는 것이라면 우리는 가치를 고안해내고 의미를 부여해야 하는 책무를 지니게 된다. 이러한 이유에서 우리는 현대인의 자기이해에 있어서 예술가로서의 이미지를 가장 두드러진 것으로 상정할 수 있을 것이다. 우리는 인간을 자기창조적 행위와 연관된 의미의 구성자로 생각하고 싶어한다. 이러한 생각에 따르면 힘(power)은 다른 모든 가치가 그것에 의존하게 되는 중심가치가 된다. 문제는 자유의 확장을 명분으로 반실재론이 인간을 힘의 추구에 이끌리는 노예로 전락시킬 가능성이 높다는 것이다. 따라서 윤리학의 문제가 무엇인가를 묻는다면, 그것은 힘을 도덕의 기초로 상정하지 않는 방식으로 자유를 인간의 핵심가치가 되게 하는 것이라 하겠다. 이것이 바로 해석학적 실재론과 책임윤리가 주장하려는 문제의식이다.

필자는 반실재론의 도전에 복합적인 대안을 제시하고자 한다. 행위자가 된다는 것, 그리고 자유를 행사하는 존재가 된다는 것을 생각해 본다면, 힘은 가치영역에 포함된다. 힘이란 하나의 실재적 선(real good)이지만 모든 선의 근원으로 추앙될 수 없다. 우리에게는 행위능력과 함께 이른바 가치론적 경이(axiological surprise)가 있다. 도덕의식에 비추어 볼 때, 이것은 하나님에 대한 지식과 자아에 대한 지식의 연관성을 암시한다. 인간이 스스로를 행위자로 인식하는 과정에서 힘과 가치를 연관짓는 것은 하나님과 인간이 단절된 관계가 아님을 말해준다. 이 점에서 기독교적 담론은 인간이해의 길잡이라 할 수 있다. 이러한 기독교적 담론을 이해함으로써 인간은 하나님과 연관되어 있다는 사실을 알게 된다. 즉 자유로운 존재로서의 인간은 더 높은 원천으로부터 힘을 부여받은 존재라는 점, 스스로 존재하는 것이 아니라 외적 존재에 의해 그 생명력을 부여받은 존재라는 점을 알게 된다. 여기에서 우리는 반실재론과 달리 가치의 문제는 힘과 우월적 지배라는 구도로 환원될 수 없다는 사실을 알게 될 것이다.

우리는 어느덧 윤리적 반실재론과의 대면에 관한 신학적 성찰의 단계에 이르고 있다. 신학자들이 진정한 자유야말로 도덕적인 삶의 기초적인 구성요소라고 하는 것은 지극히 당연한 일이다. 모든 차원에서의 인간해방은 기독교 신앙의 도덕적이고 영적인 대전제이기 때문이다. 그러나 우리는 인간만이 가치를 창출하는 존재라고 생각해서는 안된다. 인간만이 가치창조적 존재라고 주장하는 것은 인간의 삶을 창조의 질서로부터 소외시켜 힘을 가치의 중심에 놓는 결과를 낳을 것이기 때문이다. 기독교는 필연적으로 도덕실재론을 표방한다. 도덕적 가치의 원천과 근거는 사회적 합의사항도 아니고 인간의 창조물도 아니며 개인의 선호도에 따라 결정되는 것도 아니다. 가치의 원천과 근거는 하나님이시다. 하나님은 인간이 고안해낸 대상도 아니며 신적 존재에 관한 사유나 담론도 상상의 구성물일 수 없다. 이것은 하나님에 대한 기독교적 담론에서 도덕적 의미를 추구할 때 신학적 윤리학자들이 반드시 선언해야만 하는 하나의 명법(imperative)이다.

필자가 보기에 기독교에서 사용되는 하나님에 대한 상징과 이름은 하나님 이외의 다른 유한한 것들을 그 유약성과 유한성의 척도에서 평가해주는 자기변형적인 힘으로서의 궁극적 실재를 지칭하고 있다. 이것이 바로 '하나님은 사랑이시다'라고 고백하는 기독교 신앙고백의 윤리적 의의이다. 그 의의는 다양한 텍스트와 공동체, 그리고 전통 속에서 하나님에 대하여 말하고 체험하는 다양한 형식들을 이해함으로써 파악된다. 여기에 기독교적 실재론이 자리한다. 기독교의 실재론은 이 세상과 인간의 삶에 대한 신학적 성찰의 근거이다. 나아가 도덕실재론의 의미도 바로잡아 준다. 도덕의 기본이 되는 실재는 자연의 체계나 인간본성이 아니라 하나님의 실재에서 이해되어야 한다. 우리가 살아계신 하나님에 대한 신앙이 무엇인지를 이해하게 된다면 도덕실재론을 빌미로 자행되었던 억압적이고 독선적인 질서들을 정당화하는 일은 없어질 것이다. 진정한 의미의 도덕실재론은 자유와 삶의 통전성을 위한 격정의 불꽃을 붙여줄 것이다.

실재론에 관한 주의사항이 있다. 필자가 보기에 반실재론의 배후에 모든 형태의 독선에 대한 저항이 내재해 있다. 동시에 반실재론에는 힘을 도덕의 기초로 상정하는 경향이 있다. 현대윤리학에 두드러진 실재론이 이른바 정치적 실재론이라는 점은 그다지 놀랄 만한 일이 아니다. 정치적 실재론 혹은 정치적 현실주의는 인간의 이해관계와 목적들에 대한 감상주의적 접근을 피하고, 인간을 갈등하며 자기이익을 위해 행동하는 존재로 설명한다. 정치적 현실주의자들은 정치영역에 힘과 힘이 대립하고 갈등하고 있음을 강조한다. 이러한 통찰들을 충분히 인정해야 하겠지만, 필자가 보기에 이것은 실재론을 기독교윤리적 관점에서 심도있게 다룰 필요가 있음을 보여준다. 우리는 지금 정치영역의 힘 뿐만 아니라 하나님에 대하여 그리고 인간의 선에 관하여 성찰하고 있기 때문이다.

윤리적 최고선은 도덕적 통전성이다. 통전성이란 인간으로 하여금 하나님 앞에 삶의 가치를 존중하고 함양하도록 위탁하게 함으로써 자연적인 선과 사회적인 선, 그리고 숙고적 선의 복합성을 제대로 볼 수 있게 한다. 이것은 삶의 갈등과 비극이라는 현실을 부정하는 것이 아니라 그 정반대의 것을 생각하게 해 준다. 그 어떤 유한한 삶도 시간의 영역에서는 가치의 통일성을 성취할 수 없다. 이것은 유한자들의 특성을 설명하는 단초이다. 인간은 하나님 앞에서 삶의 가치를 존중하고 함양하는 위탁을 통하여 그 통전성을 확보한다. 삶의 통전성이란 단순히 영혼의 연합을 말하는 것이 아니다. 우리의 삶에서 기대할 수 있는 정합성 또는 통전성은 선의 다양한 영역들을 통괄하여 신앙 안에서, 그리고 신앙으로만 파악할 수 있는 전체성이다. 신앙은 정체의식에 관련된 위탁이다. 그것은 삶과 자기이해, 그리고 공동체를 형성한다.

필자가 말하는 통전성은 일부 사상가들의 생각과는 대조된다. 무엇보다도 반실재론자들, 즉 영혼에 대한 신념을 부정할 수만 있다면 자아라고 부를 만한 그 어떤 것도 발견하지 못할 것이라고 주장하는 사람들의 입장과 반대된다. 그들의 주장을 요약한다면 인간에게는 다양한 역할이 부여되어 있고, 의식과 무의식이 작용하고 있으며 다양한 형태의 담론을 사용하고 성에 의해 사회가 구성되어 있다. 그리고 삶의 복합성을 보여주는 관계들의 소용돌이 속에 살아가는 포스트모던적 자아는 파편적이며 다원적이다. 이러한 관점에서 본다면 인간의 삶을 통전적인 것으로 만들고자 하는 그 어떤 시도라도 그것은 하나의 환상이며 독선이다. 삶을 통합하려는 노력은 자아의 다원성을 부정하는 것이며 거짓된 통일성을 부여한다. 필자가 주장하는 내용을 살펴보면 하나님 중심주의와 인본주의 사이의 갈등처럼 도덕에 관한 변증법적 추론이 불가능함을 보여주는 여러 가지 예를 보게 될 것이다. 파편성과 거짓된 통일성만이 우리가 취할 수 있는 선택의 대상인 것은 아니다. 인격체가 된다는 것은 자아를 통전적 복합성의 존재로 이해하는 것임을 설명할 수 있으며 그렇게 서사시를 읊조릴 수도 있다. 필자가 생각하는 것은 인간실존에 스며들어 있는 가치의 다원성을 인정할 수 있다는 것, 개인의 도덕적 삶에서 타자와 세계 및 하나님과의 관계에서 다원적 가치의 통합노력을 하는 것이 정당하다는 점이다. 자아의 파편성을 칭송하는 현대적 조류는 거짓이다. 그러한 자아는 도무지 실재적 인간으로 살 수 없다. 인간은 삶과 관계에 있어서 정합성을 추구하는 존재이다. 윤리학은 정합성있는 삶의 정당하고 선한 형태들을 구별해 줌으로써 인간의 이러한 도덕적 모험을 도와야 한다. 바로 이것이 필자가 말하는 도덕적 통전성 개념의 뜻이다.

이제까지의 설명에서 분명해진 것은 도덕실재론의 문제가 윤리학에 있어서 규범적인 문제에 대해서 뿐만 아니라 윤리학의 해석적 차원과도 연관되어 있다는 점이다. 실재론은 세계에 대한 이해와 도덕적 문제들에 대한 이해를 설명해주는 것이기 때문이다. 나아가 실재론에 관한 논의는 근본적 차원의 윤리적 성찰의 필요성을 제기한다. 우리가 주목하는 것은 행위자로서의 자아의 의미, 삶의 정합성 그리고 하나님께 대한 신앙이다. 이 모든 것은 실천영역의 문제이며 어떤 윤리적 관점을 가질 것인가 하는 메타윤리적 질문에 연결된다. 그러므로 도덕실재론에 초점을 맞추는 것은 우리를 가장 결정적인 방식으로 모든 차원의 도덕적 성찰을 가능하게 하는 것이라 하겠다. 실재론적이면서 동시에 반실재론의 통찰력과 열정을 설명해 줄 수 있는 신학적 윤리를 정립한다는 것은 해석학적 실재론의 필요성을 제기한다. 이러한 도덕이론이 타당한 것인지 아닌지의 문제는 윤리학의 기본문제를 반실재론자들의 설명보다 더 적절하게 설명할 수 있는가에 달려있다.

이미지, 개념 그리고 이론

해석학적 실재론, 도덕적 통전성, 윤리학의 다차원성, 도덕적 세계 등등에 관한 설명과 함께 이 책에서는 신학적 윤리가 해석학적 성찰을 내포하고 있음을 주장하게 될 것이다. 해석학은 의미와 인간이해에 관한 설명을 제공해준다. 그 기초는 인간이란 의미의 해석자라는 것이다. 인간이 해석하는 의미들은 문화의 영역에서 구현되는 이미지, 개념, 이론을 통해 나타나지만 그것들로 환원되지 않는다. 따라서 신학적 윤리는 문화를 설명하고 인간의 삶을 이해하며 그 방향을 제시하기 위해 이 모든 차원을 다루게 될 것이다. 해석학을 통하여 기독교 윤리는 어떻게 살아야 하는지, 도덕의 근본은 무엇인지 그리고 인간이해의 기초는 무엇인지에 대해 성찰할 수 있게 될 것이다. 이 책에서 해석학은 이른바 도덕적 존재론을 위한 조력자가 될 것이다.

다행스럽게도 신학자들과 윤리학자들은 더 이상 도덕적 성숙이란 단순히 도덕적 관념을 이해하고 그것들을 어떻게 사용할지, 라는 것이라고 생각하지 않는다. 윤리학은 이야기, 상징 그리고 메타포, 이미지 등에 관한 새로운 감수성을 가지게 되었다. 신학자들이 기독교 전통과 문화 및 그것이 삶에 대해 알려주는 이미지들을 분석하는 것은 매우 중요한 책무이다. 이 책에서 필자는 특별히 다양한 문화들에 나타난 인간과 하나님에 관한 이미지들에 관심을 가지게 될 것이다. 예를 들어 필자는 기독교 신앙에서 하나님이라는 상징이 힘과 가치의 관계를 설명하는 하나의 방식, 즉 근본적인 도덕적 해석에 이르게 한다. 이러한 하나님의 이미지를 해석하기 위하여 우리는 기독교 신앙의 상징들의 논리를 이해하여야 할 것이다. 그리고 이러한 이미지들이 어떻게 도덕적 이해의 기초가 되는지 이해해야 한다. 여기에서 우리는 인격체를 도덕적 예술가로 이해하며 미래를 공허한 공간으로 바라보는 포스트모던 시대의 중심 이미지들을 설명할 것이다.

그러나 이미지가 도덕 및 종교생활에 대해 우리가 필요로 하는 모든 것은 아니다. 만일 기독교 윤리에서 수행하고 있는 이 작업의 특징을 한마디로 규정하려 한다면, 그것은 오히려 이 일을 곡해하는 것이기 쉽다. 예를 들어 우리는 이야기(narrative)만으로도 도덕적 사유에 대한 충분한 설명이 된다거나 원형이라고 할 만한 기독교적 상징들은 단지 서양적 상상력에 의한 것에 지나지 않는다고 말하기도 한다. 그 기본 가정은 도덕적 사유란 이미지의 형성 및 파괴와 병행하는 것이라는 생각이다. 필자는 이 주장에 반대한다. 정합성있는 윤리적 성찰에서도 선, 사랑, 덕, 책임 등과 같은 개념들을 사용하고 분석할 필요가 있다. 우리도 신학적 담론의 개념적 성격에 대해 설명할 필요가 있다.

개념이란 단지 어떤 것의 본질적 특징을 규정함으로써 경험을 조직화하는 일반관념일 뿐이다. 필자가 하나님이라는 개념이 기독교인에게 유한한 실존을 존중하고 그 가치를 함양하기 위하여 스스로 제한하는 궁극적 힘으로서의 신적 실재라고 주장하는 것도 일종의 심볼에 대한 개념적 분석작업이다. 다른 예를 들면, 양심을 도덕적 지식 및 자기변형의 설명수단으로 근본적 해석이라는 것을 사용하는 것을 생각해 볼 수 있다. 이것은 삶의 특수한 다이나믹에서 나타나는 본질적 특징들을 끄집어내기 위한 수단이다. 필자가 말하려는 것은 우리가 이미지들에 의해서만 움직여지는 것이 아니라는 것이다. 우리는 상징, 메타포, 그리고 이야기들을 읽고 해석해야 한다. 그리고 이를 통해 유용한 개념들을 형성해야만 한다. 이러한 의미에서 필자는 전통을 넘어서거나 우리의 경험의 바탕에서 형성하는 경험들을 능가하는 이미지들, 즉 상징이나 이야기들을 어떠한 방식으로도 얻지 못하게 하는 지나치게 광범위한 신념들을 거부한다. 이것은 윤리학에서 다른 입장들을 어느 누군가의 경험의 투영 이상 다른 것이 아니라고 격퇴시킬 기반을 제공한다. 그러나 우리가 도덕적이고 종교적인 삶의 영역에서 개념을 사용하는 것 또한 분명하다. 기독교 윤리는 도덕적 성찰을 위하여 정합성있고 명쾌한 개념해석 및 규정에 힘써야 할 것이다.

우리가 도덕적 체험의 의미를 이해하려 한다면 이미지와 개념들을 검토해야 한다. 하지만 꼭 그런 것은 아니다. 도덕적 삶에 대한 하나의 이론이 필요하다는 주장에 만족할 수 없다. 이것은 그다지 바람직하지 않다. 최근에는 그렇게 생각하는 것 자체가 불가능하며, 불필요하며 어쩌면 위험천만한 것일지도 모른다는 생각들이 만연되어 있다. 일부 신학자들은 우리가 도덕이론을 전개하려 한다면, 그리스도의 증인됨이라는 독특성을 도덕적 선에 관한 일반이론에 종속시킴으로써 예수 그리스도를 향한 불신앙에 이르게 할 것이라고 주장한다. 그런가 하면, 일부 철학자들은 윤리학자의 책무는 도덕의 개념들을 설명하고 도덕적 질문들에 대한 해답을 제시하는 것이라고 주장한다. 또한 일부 신학자들과 철학자들은 삶이란 다원적이며 도덕적 공동체는 각각 차별적인 것이며 세계관 또한 다원적이어서 하나의 정합성있는 도덕이론을 전개하는 것은 환상이며 위험천만한 것이라고 주장한다. 이것은 사람들의 도덕적 삶의 독특성을 부정하는 것과도 같다.

필자는 이러한 비판이 조직신학적 관점에서 타당한 것이라고 본다. 그러나 도덕적, 종교적, 문화적 영역에 관한 정합성있는 이론을 전개할 수 있다고 주장하려는 것은 아니다. 이 책은 도덕적 존재로서의 인간의 본성이란 어떤 것이라고 내용을 구성해 주려는 것이 아니다. 삶의 풍요와 고통에는 구조적 원인이 있다는 주장보다는 삶의 복합성에 대한 가이드를 제공하고자 한다. 앞서 말한 것처럼 이러한 성찰이 필요한 이유와 그 가능성은 우리가 어떻게 살아야 하는지를 성찰해야 하는 하나의 지구에 공존한다는 단순한 사실에서 찾을 수 있다. 우리는 도덕적 삶에 관한 다원적인 조망으로 윤리학에 있어서 환원주의를 피해 갈 수 있다. 우리는 이러한 도덕적 다원성의 조망이 어떻게 서로서로를 인정하며 병존하게 되는지 살펴봄으로써 윤리인식 부정합성의 문제를 피해갈 수 있다. 그렇게 함으로써 윤리학의 차원들이라는 것이 무엇인지를 보여주게 될 것이다. 신학적 윤리는 윤리학의 여러 차원들을 연계시켜 변증법적으로 설명함으로써 도덕에 대한 다차원적인 설명을 제시할 것이다.[10] 이미지와 개념들이 의미있는 것으로 평가되기 위해서는 이러한 윤리이론이 반드시 필요하다. 왜냐하면 우리는 다차원적인 이미지들과 다양한 개념들이 어떻게 연관되는지 설명해야 하기 때문이다. 그리고 이러한 토대에서 우리는 신학적 윤리가 조망하는 문화해석에 대한 이해에 도달하게 될 것이다. 이것은 또한 도덕에 있어서 중요한 의의를 지닌다. 우리는 혼돈의 삶보다는 정합성있는 삶을 원하기 때문이다.

---

10) William Schweiker and Michael Welker, "A New Paradigm of Theological and Biblical Inquiry", in *Power, Powerlessness, and the Divine: New Inquiry Bible and Theology*, ed. Cynthia L. Rigby (Atlanta: Scholars Press, 1997), pp.3-20.

기독교 윤리에 해석학을 사용한다는 것은 넓은 의미에서 도덕과 문화이론의 발전을 위한 개념설명을 통하여 상징, 이야기 그리고 메타포에 이르기까지 다양한 것들을 검토하는 다양한 차원의 성찰을 가능하게 할 것이다. 이 모든 것이 그 어떤 완전한 방식으로 한 권의 책에 다 담겨질 수 없다는 것은 분명하다. 이 주제들은 이 책의 곳곳에서 다루어질 것이며 우리가 하나님 앞에서 어떻게 살아야 하는 것인가에 대한 답을 제시하는 데 도움을 줄 것이다. 여기에 관심있는 참여가 요망된다. 우리가 말하고 이야기하는 것은 바로 우리의 삶이요 어떻게 하면 통전성 있는 삶으로 살 수 있을지 문제삼는 것이기 때문이다.

스타일 문제

지난 몇 년간 필자는 이 책을 집필하면서 도덕이론과 신학적 관심에 나타나는 문화의 문제와 복합적인 이슈들을 섭렵할 수 있었다. 이 책의 몇 부분과 이 책에서 시작된 질문들을 정리해 발표한 몇몇 신학저널의 기사들은 이 책 전체를 통하여 하나의 정합성을 유지할 수 있도록 하는 방식으로 쓰여졌다. 1부에서는 포스트모던 시대의 도덕적이고 신학적인 의미에 대해 설명하고 우리의 현대적인 삶을 너무도 자주 채색하고 있는 이른바 회의론의 형태들을 구분하여 설명했다. 2부에서는 보다 직접적으로 도덕이론의 문제들을 다루게 된다. 필자는 책임의 문제를 중심으로 삼아서 해석학적 실재론과 도덕적 통전성이라는 가치를 묶어서 설명하는 방식을 취하였다. 3부는 기독교 신앙에 나타난 하나님의 힘이 도덕적으로 어떤 의의를 지니고 있는지를 살펴봄으로써 이 책의 결론을 제시하고 있다. 필자는 이 주제에 대한 윤리학의 다른 입장들을 살펴보고 종교와 도덕 사이의 연관성 문제를 논하였다. 이제 다음에 이어질 각 장에서 필자는 현대인의 다양한 주제들과 문제제기를 포괄하는 신학, 윤리, 문화가 복합적으로 어우러진 논의를 전개하기 위하여 탁월한 몇몇 기독교 윤리학자들의 주장을 검토하게 된다. 그러나 필자의 기본입장은 도덕에 대한 생명력있고 흥미진진한 접근방식을 제공하는 데 있다.

  기독교는 우리를 변화되지 않고서는 견딜 수 없게 하는 세계와 이웃에 대한 사랑과 지식을 담고 있다. 사랑없는 삶은 생명력이 없고 의와 기쁨과 애정에 대한 갈급함도 없다. 자신의 행동에 대한 무지와 아무 생각없이 지내는 것에 취하여 살거나 가치있는 것을 얻기 위한 최상의 길이 무엇인지에 대해 무지하다면, 그것은 인간존엄을 훼손하는 것과 다름없다. 도덕적 성찰이 의도하는 것은 삶의 통전성을 존중하고 그 가치를 함양하는데 도움이 될 지식을 더해주고 사랑을 개발시켜주는 데 있다. 이 책은 바로 이러한 책무를 완성하기 위한 노력의 일환이라고 하겠다.

제1부
포스트모더니즘과 윤리

제1부에서는 우리 시대의 윤리적 상황을 개괄하고 기독교 윤리는 이 시대의 문제들에 대해 어떻게 대응해야 하며 어떤 요소들을 구비해야 하는지 논하게 될 것이다. 우리는 지금 아직도 결론이 나지 않은 문제, 즉 후기근대성(postmodernity)을 어떻게 규정해야 하며 포스트모더니즘과 모더니즘의 관계는 어떤 것인가 하는 등의 문제를 다루려는 것이 아니다. 무엇보다도 우리 시대의 윤리적 특징들을 점검하는 것이 급선무이다. 필자가 보기에 우리 시대의 윤리적 상황은 몇 가지 사실들이 뒤엉켜 있다. 첫째, 많은 사람들이 전지구적 차원의 도덕적 조망을 추구하지만, 지구상에는 깊고 넓게 확산된 도덕적, 문화적 다양성이 상존하고 있다. 1장에서는 이러한 다양성의 문제를 고찰하고 도덕적 가치에 대해 논하게 된다. 둘째로 인간의 힘이 생태계를 위협하고 심지어 인간의 유전적 특징까지도 변경시킬 정도로 증대되고 있다. 역사상 유래가 없었던 이러한 충격적인 힘의 증대는 책임윤리의 필요성을 제기한다. 힘의 증대됨에 따라 도덕적 가치의 본성과 의의에 관한 전통적인 주장들이 도전에 직면하고 있다. 2장에서는 이 문제를 다룰 것이다. 특히 현대사상가들의 관점과 성서적 해석을 비교하게 될 것이다.

우리 시대의 윤리적 상황을 규정할 수 있는 또 하나의 특징은 앞서 말한 두 가지 요소들이 상호연관된 것으로서, 이것은 현대인의 의식형성에 영향을 주고 있다. 우리가 살고 있는 시대를 흔히 정보화시대 및 테크놀러지의 시대라고 한다. 미디어 시스템을 창출하고 그것을 통해 지구상의 다양한 사람들과 만나게 되어 하나의 지구라는 의식과 함께 문화적 다양성에 대한 의식이 나타나고 있다. 3장에서 이 문제를 다루게 될 것이다. 그리고 문화적 다양성과 도덕회의론의 문제를 설명하게 될 것이다. 필자는 이러한 과정을 통해 포스트모던적 상황에 대한 또 하나의 응답을 마련할 수 있을 것으로 기대한다. 이 책의 제1부는 포스트모던적 상황의 가장 두드러진 특징인 다양성의 문제에서 출발하여 현대에 나타난 힘과 가치를 동일시하는 현상을 분석하고 가치와 현대적 의식에 대한 설명에 이르게 될 것이다. 1부의 세 장은 하나의 원을 이루는 형태로 구성된다. 포스트모던 시대에 대한 이야기로 시작하여 기독교의 하나님과 실재에 관한 주장을 살펴본 후 다시 포스트모던 시대에 대한 이야기로 돌아온다.

제1부는 이 책 전체의 중요한 요점들을 고찰하게 될 것이다. 그 첫째로, 우리의 논의는 변증법적 사고를 따라 진행될 것이다. 여기에서 말하는 변증법이란 일종의 사유방식으로서 문제에 대해 깊이있고 포괄적인 설명을 추구하면서도 서로 다른 입장들을 아우르는 방식을 말한다. 1부에서 소개되는 이론들은 잠정적이고 열려있는 것으로서, 이 책 전체의 주장을 단번에 설명할 수 있는 것은 아니다. 이러한 변증법적 사고는 이해력의 유한성을 폭로해 준다. 인간은 결코 신적 조망에 도달할 수 없다. 비록 삶과 세계의 의미와 가치를 파악하려 노력해도 완전한 지식일 수 없으며, 피조물의 유한성이라는 한계를 지닌다. 이 책은 우리가 생각해 볼 문제들이 무엇인지 제시해 준다.

둘째로 제1부는 2부와 3부에서 심화될 기독교 윤리 이론을 개괄적으로 소개하게 될 것이다. 필자는 우리 시대의 윤리적 상황에 대한 설명에서 시작하여(1부), 하나님의 실재와 연관지어 힘(Power)의 의의를 논하고(2부), 이것이 도덕적 선이라는 실재에 대해 어떤 시사점을 주는지 설명하고자 한다(3부). 이러한 의미에서 필자의 관점은 힘, 가치, 그리고 실재의 관계에 대한 변증법적 접근이다. 1부는 우리 시대의 윤리적 상황을 개괄하고, 윤리적 사고방식에 대한 설명과 기독교 윤리의 특징에 대한 개략적 설명으로 구성된다.

제1장 하나의 세계, 다양한 도덕

21세기가 되면서 지구상의 많은 사람들은 문화와 종교 및 도덕적 신념들이 매우 다양하다는 점을 더욱 더 절감하고 있다.[11] 우리는 보스니아에서 있었던 기독교와 모슬렘 사이의 격돌과 테러집단들을 목도하였다. 우리 모두는 어떻게 이런 일들이 일어날 수 있는지 이해할 수가 없다. 그러나 바로 이것, 즉 다른 사람들의 도덕적 견해를 이해하는 것은 추상적이거나 요원한 것은 아니다. 다른 사람들의 도덕에 대한 이해는 매우 개인적이다. 보스니아 내전 기간에 필자는 독일에서 미국으로 돌아오는 비행기 안에서 세르비아계 청년을 만난 일이 있다. 그는 자신이 민족과 함께 있을 수 없다는 점, 그리고 자신의 민족이 내부의 문제로 인해 싸우고 있다는 점을 비통해 하고 있었다. 그는 자신의 고국에서 일어난 일에 대해 내가 보여준 반응들을 수용할 수 없는 것 같았다. 반면에 필자는 그의 신념들이 도무지 믿겨지지 않았다. 우리의 경험과 역사에 미루어 볼 때, 도덕적 다양성은 너무나 자주 갈등을 낳

---

11) 본 장은 다음 저널에 이미 기고한 바 있음. *Criterion* 32, No. 2 (1993): pp. 12-21.

는다. 우리 시대는 예를 들어 본토 미국인과 아프리카에서 온 미국인, 그리고 구소련 치하의 기독교인들 사이에 나타났던 억압에서 벗어나 그 각각의 전통과 존엄성을 인정하게 되었다는 점에서 좋은 것 같다. 다양한 도덕이 공존한다는 것은 지구상에 존재하는 인간의 특징이다. 이러한 다양성은 문화전통의 존엄성에 대한 증오와 갈등 또는 존중을 조장하기도 한다.

도덕적 다양성이 있다는 것, 그리고 그것이 우리의 삶에 영향을 준다는 것이 내가 말하려는 모든 것이라고 할 수는 없다. 테크놀러지, 정치, 경제, 환경 및 사회적 이유들로 인해 이러한 다양한 문화와 사회들이 점차 상호의존적인 특징을 보여주고 있다는 점 또한 알아야 한다. 우리는 지금 인간을 포함하여 모든 종의 유전적 구조를 변경시킬 능력을 갖추었으며 그 결과 지구상에 전개될 미래의 삶도 바꿀 수 있게 되었다. 유전학적 혁명은 우리가 상상할 수 없을 정도로 광범위한 영향을 미치고 있다. 기독교 윤리학자 폴 램지(Paul Ramsey)가 말할 것처럼, 우리 후손들은 어쩌면 유전적으로 우리와 유사하지 않게 될지도 모른다.[12] 뿐만 아니라 지구촌 경제의 상호의존성은 그 어떤 개별국가의 시장도 다른 나라들의 경제적 영향에서 자유로울 수 없음을 보여준다. 페르시아만의 걸프전에서 보았던 것처럼 군사적 갈등은 국제적 제재를 가하면서도 세계대전으로 확전시키지 않으려 한다면 그 성공적 수행을 위해 국가들 사이에 그리고 국제여론에 있어서 상당한 협력이 필요하다는 점을 보여준다. 인권과 진정한 자유에 대한 관심이 지구상의 모든 영역에서 나타나고 있다.[13] 정치, 경제적인 문제와 연관된 삶의

---

12) Paul Ramsey, *Fabricated Man: The Ethics of Genetic Control* (New Haven, Conn.: Yale University Press, 1970). Hans Jonas, *The Phenomenon of Life: Toward a Philosophical Biology* (Chicago: University of Chicago Press, 1982)
13) 이에 대한 논의는 다음의 책에 잘 설명되어 있음. David Hollenbach,

기본적인 영역을 비롯하여 인권에 관한 폭넓은 의견들에 이르기까지 세계의 상호의존성이 더욱 두드러지게 나타나고 있다. 우리가 질문해야 할 것은 이처럼 점증하고 있는 지구촌의 상호의존성을 도덕적으로 어떤 관점에서 볼 것인가 하는 점이다.

우리는 '지구촌'(a global village)이라는 하나의 세계에 살고 있다. 동시에 지구촌은 상이한 문화 및 신념체계들로 이루어져 있다. 우리는 수많은 도덕성이 공존하는 하나의 세계에 살고 있다. 우리는 도덕적 다원성이 있다는 사실, 그리고 그로 인해 인간의 삶에 다원성이 나타나기 마련이라는 점에 주목하려는 것은 아니다. 우리 시대의 도덕적 상황을 설명한다면, 인간이란 그 각각의 문화적, 민속적, 종교적 전통 안에 뿌리박고 살고있지만, 우리 시대에 나타난 힘의 근본적 확장으로 초래된 상호의존성이 심화되는 이중적 상황에 처하여 있다. 인간은 이제 삶과 환경을 근본적으로 변경시킬 정도로 힘을 확장시키고 있다. 이에 대해 많은 윤리학자들과 정치신학자들 그리고 사회비평가들은 전통적인 도덕적 신념들, 사고방식이나 신앙의 형식들로서는 우리 시대의 도덕적 문제들을 다룰 수 없다고 한다. 그러나 필자가 보기에는 이것 자체가 문제가 되는 것이 아니라 도덕적 성찰이 필요한 여러 문제들의 원천이다. 앞서 말한 것처럼, 우리는 지금 도덕이라는 전통적 틀과 현실에 나타나는 문제들에 대한 새로운 대답의 추구라고 하는 이중의 요구 사이에 놓여 있다. 이것이 포스트모던 시대의 현실이다.

포스트모던 시대의 윤리는 어떤 것이어야 하는가? 이 질문이 이 책의 핵심이다. 필자는 다소 제한적이지만 긴요한 질문을 제기하고자 한

Justice, Peace, and Human Rights: A Catholic Social Ethics in a Pluralistic Theology and Ethics (Philadelpia: Fortress Press, 1984); Hans Kung, *Global Responsibility: In Search of a New World Ethics*, trans. John Bowden (New York: Crossroads, 1991).

다. 문화적 경계선을 넘어서는 보편타당한 윤리를 제안할 수 있을까? 다시 말해 우리가 지금 제안하려는 주장을 토대로 삼아 어떤 것이 다른 사회에서 또는 다문화적인 사회의 다른 하위 영역에서는 옳지 않다고 말할 수 있을까? 이 질문에 답을 할 필요가 있다. 이러한 판단을 한다는 것 자체가 문제는 아니다. 대부분의 경우, 우리는 주변에 발생하는 도덕적 문제들에 대해 거의 대부분 반응하기 마련이다. 예를 들어 범죄기사를 읽으면서 죄의 결백 여부를 판단한다. 그러나 솔직히 말해서 도덕판단은 종종 우리의 짧은 지식과 편견, 그리고 심지어 자기이익에서 나온다. 이따금 문화초월적인 보편적 판단을 내리기도 하지만, 그것은 어쩌다 한 번 나타나는 것이기 쉽다.14) 중요한 것은 도덕적 문제들에 대한 반응들이 과연 타당한 근거를 가진 것인가 또는 타당한 도덕판단에 이르고 있는가 하는 점이다. 이것은 신학자나 철학자 그리고 사회평론가에게만 제기되는 질문이 아니다. 우리는 지금 삶을 이끌 타당한 규범과 가치를 어떻게 결정하는가를 탐구하고 있다.

우리 시대의 도덕에 대한 진단

이제 도덕판단에 초점을 맞추어 포스트모던 시대에 대한 진단을 시작해보자. 힘과 가치에 대한 성서적 관점 및 포스트모더니즘에 대해서는 2장에서 다시 다루게 될 것이다. 3장에서는 이 문제에 대한 조금 다른 각도의 접근으로 정보화시대에 제기되는 도덕회의론을 중점적으로 다루게 될 것이다. 이를 통해 우리 시대의 정신은 과연 어떤 것인지 개

---

14) 철학자들은 종종 도덕적 평가와 판단의 다양성이 옳고 그름에 관한 도덕적 언명의 차이에 기인한다고 주장 하기도 한다. 인간은 항상 평가해야 할 행위 및 관계들 사이에 살아가는 존재이므로 이것은 그다지 놀랄 만한 것은 아니다. 다음 책이 도움이 되리라 생각한다. Henry David Aiken, *Reason and Conduct* (New York: Knopf, 1962), pp. 65-87.

괄하게 될 것이다. 특히 다원주의와 힘의 문제를 중심으로 포스트모던적 세계에 대해 설명하게 될 것이다. 나아가 우리의 도덕적 상황에 대한 이해를 증진시켜 우리 자신에 대한 이해를 심화시킬 수 있을 것이다.

여기에서 진단이라는 것은 의학용어를 인용한 것으로서, 우리 시대의 상황에 대한 일종의 해석이라 할 수 있다. 그 목적은 문제들에 대한 설명 및 그 대처방식을 제안하는 것이다. 많은 비평가들은 우리 시대가 도덕적으로 질병을 앓고 있다는 주장을 하지만, 필자의 생각은 다르다. 우리의 상황은 도덕적 위기라고도 할 수 있지만, 도덕적 가능성과 활력을 얻는 상황이라고도 할 수 있다. 예를 들어 인권에 대한 요구가 전세계적인 주제가 되고 있음을 생각해 본다면, 그 뜻을 이해할 수 있을 것이다. 또한 진단이라는 말을 통하여 우리는 윤리적 성찰이란 우리 시대의 문제들을 해결하기 위한 인간과 세계에 관한 이해와 관심이라는 점을 알 수 있다. 윤리학의 목표는 삶의 방향을 제시함으로써 행위를 제어하며 선을 성취하는 능력을 배양시키는 데 있다. 그리고 이것은 우리 자신과 삶의 상황들에 대한 지식이 필요하다는 것을 의미한다.

주목해야 할 것은, 세계가 개인과 공동체의 당위적인 삶을 이끌어 갈 각각 다른 신념과 가치, 그리고 기준을 가진 다양한 문화와 다양한 사회들로 이루어져 있다는 사실이다. 행위의 규범과 명법은 각각의 사회가 취하고 있는 옳고 그름에 대한 신념, 즉 사회의 관습과 규범들을 통하여 나타난다. 한 사회와 문화의 규범들은 삶의 방식과 행위규칙들의 집합이라 할 수 있다. 이러한 측면에서, 공동체와 개인은 도덕적 틀 없이는 존재할 수 없다. 인간이 된다는 것, 그리고 공동체 안에서 어울려 산다는 것은 삶의 규칙과 이웃과의 관계를 설정하는 규칙들을 요청하기 마련이다. 공동체마다 규범이 다르며 시대에 따라 다른 형태로 전개된다. 서구사회에서 가족관계가 어떻게 변화되었는지 보아도 이러한 사실을 알 수 있다.15) 테크놀러지의 사회에 나타난 가족의 모습은 그 이전 시대의 가족과 다를 수밖에 없다. 이른바 핵가족이라는 것은 우리 시대를 위협하는 요소일 수 있고, 어떤 면에서는 우리 시대는 핵가족조차도 없는 시대라고 해야 할지 모른다. 가족의 모습은 단지 하나의 사회에서만 다를 뿐 아니라 여러 문화들을 통하여 각각 다른 모습으로 나타나기 마련이다.

그러나 하나의 공동체가 표방하는 규범이 곧 진정한 도덕적 규범이 되는 것은 아니다. 우리는 이러한 사실을 20세기의 여러 사건들을 통하여 살펴볼 수 있다. 나치 집단에도 신념체계가 있었지만, 그것을 도덕적인 것이라고 평가하는 사람은 없다. 여성주의자들은 기독교 윤리가 여성에 대한 불공정하고 잔학한 태도들을 용인해 왔다고 주장한다. 이러한 맥락에서 본다면 전통은 비판되고 고쳐져야 한다.16) 관습적인 규범에 대한 문제를 제기하는 사람은 이미 일종의 윤리적 성찰을 시도하고 있는 것이다. 그것은 진정한 도덕, 즉 도덕 그 자체에 대한 설명의 추구이다.

도덕이란 한 사회 또는 문화가 삶에 대해 주장하는 타당한 규범, 도덕명령, 그리고 도덕규칙들의 근거를 말한다. 한 마디로, 도덕은 가치체계이다. 도덕은 가치관을 기초하여 인간은 무엇을 해야하며 어떤 인간이 되어야 하는지를 설명해주는 틀이다. 역사적으로 각 시대마다 고유한 가치관이 작용하였다. 예를 들어 영웅시대에는 명예와 용맹성을

---

15) Don S. Browning, Bonnie J. Miller-McLemore, Pamela D. Couture, K. Brynolf Lyon, and Robert M. Franklin, *From Culture Wars to Common Ground: Religion and the American Family Debate* (Louisville, Ky.:Westminster john Knox Press, 1997).

16) *Setting the Table: Women in Theological Conversation*, ed. Rita Nakashima Brock, Claudia Camp, and Serene Jones (St. Louis: Chalice Press, 1995).

가치로 삼았으며 고대 유목민족들은 토지 획득의 노력을 그 가치로 삼았다. 그 각각의 경우에 행위의 규칙들은 악행을 거부하고 덕스러움의 인격적 특징에 걸맞는 행위들을 권장하고 있다. 각각의 규칙들은 그 사회와 문화의 가치를 반영하기 때문이다. 이렇게 본다면, 지구상에 도덕적 다양성이 발견된다는 것 자체는 별로 중요한 문제가 아니다. 인간은 각각 다른 행동양식과 규칙에 따라 살아왔기 때문이다. 문제는 진정한 도덕에 대한 생각이 각각 다르고 진정한 가치에 대한 신념이 각각 다르다는 사실이다. 어떤 도덕체계가 타당한 것인지를 가려낼 수 없게 되었다. 우리는 도덕적 다양성이라는 사실 앞에서 문화적 장벽을 넘어서는 보편적인 도덕이 과연 가능한 것인가 하는 문제에 직면하게 된다.

우리에게는 지구상에 다양한 도덕이 병존하고 있다는 사실적 설명보다는 다른 도덕, 즉 선과 옳음에 대한 각기 다른 관념들을 어떻게 해석할 것인가에 대한 설명이 필요하다. 이것은 사회학적 질문이 아니라 윤리학적 질문이며, 도덕에 대한 합의에 도달하지 못하고 있는 우리 시대의 도덕적 상황 및 관습에 대한 질문이기도 하다.[17] 우리 시대의 도덕에 대한 진단은 상호의존성이 점증되고 있는 시대에 다양한 관습과 도덕적 신념들을 타당하게 평가할 수 있는 기준은 과연 무엇인가를 집중적으로 고려하게 될 것이다. 여기에서는 주로 다양성의 문제를 집중적으로 다루고 다음의 2장과 3장에서 포스트모던적 도덕 상황에서 힘의 문제가 왜 도덕의 중심문제로 상정되어야 하는지를 살펴보고자 한다.

---

[17] 윤리학과 사회학의 관계에 대한 논의에 다음의 책이 도움이 될 것이다. Dorothy Emmet, Rules, *Roles and Relations* (New York: St. Martin Press, 1967).

다원주의

우리 시대의 도덕 진단의 첫 걸음은 도덕 다원주의에 대한 설명이다. 이 책은 도덕 다원주의에 대한 응답을 염두에 두고 있다. 어떻게 보면, 도덕 다원주의는 주목할 만한 것은 아니다.[18] 만일 다원주의가 그 유사어인 다원성(plurality)으로 이해된다면, 이것은 단지 도덕에는 언제나 다양성이 존재했다는 것 쯤으로 이해되고 말 것이다. 지구상에는 다양한 도덕이 공존한다. 성(性)과 친족에 대한 신념, 개인과 공동체의 관계에 대한 도덕적 관념, 처벌과 보상의 체계 그리고 선에 대한 생각들이 문화에 따라 다양하게 나타난다. 비교적 최근까지 다양한 가치체계 또는 도덕들은 서로 격리된 채 존속해왔다. 문명간의 만남은 서로의 도덕체계를 알지 못했다는 이유만으로 너무도 자주 갈등과 폭력을 발생시켰다. 근대 식민지개발과 무역, 기술, 교통 그리고 경제 및 환경적 상호의존이 진전되면서 다원성은 윤리학의 중요한 문제로 등장하였다. 사실, 서구의 가치관 및 문화와 신념을 따라 본다면, 다양한 도덕이 존재한다는 것은 그리 새로울 만한 것도 아니다.[19] 그런데 지금은

---

18) 신학 및 윤리학에 있어서 다원주에 대한 논쟁은 다음의 책들을 참고할 것. Shubert Ogden, *Is There Only One True Religion or Are There Many?* (Dallas: Southern Methodist University Press, 1992); Alasdair MacIntyre, *Three Rival Versions of Moral Enquiry: Encyclopaedia Genealogy, Tradition* (Notre Dame, Ind.: University of Notre Dame Press, 1992); John Hick, *God and the Universe of Faith* (New York: St. Martin's Press 1973); Paul Knitter, *No Other Name: A Critiacal Review of Christian Attitudes toward the World Religions* (Maryknoll, N.Y.: Orbis Books, 1985); David Tracy, *Plurality and Ambiguity: Hermeneutics, Religion and Hope* (New York: Harper & Row, 1986); *Prospects for a Common Morality*, ed. Gene Outka and John P. Reeder Jr. (Princeton, N.J.: Princeton University Press, 1993).

19) Langdon Gilkey, *Society and the Sacred: Towards a Theology for a Culture in Decline* (New York: Crossroads, 1986), Gordon D. Kaufman, *God, Mystery, Diversity: Christian Theology in a Pluralistic World* (Minneapolis: Fortress Press, 1996).

지구상에 다양한 전통이 공존하고 있다는 것, 그리고 심지어 지리적으로 동일한 지역에서조차 다양성이 나타나고 있다는 것만으로도 여러 가지 문제가 나타난다.

다원주의란 다양한 도덕이 존재한다는 것 이상의 다른 의미는 없다. 더 정확하게 말한다면, 다양성은 좋은 것이며 바로 그것이 개인의 도덕을 구성요소가 되어야 한다고 말하는 것과 같다.[20] 말하자면 다원주의 자체가 하나의 도덕으로 규정되고 있는 셈이다. 그러나 바로 이러한 생각, 즉 다원성에 대한 설명의 차원을 넘어서 그것이 또 하나의 도덕이 된다는 점에서 다원주의는 새로운 성찰의 대상이다.

도덕이란 우리의 사고와 언어 및 더불어 삶의 조건이다. 다른 사람과 더불어 행동할 때에는 어떻게 해야 한다는 가치와 신념이 공유되지 않는다면 도덕에 대한 기본적 신뢰, 논쟁에서의 일정한 합의 그리고 인간의 상호행위 자체가 불가능하다. 다원주의는 도덕적 합의의 상호불가공약성, 즉 다른 사람을 이해하기 위한 공유된 기초가 불가능할지도 모른다는 문제점을 보여준다. 상호불가공약성(incommensurability)이란 한 사람의 도덕적 신념이 다른 사람에게 전해질 수 없다는 것이므로 중립적인 도덕언어가 개발되거나 다른 도덕적 신념들을 다양한 변항에 따라 비교하거나 다른 도덕을 평가하는 일종의 공동의 도덕이 필요하다는 말로 이해되기도 한다.[21] 만일 도덕적 신념들이 실제로 상호불

---

[20] 포스트모던 사회의 다원주의적 구조에 대한 보다 예리한 분석은 다음의 책을 통해 볼 수 있을 것이다. Michael Welker, "...And Also Upon the Menservants and the Maidservants in Those Days Will I Pour Out My Spirit: On Pluralism and the Promise of the Spirit," in *Soundings* 78, No.1(1995): *Kirche im Pluraismus* (Kaiser: Gutersloh, 1995).

[21] Jeffrey Stout, *Ethics after Babel: The Languages of Morals and Their Discontents* (Boston: Beacon Press, 1988). 비교윤리적 논쟁에는 다음 글이 도움이 될 것이다. William Schweiker, "The Drama of Interpretation and the Philosophy of Religions: An Essay on Understanding in Comparative Religious Ethics", in

가공약적인 동시에 여전히 우리의 행위와 언어 및 더불어 삶의 조건이 된다면, 우리는 다른 사람들의 도덕적 신념을 전혀 이해할 수 없는 상황에 처하고 말 것이다. 또한 도덕적 신념이 다른 개인과 공동체에 대한 도덕적 판단이 불가능하다. 다시 말해 도덕의 상호불가공약성에 대한 주장이 옳다면, 우리는 타문화권에서 발생하는 일들을 이해할 수도 없으며, 도덕적 판단 또한 내리지 못할 것이다. 물론 우리는 도덕에 대한 인지적 기반을 완벽하게 지니지 못하고 있다. 따라서 우리가 할 수 있는 것은 타문화를 이해하고 포용하며 관용하려는 노력이다.

어떤 면에서는 도덕적 다원성을 알게 된다는 것은 현대의 자유민주주의에 깊이 각인된 관용의 가치를 강조하는 것이라 할 수 있다. 다원성의 인정은 과거 서구식 민주주의 사고방식에 나타난 제국주의적 일단을 극복하는 길이기도 하다. 미즐리(Mary Midgley)가 말한 것처럼 스스로를 과신한 유럽인들은 그들이 침략한 지역의 관습을 바꾸어 보려고 노력했다.22) 그러나 여기에 윤리적 문제가 남아있다. 문화적 장벽을 넘어선 도덕은 과연 가능한 것인가? 이것은 이누족의 관습에 대한 것보다도 오히려 우리가 살고 있는 상황, 즉 강도집단과 종교를 기반으로 하는 테러리즘이 날뛰고 있는 우리 시대에 더욱 중요한 문제가 아닐 수 없다. 다른 사람들에 대한 도덕적 판단이 불가능하다면, 지구상에 지금과는 다른 세계가 펼쳐질 것이라는 희망이 과연 가능할까?

우리는 여전히 도덕적 판단을 내리고 있다. 강도 행위는 언제라도 정당화될 수 없다. 여기에는 일종의 도덕적 판단이 작용한다. 우리는 과연 우리 시대의 문제들에 대한 도덕판단의 타당한 이유를 제시할 수

Towards a Comparative Philosophy of Religion Volume III: *Discourse and Practice*, ed. Frank Reynolds and David Tracy (Albany: SUNY Press, 1992).

22) Mary Midgley, *Can't We Make Moral Judgments?* (New York: St. Martin's Press, 1993), p. 86.

있는가? 이것이야말로 다양성으로 인해 제기된 윤리적 문제이다. 이 질문이 필자가 설명하려는 윤리적 제안의 윤곽을 보여줄 것이다.

실재론과 반실재론

도덕실재론에 대해 생각해 보자.[23] 이것은 타당한 도덕규범이란 실재 또는 자연 및 인간실존에 기초하는 것이므로 도덕판단이란 그 진위를 가릴 수 있는 대상이라는 생각이다. 서양윤리학사에 나타난 대부분의 이론은 실재론에 속한다. 실재적인 도덕 질서가 존재하며 그 질서에 순응하여 사는 것이 선한 삶이라는 것이다. 말하자면 도덕적 신념은 실재와 연관된다는 주장이다.

도덕실재론은 고대사회에서 두드러졌다. 아리스토텔레스는 인간은 행복을 추구하는 존재라고 전제하면서 인간의 행복은 인간으로서의 특징에 기초한다고 생각했다. 인간은 이성적이고 사회적인 존재이기 때문에 우정을 추구해야 하며 이성적 능력의 완전한 구현을 추구해야 한다는 것이다. 스토아 철학자들은 실재에 각인된 자연법이 있다고 주장했다. 인간은 이성을 사용함으로써 이 법칙을 알 수 있으며 그 법칙

---

[23] 여기에서 필자는 정치적 현실주의를 설명하려는 것이 아니다. 정치적 현실주의는 정치적 사건들의 갈등과 권력이라는 실재에 관한 실재론으로 볼 수 있다. 필자의 책임윤리는 실재론적 관점에서 진행된다. 실재론에 대한 최근의 논의들은 다음의 책을 참고하면 도움이 될 것이다. Hilary Putnam, *The Many Faces of Realism* (LaSalle, Ill.: Open Court, 1987); David O. Brink, *Moral Realism and the Foundations of Ethics* (Cambridge: Cambridge University Press, 1989); and Geoffrey Sayre-McCord, ed., *Essays on Moral Realism* (Ithaca, N.Y.: Cornell University Press, 1988). 그리고 *Journal of Religion*에 실린 현대 윤리학에 있어서 책임과 실재론에 관한 학술회의에서 있었던 D. R. Sharpe Lectureship on Ethics를 참고하면 좋겠다. 특히 다음 이 회의에서 있었던 다음 글을 참고할 것. Lois Malcolm, "Redefining Realism and Responsibility in Contemporary Ethics", *Criterion* 32, No. 1 (1993): PP.17-22.

은 행위의 지도를 위한 것이라는 생각이다. 신학자들은 하나님께서 인간의 양심에 도덕법을 각인해 두셨다고 주장한다. 인간이 특정한 도덕적 정황이나 판단에서 실수할 수 있음에도 불구하고 양심은 선과 악을 알게 함으로써 삶을 안내해 준다는 것이다. 이 부분은 3부에서 기독교 윤리학에 영향을 준 실재론에 대해, 특히 신명령론과 플라톤적 윤리사상과 연관지어 보다 상세하게 언급될 것이다. 그 요점은 지구상에 도덕적 다원성이 존재함에도 불구하고 도덕실재론자들은 여전히 진정한 도덕적 질서, 가령 하나님의 명령과 같은 질서가 실재하고 있으며 인간은 그것을 식별해 낼 수 있는 존재라고 주장한다는 사실이다. 도덕적 다원성이라는 것도 분명한 사실이지만, 그것이 곧 도덕 질서를 식별해낼 수는 없다는 결론으로 이어지는 것은 아니다. 도덕실재론자들은 도덕 중 어떤 것은 그릇된 것이라고 주장하기도 한다.

전통적 실재론은 현대 서구사회가 거절하고 있는 다음 몇 가지 주장에 기초한다. 첫째, 도덕실재론은 도덕 질서가 하나님께서 정하신 것이라고 주장한다. 만일 우리가 하나님의 존재를 의심한다면, 이러한 주장은 공허한 것으로 전락하고 만다. 도스토예프스키에 따르면, 하나님이 존재하지 않는다면 모든 것이 허용되어버릴 것이다. 다소 과장된 표현이기는 하지만, 이러한 생각은 서양사회에 널리 유포되어 있다. 비록 신앙적인 수사법을 사용하고 있기는 하지만, 서양문화는 무신론적 도덕을 표방하고 있다. 자유민주주의 역시 교회와 국가의 분리를 주장하면서 이것이야말로 신의 뜻이라고 말한다.24) 이처럼 다양한 이유에 의해 전통적인 실재론과 그 신념은 도전받고 있다.

둘째로 전통적 실재론은 실재의 본성 그 자체가 도덕적 특성을 지닌다고 주장한다. 그리고 이러한 본성과 가치는 신에게 연계된다고 한다.

---

24) Franklin I. Gamwell, *The Meaning of Religious Freedom: Modern Politics and the Democratic Resolutoin* (Albany: SUNY Press, 1995).

러셀(Bertrand Russell)은 그의 유명한 논문 '자유인의 예배'에서 인간이 전능하고 선하며 존재와 당위가 신비하게 일치된 존재로서의 신을 고안해낸 것이라고 주장한다.25) 하지만 실제로는 자연과 가치, 존재와 당위 사이에 아무 조화도 없다. 선은 이미 사라져 버렸다. 우주는 인간의 희망에 무심한 듯 보인다. 우주는 불의를 애통해하는 소리에 귀가 멀어 버렸다. 적어도 인간의 관점에서 볼 때, 존재와 당위는 갈등을 일으키는 것처럼 보인다. 더구나 현대과학 및 테크놀러지의 발전은 도덕적 질서에 대해 의구심을 갖게 한다. 많은 사상가들이 주장하는 것처럼, 현대인은 이 세상이 마법에서 깨어나 있으며 자연의 질서는 가치중립적인 것이라고 생각한다.26) 우리는 자연을 관조하는 것만으로도 삶의 지침을 발견할 수 있다고 생각하지 않는다. 오히려 출산조절과 같은 일들을 시행하면서 자연의 경향성으로부터 자유를 누리려 한다. 이처럼 종교적 신념이 도덕의 기초라는 생각을 비판하고 자연과학적 관점을 취하게 되면서 도덕적 상대주의가 나타난다. 이에 대해서는 다음 장에서 논할 것이다. 그리고 포스트모던 시대 윤리의 요점은 힘의 문제라는 점을 설명할 것이다.

  그렇다면, 도덕적 반실재론 또는 윤리적 구성주의란 무엇인가? 어떻게 보면, 모든 것이 허용될 수 있다는 생각이다. 단적으로 말하면 허무주의이다. 구성주의에서는 예컨대 인권과 같은 도덕적 원칙과 가치는 그 문화 안에서만 타당하다고 한다. 그들은 실재론과는 달리 가치의 존재론적 지위는 실재에 해당하는 것이 아니라고 한다. 매키(J. L. Mackie)에 따르면 윤리학이란 옳고 그름을 발명해 내는 작업이다.27) 도덕원리

---

25) Bertrand Russell, *Why I am not a Christian*, ed. Paul Edwards (New York: Simon & Schuster, 1957), p.108.

26) Taylor, *Sources of the Self*

27) J. L. Mackie, Ethics: Inventing Right and Wrong (Harmondsworth, Eng.: P

들은 각기 다른 문화적, 종교적 전통에서 표현되는 삶과 세상에 관한 신념 안에서만 정당하다는 것이다. 이러한 유형의 상대주의는 도덕적 신념의 타당성 자체를 부정하는 것은 아니다. 신념의 타당성은 그것이 발생된 문화에 연관된 상대적인 것이라고 한다. 이러한 맥락에서 반실재론은 도덕적 전통들을 비교할 때, 열린 자세를 취하며 도덕의 진위는 공동체 또는 전통에 대해 특수성을 지닌 것이라고 주장한다.

이러한 관점에서는 에스키모인들이 노약자를 유기하는 것이 잘못된 일이라고 말하는 것은 단지 우리의 도덕적 감수성과 다르다는 것을 의미할 뿐이다. 또한 각자의 도덕적 신념에 대해 평가한다는 것이 불가능하다고 한다. 비전통주의적 관점을 취한다면 도덕적 신념이 옳고 그른지 판단할 수 없다. 문화권 밖에서 그 문화의 도덕적 판단의 진위를 가릴 수 없다는 것이다. 기껏해야 자신의 사회가 표방하는 도덕을 선호하거나 집착하는 것 이상의 다른 의미는 없다. 종교적 관점에서는 신학자 하우어와스(Stanley Hauerwas)의 설명법을 살펴볼 필요가 있다. 기독교인의 임무는 신실한 기독교인이 되는 것이며, 이것은 다른 신념을 지닌 사람들과 공유할 수 있는 공통의 근거를 찾으려고 노력하지 않아도 된다는 것이다.[28] 그는 기독교인들이 그리스도를 증거하면 그 소식을 들은 다른 사람들이 기독교 신앙의 진실성을 믿게 되고 기독교로 개종하게 될 것이라고 생각했다.

오늘의 미국인들과 서구의 기독교인들은 비록 자신들이 실재론자라고 주장하면서도 도덕적 구성주의에 속하는 것 같다. 우리는 인권과

---

enguin Books, 1977).

28) Stanley Hauerwas, *Christian Existence Today: Essays on Church, World, and Living In Between* (Durham, N. C.: Labyrinth Press, 1988). John Howard Yoder, "On Not Being Ashamed of the Gospel: Particularity, Pluralism, and Validation", *Faith and Philosophy* 9, No.3 (1992)

같은 어떤 도덕원리들은 타당하고 진리에 속하는 것이라고 믿는다. 하지만 깊이 생각해 보면, 도덕원리들의 진위는 문화와 신앙전통에 대해 상대적이라고 주장하는 것처럼 보인다. 우리가 비록 타문화에 대해 판단을 내리지만 그 판단 이면에는 우리 자신의 문화적 편견과 우리의 가치관이 작용하고 있다. 미국사회에서 벌어지고 있는 정치적 정당성에 대한 논의들은 쉬운 문제가 아니다. 하지만 여기에도 하나의 통찰이 작용한다. 윤리적 반실재론은 인간의 자유에 대한 관심에서 촉발되었다. 그들은 삶의 가치들이 우리 자신의 것이어야 한다고 주장하면서, 우리의 삶은 변화될 수 있고 개선될 수 있는 것이라고 주장한다. 이와 관련하여 우리는 윤리적인 질문을 고려해 볼 필요가 있다. 혹시 반실재론이 우리의 도덕적 자기이해와 판단을 이끌어가고 있지는 않은가? 필자는 이 질문이야말로 중요한 것이라고 본다. 필자는 이러한 논의를 통하여 우리의 도덕적 사고에서 상대주의가 아니라 책임윤리를 취하여야 한다는 점을 강조하고자 한다.[29]

책임에 관하여

구성주의적 윤리의 요체는 보편적으로 공유된 인간의 가치나 행위 규범이란 존재하지 않으며 우리가 내리는 모든 판단에는 우리의 문화적 전통이 반영되어 있다는 생각이다. 이것은 도덕적 다원성이라는 사실과 함께 종교가 도덕의 기초가 될 수 없다는 비판으로부터 나왔으며 인간의 본성에 도덕이라는 틀이나 목적이 존재하지 않는다는 생각을

---

29) 책임윤리에 관한 문헌은 방대하다. 특히 다음의 책들을 참고할 것. Hans Jonas, *The Imperative of Responsibility*; H. Richard Niebuhr, *The Responsible Self*; Marion Smiley, *Moral Responsibility and the Boundaries of Community* (Chicago: University of Chicago Press, 1992); Peter A. French, *Responsibility Matters* (Lawrence: University Press of Kansas, 1992). Schweiker, *Responsibility and Christian Ethics*.

담고 있다. 하지만 공유된 도덕의식이나 규범이 과연 전혀 없는 것일까? 인간의 기본적인 삶의 특징들을 검토해 보고서도 삶에 대한 그 어떤 공통된 지침도 없다고 말할 수 있을까?

여기에서 우리가 기억해야 할 것이 있다. 인간의 삶과 문화는 인간됨에 관한 몇 가지 상호 연관된 차원들이 있음을 보여주는 신념과 가치를 수반한다.30) 삶에 대한 다양한 신념이 각각의 문화에 반영되어 있다고 해서 모든 개인과 공동체가 삶에 대한 공통된 신념들을 공유하지 않는 것이라고 말할 수는 없다. 더구나 문화는 삶의 여러 차원들을 존중하고 고양시키기 위한 행동의 규범과 규칙을 제공한다. 만일 삶의 차원들을 존중하지 않는 문화가 있다면 그 문화는 삶을 부정하는 문화이며 잘못된 문화라고 해야 할 것이다. 이것이 필자가 주장하려는 요점이다.

그렇다면, 삶의 차원들이란 무엇인가? 우리 삶에 필요한 것과 그에 수반되는 가치들이다. 첫째, 인간이 육체를 지닌 존재이기 때문에 필요한 것들이 있다. 이것은 신체적 통전성의 요구라고 할 수 있다. 여기에는 성(性)과 음식과 주거 등이 포함된다. 각각의 문화는 이러한 필요를 반영하는 것이며 그 필요를 충족시키는 틀이다. 그 방식이 서로 다를 뿐이다. 둘째, 인간이 사회적 특성을 지닌 존재이기 때문에 필요한 것들이 있다. 사회의 안전을 위해 법률체계가 필요하고 정치적, 경제적 정의가 구현되어야 하며 그 사회의 전통과 기억들을 이어가기 위한 교육 또한 필요하다. 이러한 요소들은 사회를 구성하는 개개인의 상호작

---

30) Basil Mitchell, *Morality: Religious and Secular* (Oxford: Clarendon Press, 1980); John Finnis, *Fundamentals of Ethics* (Washington, D.C.: Georgetown University Press, 1983); Lisa Sowle Cahill, *Between the Sexes: Foundations for a Christian Ethics of Sexuality* (Philadelphia: Fortress Press, 1985), *Women and Sexuality* (New York: Paulist Press, 1992); Paul Ricoeur, *Oneself as Another*, trans. Kathleen Blamey (Chicago: University of Chicago Press, 1992).

용에 의해 이루어지며 문화들 사이에 전이되기도 한다. 셋째, 인간은 개별자인 동시에 사회적 존재로서 삶의 의미를 추구한다. 이 점에서 문화의 필요성이 제기된다. 여기에는 인간의 열망과 고난 및 좌절의 의미, 문화적 신념의 진위 여부에 대한 질문, 실존적 삶의 의미와 함께 종교적 전통 등이 포함된다. 또한 도덕 이전의 단계에 해당하는 것들을 넘어서 이른바 심사숙고된 가치들이 필요하다. 이것은 인간이 의미를 추구하는 존재라는 점을 보여준다. 이렇게 본다면, 한 사회의 도덕과 규범은 이러한 여러 차원의 삶의 필요들의 가치를 어떻게 존중하고 함양해야 하는지 정리해 놓은 것이라고 할 수 있다. 책임윤리란 이러한 삶의 필요들에 대해 어떻게 응답해야 하는지를 보여주는 것이며 각각의 상이한 문화들을 어떻게 평가해야 하는지 보여준다. 이것을 인정할 수 있다면, 넷째 차원, 즉 도덕적 통전성(moral integrity)에 대한 논의가 가능해진다. 다른 말로 하자면, 도덕적으로 산다는 것은 새로운 삶의 방식을 취한다는 것을 의미하고 그것은 곧 도덕적 통전성을 따라 사는 것이라 할 수 있다. 필자가 삶의 다층적 차원들이 하나의 가치로 통합되어야 함을 강조하는 것도 바로 이러한 이유이다. 이것을 한 마디로 표현하자면, 삶의 통전성을 존중하고 함양하는 도덕을 만드는 기획이라 하겠다.

그렇다면, 책임윤리는 구성주의인가? 우리는 다만 문화가 다양한 삶의 필요들에 대한 각각의 상이한 대응이라는 점을 말하고 있을 뿐이다. 그렇다면, 실재론을 주장하려는 것인가? 우리가 말하는 것은 인간의 필요에 관심을 가져야 한다는 것일 뿐, 각각의 문화에 속하는 사람들이 반드시 그렇게 살아야만 한다고 주장하는 것은 아니다. 말하자면, 책임윤리는 실재론과 반실재론 그 어느 하나만을 전적으로 수용하는 것은 아니며, 그 각각의 통찰력이 보여주는 일정한 요소들을 반영하고 있다. 책임윤리는 삶의 특정한 요소들이 인간의 행위에 반영되어 나타난다는 점을 인정하는 동시에 그 중 어떤 것은 선택할 만한 가치가 있다는 점, 그리고 각각의 공동체는 그 다양한 삶의 형태 속에서 어떤 것을 선택할 것인지 창조적인 방식으로 응답한다는 점 또한 인정한다. 이것은 인간의 필요와 그에 상응하는 가치들이 있다는 사실을 보여준다. 인간은 각자 삶의 다양한 형태 속에서 삶의 통전성을 존중하고 함양하는 방식들을 선택한 것이다. 따라서 책임윤리는 인간의 필요와 그 가치를 고려하면서 인간에게 전개된 우리 시대의 새로운 상황에 창조적으로 응답하려는 것이다.

그렇다면 타문화에 대한 도덕적 판단이 가능하다는 것인가? 각각의 문화가 삶의 기본적인 필요를 충족시키는지 또는 부정하고 있는지 판단할 수 있다는 것인가? 꼭 그러한 주장을 하려는 것은 아니다. 인간의 기본적인 필요는 모든 인간에게 해당되는 사항이다. 우리가 속한 문화에서 삶의 기본적인 필요와 그 가치를 훼손하는 일들이 벌어지는 경우들에 대해 비판의식을 가져야 한다는 것을 말하고 싶은 것이다. 도덕의 진보는 문화들 사이의 비교평가에서 드러나는 것이 아니라 삶의 기본적인 필요와 가치를 존중하고 함양하는 정책과 제도 및 삶의 방식들이 발전적으로 전개될 때 비로소 구현되는 것이다. 이러한 의미에서 삶의 통전성에 대한 존중과 함양은 책임윤리의 중심 주제이다.

그렇다면 왜 도덕의 문제들을 이러한 관점에서 설명해야 하는가? 여기에는 두 가지 이유가 있다. 첫째, 삶의 다양성을 인정할 수 있다면, 우리는 문화의 전이 및 창조에 참여할 필요가 있다. 도덕 다원주의를 이러한 관점에서 본다면 그것은 인간을 위해 좋은 것일 수 있다. 둘째, 테크놀러지의 발전으로 인한 인간의 힘의 근본적 확장을 보면서 우리는 그 힘의 올바른 사용에 대해 성찰할 수 있어야 하겠다. 우리가 말하려는 책임의 윤리는 힘이 삶의 통전성을 존중하고 함양하는 데 사용되어야 한다는 것을 그 핵심으로 삼는다. '할 수 있다'고 생각하는 것을 거침없이 실행에 옮길 수는 없다. 우리는 지금 전통과 새로움 사이의 긴장, 즉 여전히 우리의 생각에 영향을 주는 윤리의 다원성과 지구상의 인간의 미래적 요구 사이의 긴장이라는 도덕적 상황에 놓여 있으며, 바로 여기에 책임윤리가 필요한 것이다. 책임윤리는 우리 시대의 도덕적 상황에서 우리가 어떻게 사고하고 행동해야 하는지를 보여줄 것이다.

삶의 통전성을 존중하고 함양해야 하는 이유는 무엇인가? 이 장의 이야기를 마무리 지으면서 그 내용을 상세하게 설명할 수는 없다. 앞으로 전개될 이론을 통하여 특별히 신학적이고 종교적인 관점에서 그 내용들을 살펴보게 될 것이다.

왜 책임적이어야 하는가?

이것은 왜 도덕적이어야 하는가? 하는 질문과 같은 의미를 지닌다. 우리가 답할 수 있는 것은 두 가지이다. 이 두 가지 답은 결과적으로는 같은 내용이라 할 수 있으며, 삶에 대한 두 가지 다른 태도들을 반영하고 있다. 첫째, 우리가 생명을 존중하지도 않고 그 가치를 함양하지도 않는다면 산다는 것 자체가 무의미하게 될 것이다. 지구촌의 갈등과 생태계 재앙은 책임적으로 행동할 동기를 제공한다. 책임적으로 행동해야 하는 이유는 이러한 두려움과 자기이익의 문제에서 비롯된다.

둘째, 책임적으로 산다는 것은 삶의 통전성과 관련되어 있을 뿐 아니라 생명의 부여자이신 하나님이 원하시는 생명 존중의 과제와 상응한다. 책임적 행위는 생명을 주심에 대한 감사로부터 비롯되며, 아무리 하찮아 보이는 것일지라도 생명을 가지고 있다는 그 자체를 존중하는 데에서 비롯된다. 기독교적 전통에서 감사와 존중은 창조주의 공의로움과 자비에 대한 신뢰에서 나오는 것이며 창조주에 대한 온전한 응답이다. 삶의 통전성을 존중하는 것은 이제까지 본 사람이 없었던 그 하나님께 감사함과 경외함으로 응답하는 것(요일 4:20)이라 하겠다. 따라서 크리스챤은 도덕적인 삶의 온전한 능력을 발휘하기 위하여 책임의 명법을 이렇게 재구성해야 한다. '하나님 앞에서 삶의 통전성을 존중하고 함양하라.'

왜 책임적이어야 하는가? 이것은 인간과 도덕적 삶을 연결짓는 질문이다. 이 질문에 대해 두 가지 상이한 대답을 살펴보았다. 그 각각은 개인과 공동체가 생명에 대해 어떤 태도를 지니고 있는지 보여주며 우리가 직면하고 있는 위험과 가능성을 보여준다. 이 장에서 필자는 우리가 다원적 세계에 살고 있기는 하지만, 도덕적 추론까지 상실해버린 것은 아니라는 점을 논하였다. 우리는 그 단초를 인간의 기본적 필요에서 찾을 수도 있고 고전적 전통에서도 찾을 수 있다. 우리의 도덕적 추론에서 문화적 장벽이라는 것이 가로막힐 때, 우리는 그것을 인간의 기본적 필요와 선에 대한 통찰을 통하여 극복해 낼 수 있을 것이다. 또한 우리는 삶의 통전성을 존중하고 함양하기 위해 요구되는 것이 무엇이며 여기에 속하는 공동체는 어떤 것인지를 파악할 수 있어야 한다. 현대의 윤리적 상황에 응답하기 위해 개인적인 삶과 공동체적 삶에서 용기와 창의성이 요청된다. 그것은 두려움과 자기이익의 차원을 넘어서는 것이어야 한다. 생명을 누리고 있다는 것 자체가 선한 것이라는 감사와 경외심에 바탕을 둔 것이어야 한다. 이것이 도덕에 관한 신학적 탐구의 단초인 셈이다.

제2장 신적 대리행위와 힘의 문제

테크놀러지의 힘과 도덕적 다원성이 만연된 우리 시대에 신학자들과 윤리학자들이 세계관과 도덕적 신념 및 가치의 복잡한 관계를 고찰하고 있다는 것은 더 이상 놀랄 만한 일이 아니다.[31] 한 사회나 문화에서 행위의 원칙이 되는 가치 및 규범에 대해 어떻게 생각하는가 하는 문제는 모든 문화와 사회에 도덕이 존재하며 그 안에서 내재된 행위에 관한 신념과 밀접한 관계가 있다. 이러한 맥락에서 본다면, 우리는 지금 포스트모던적 정황에서 인간이 구비한 힘을 삶의 통전성에 대한 존중과 함양을 위해 사용하도록 이끌어 갈 윤리적 과제에 대해 고찰하고 있는 셈이다.

우리는 이 장에서 현대의 도덕이론을 성서적 세계해석과 비교하면서 포스트모던의 특성에 관하여 설명하게 될 것이다. 그 요점은 신적 대리행위라는 개념에 있다. 성서의 윤리가 우리 시대에 대해 기여할 수 있는 것은 무엇인가? 이 장에서 이 문제가 집중적으로 다루어 질

---

31) 이 장의 내용은 이미 기고되었던 글을 일부 수정, 보완하였음. *Theology Today* 52, No. 2 (1995): pp.204-24.

것이다.

도덕존재론의 개념

실재(reality)에 대한 성서적 관점과 테크놀러지 시대의 탈유신론적(post-theistic) 도덕개념을 비교해 보자.[32] 이것은 인간의 본성에 대한 중요하면서도 가장 온건한 형태의 주장을 기초로 삼아 모든 시대와 문화를 넘어서 도덕적 신념들에 대한 비교작업을 수행해야 한다는 전제를 가진다. 테일러(Charles Taylor)가 주장한 것처럼, 인간은 삶의 당위에 대한 질문들로 가득찬 도덕적 공간에 사는 존재이다.[33] 더구나 우리는 선에 대하여 명백한 개념 또는 암묵적인 개념을 가지고 살아간다. 인간은 항상 삶의 당위와 그 가치의 신뢰로 채워진 세상에 살고 있다. 개인과 공동체가 유지해온 가치와 신뢰는 비록 내용은 달라도 어떻게 살아야 하는가 하는 질문을 평가하고 비판하며 해답을 찾도록 이끌어주는 틀이 된다. 이러한 신뢰와 상호관계성이 없다면 우리는 우리 자신이 누구인지 알 수 없을 것이다. 이는 인간에게 보편적인 사실인 듯 싶다. 지구상에 비록 수많은 도덕이 상존하고 가치들이 인간의 필요에 따라 규정된다 해도 이 점만은 분명해 보인다.

이러한 사실로부터 미루어 볼 때, 우리는 도덕존재론(moral ontology), 즉 삶의 방식에 관한 윤리적 성찰의 특징을 다음과 같이 구별해 볼 수 있겠다. 첫째, 도덕존재론은 도덕이란 어떤 것인지 설명해준다. 즉 공

---

32) 물론, 탈유신론적 시대라는 말은 우리 시대가 탈종교의 시대라는 뜻이 아니다. 영혼의 문제에 대한 세계적인 관심들은 포스트모던 시대에 있어서 종교의 중요성을 잘 보여주고 있다.
33) 도덕존재론 및 윤리학에 대한 설명은 다음 문헌들을 참고할 것. Taylor, *Sources of the Self*. Also see William Schweiker, "The Good and Moral Identity: A Theological Ethical Response to Charles Taylor's Sources of the Self", *Journal of Religion* 72, No. 4 (1992): pp.560-72.

동체와 사회가 개인의 삶을 어떻게 이해하는지 그 일반적 설명을 제공한다. 이것은 일종의 형이상학적 성찰이다. 그 목적은 실재를 설명하고 인간과 도덕 가치의 지위를 설명하는 데 있다.34) 이러한 근거에서 필자는 테크놀러지 사회와 성서 텍스트에서 발견되는 실재관에 나타나는 행위자, 힘, 그리고 가치의 연관성에 초점을 맞추고자 한다. 둘째, 도덕존재론은 도덕의 기본구조를 분석해준다. 그것은 실재에 대한 일반적인 설명이 아니라 실재의 기초적인 요소인 도덕적 실존이란 어떤 존재인지에 대한 분석을 말한다. 엄밀하게 말해서 이것은 존재론적 분석에 해당한다. 인간의 도덕성을 구성하는 요소들로서는 (1)자기해석적 존재인 동시에 사회적 행위자로서의 인간, (2)존재의 다양한 양태를 포함하는 사람과 그 세계 사이의 상호작용의 패턴, (3)자기이해의 매개 및 개인과 공동체의 가치와 규범에 따른 동일시를 들 수 있다. 이것은 문화란 항상 어떤 세계에서 행위자로서의 인간을 묘사하고 있다는 점에서 알 수 있다. 또한 인간은 항상 어떤 공간에 존재하고 있다는 사실, 그리고 인간은 삶을 인도하는 가치와 상징체계 및 규범에 따라 존재하며 행동한다는 사실에서도 알 수 있다. 윤리적 성찰은 이러한 도덕적 영역의 기초적 요소들을 분석하고 행위자로서의 인간의 자기이해를 그 목적으로 한다.

도덕존재론의 이러한 두 가지 기초적인 특징들은 상호연관성을 지닌다. 실재에 대한 묘사를 위해서는 분석이 필요하고 실존의 기초 요소에 대한 검토는 우리의 삶과 이 세계에 대해 더욱 깊은 통찰을 얻게 한다.35) 이러한 맥락에서 셋째 특징을 다음과 같이 말할 수 있다. 도덕

---

34) 윤리학에 있어서 이것의 중요성에 대한 설명은 다음 책을 참고할 것. Murdoch, *Metaphysics as a Guide for Morals*. 그리고 다음 책도 참고 할 것. *Iris Murdoch and the Search for Human Goodness*, ed. Maria Antonaccio and William Schweiker (Chicago: University of Chicago Press, 1996).

존재론은 규범적 요소, 즉 어떻게 살아야 하는가의 문제와 연관된다. 이러한 도덕존재론의 세 가지 특징은 테크놀러지 시대의 가치관과 성서적 가치관을 비교하는 길잡이가 될 것이다. 그 비교의 핵심은 힘의 문제이며, 여기에서 행위, 힘 그리고 가치의 문제를 설명할 단초가 제공될 것이다. 테크놀러지 시대에는 힘이 가치의 중심으로 자리잡고 있지만, 성서에서는 힘을 다른 방식으로 평가한다. 우리는 실재에 관한 성서적 이해를 통하여 하나님에 대한 새로운 이해에 도달하게 될 것이다.

포스트모던 사회는 인간을 힘을 행사하는 존재로 간주하며 가치중립적이고 객체적인 우주에 가치를 부여하는 존재라고 주장한다. 이것은 인간의 존엄성에 대한 언급이 아니다. 이것만으로는 행위, 힘, 가치라는 요소가 현대의 실재와 인간이해에 어떻게 연관되는가를 설명할 수 없다. 테크놀러지의 사회에는 다음과 같은 두 가지 원칙들이 작용하고 있다. (1)개별적 행위자 또는 공동체가 힘을 사용함으로써 가치를 창조해 낸다는 것, (2)실재란 인간의 가치창조행위에서 나오는 것이므로 가치는 존재론적 실재의 개념에서 도출되지 않는다는 것이다. 이러한 두 가지 원칙이 결합되어 테크놀러지의 시대에 있어서는 힘의 극대화가 삶의 가장 우월한 가치라는 주장에 이르게 된다. 더 이상 힘은 가치를 위해 봉사하지 않는다. 힘 그 자체가 가치의 원천이라고 여겨지는 시대이기 때문이다.

우리의 논증이 타당하다면, 현대 서구사회의 윤리에는 옳고 그름을 평가할 규범이 없다. 특정한 행위나 정책이 비록 파괴적인 것이 된다고 해도 그것은 여하간에 힘의 극대화를 성취한 것이기 때문에 그 어떤 규범도 적용되지 못하는 절대적 가치가 되어버린다. 그 결과, 포스트모던 사회에는 경제적 관점에서의 가치개념이 두드러지고 개인주의

---

35) William Schweiker, *Mimetic Reflections: A Study in Hermeneutics, Theology, and Ethics* (New York: Fordham University Press, 1990).

적인 자아개념이 강하게 나타난다. 정치, 경제, 사회, 문화적인 힘의 끝없는 갈등으로 얼룩지며 폭력과 파괴를 칭송하는 것은 놀랄 만한 일이 아니다. 이러한 현상들은 모두 삶의 의미와 가치가 힘의 사용에 의존한다는 생각에서 나온 것이다. 이러한 포스트모던적 상황은 성서의 실재론과 어울리지 않는다. 성서의 실재론이 성서에 나타난 광대하고도 다양한 해석들로부터 도출된다고 말하는 것조차도 힘들게 되었다. 이러한 맥락에서 필자는 힘에 대한 제의적, 예언적, 율법적 담론들을 검토함으로써 힘에 대한 성서적 해석의 다양성이 예증될 수 있음으로 보여주고자 한다. 그 담론들은 하나님을 행위의 중심으로 상정하는 관점에서 사회의 구조들을 설명하고 이해하는 데 도움을 줄 것이다. 또한 신학적 세계관에 의한 공동체 이해에 도움을 줄 것이다. 성서에서는 행위-힘-가치의 연관성을 기본적으로 가정하고 있지만 원칙상 내적으로 다른 방식으로 평가되고 있기 때문이다.

성서가 제안하는 도덕존재론의 차별성은 하나님을 궁극적 실재로 설명하고 있다는 점, 그리고 힘의 내적 의미에 초점을 맞춘다는 것이다. 이것은 자연적이고 사회적이며 정치적인 힘을 넘어서는 가치, 즉 행위의 원천이 되며 마땅히 존중하고 함양해야 할 가치를 강조해 준다. 성서는 하나님만이 가치의 원천이시며 인간이 그토록 숭상하는 자신들의 힘 그 자체는 가치의 근거가 될 수 없다는 점을 일깨워 준다.[36] 창조주 하나님은 그 능력만을 가지시는 분이 아니라 또한 사랑의 하나님이시다. 창조의 능력과 사랑은 가치를 창조하는 힘이란 어떤 것인지 보여준다. 힘에 대한 신학적 성찰은 실재에 대한 유물론적 설명이나 인간의 창조성을 설명하는 것이 아니다. 힘이란 유한한 것들의 가치를

---

36) 이와 관련하여 다음 글을 참고 할 것. David Tracy, "Literary Theory and the Return of the Forms of Naming and Thinking God in Theology", *Journal of Religion* 74, No. 3 (1994): pp.302-19.

증진시키는 것이 될 때 비로소 그 의미를 부여받는다.

　이러한 맥락에서 우리는 이 세계가 상호의존적인 네트웍도 아니며 인간의 문명과 야만성의 기념비도 아니라는 사실을 알아야 한다. 이 세계는 힘을 생명공동체의 가치존중과 함양에 사용되도록 이끌어 가는 다양한 노력의 장이다. 궁극적 힘이란 하나님의 것이라고 말하는 것은 세계해석과 도덕의 기초를 제공하며 힘에 대한 재평가의 요점이 무엇인지 암시한다. 이것은 인간이 하나님께 대한 충성을 통하여 행복과 행위의 필수조건에 자신을 위탁하게 된다는 것을 말해준다. 이것이야말로 인간의 진정한 자연적, 정치적, 사회적, 경제적, 문화적 그리고 상호인격적 행위의 필수조건이다. 사회 및 정치제도와 상호인격적 행위 및 도덕적 열망은 가치의 존중과 함양에 비추어 평가되고 판단되어야 한다.

　필자가 보기에 '누가 행위자인가?'를 성서적 맥락에서 묻는 것이야말로 세계이해와 도덕 존재론의 기초이다. 실재의 의미에 대해 가장 먼저 질문해야 하는 것은 자연의 구조와 그 역동성에 관한 것이 아니다. 누가 행위자이며 누구에게 책임이 있는가, 그리고 무슨 일이 일어나고 있는가를 물어야 한다. 비록 이러한 생각이 종종 책임의 귀속이나 처벌, 신적 간섭 등의 문제와 연관되어 인간의 고통과 불행의 설명에 그치는 경우도 있지만, 여기에 또 다른 그 무엇이 결부되어 있다는 사실을 놓쳐서는 안될 것이다. 인간은 어떻게 살아야 하며 무엇을 해야 하는가 하는 도덕적 질문이 그것이다.

　우리는 하나님의 역사(役事)에 관한 두 가지 중요한 도덕적이고 해석학적인 사실에 주목할 필요가 있다. 첫째, 우리는 전통적인 관점에서 개별자들의 행위에 관하여, 그리고 인과적 책임의 원천인 행위자 의지의 문제를 생각해 보아야 한다. 이것은 과정신학자들의 관점을 수용한다는 것도 아니며 이야기신학자들의 관점처럼 성서의 이야기를 어떻게 행위자의 문제와 연관지어 설명할 것인가에 관심을 가지겠다는 것도 아니다.37) 우리는 세계관 및 도덕 존재론과 연관된 궁극적 힘에 대한 설명에 관심을 가지고 있다. 말하자면, 하나님에 대한 이론적 사유보다는 실천적 관점에서의 접근을 시도하고 있는 것이다.38) 둘째로 우리는 기독교 윤리의 가치관을 설명하기 위해 하나의 신학적 접근을 시도하고자 한다. 이것은 인간이 스스로를 위탁할 수 있는 가치는 과연 무엇인지에 대한 보다 구체적인 설명이라 할 수 있다. 폴 리쾨르(Paul Ricoeur)의 관점이 많은 도움을 줄 것이다. 우리가 세상을 신학적으로 해석하는 것은 가장 기초적인 도덕적 확신을 발견하기 위한 것이며, 이것이 해석학적 실재론의 요점이다. 힘으로 유한한 생명을 파괴하지 않고 잘못된 힘의 사용에 대항하여 유한한 생명의 가치를 확인시키는 것이 기독교 윤리와 도덕적 해석의 핵심이다. 이러한 확신은 억압적이고 파괴적인 구조와 관계들을 변형시켜 가도록 이끌어준다.

우리는 이미 1장에서 우리 시대의 도덕적 정황을 개괄했다. 포스트모던적 상황은 우리의 신학적 성찰에 있어서 삶의 자리(Sitz im Leben)이

---

37) 하나님에 대한 행위자적 개념에 대해서는 광범위한 논의가 있었다. 그 내용을 세세히 살펴볼 수는 없지만, 몇몇의 두드러진 신학자들의 의견을 요약한다면 다음과 같다. 틸리히는 '하나님'이라는 종교적 상징이 자아와 세계 관계의 심층구조를 반영하는 것이라고 한다. 바르트는 하나님에 대한 담론에서 실재에 대한 이해를 추구하였다. 그외에 하나님에 대한 주장에서 비신화화를 시도함으로써 윤리적 함의에 초점을 맞추려 했던 거스타프슨(James Gustafson), 맥파그(Sallie McFague), 카우프만(Gordon Kaufman) 등을 생각해 볼 수 있다. 그 밖에 과정형이상학과 연관지어 이 문제를 설명해 보려했던 옥덴(Schubert Ogden), 그리고 해방신학자들의 관점 등등이 고려될 수 있겠다.

38) 필자는 여기에서 하나님 앞에서의 삶이라는 고전적 종교개혁자들의 입장을 되새기려는 것이 아니다. 하나님에 관한 주장에 내재된 실천적 요소에 강조점을 두고 싶은 것이다.

다. 이 장에서는 성서 자료들과 고대의 윤리적 사유들을 음미해 보는 것으로 다음 장의 논의를 준비하게 된다. 이 장은 우리 시대의 윤리적 상황에 대한 전통적 이해와 현대적 이해를 아우르는 방식을 취하여 신학적 윤리의 방향성을 정립하게 될 것이다.

행위자, 세계 그리고 의미

우리 시대의 특징들은 기독교 윤리에 매우 중요한 요소들이다. 첫째는 탈-유신론적 사회라는 점이다. 우리 시대의 공동체들은 기독교 신앙이 말하는 복지와 정의에 관한 근본규범과 가치를 상실하였다. 기독교 신앙이 행위에 영향을 미치지 못하는 것 같다. 개인과 사회는 도덕의 영향을 받으며 그에 따라 종교적 교리에 대한 해석도 달라진다. 우리 시대는 세상을 하나님과 연관지어 해석하지 않는 시대이다. 창조, 섭리 또는 심판 등의 개념과는 거리가 멀다. 자연은 창조론을 따라 해석되어서는 안되며 가치의 초월적 원천을 고려하지 않는다. 그리고 인간의 존엄성은 하나님의 형상이라는 관점에서 설명되지 않는다. 사회와 역사, 전통 역시 하나님의 섭리개념에 의해 설명되지 않으며, 인간과 그 공동체는 비의존적이고 독립적인 행위자라고 해석한다. 서양의 지배적 전통이던 기독교는 더 이상 실천적 의미를 지니지 못하는 시대가 되어버린 것이다.

현대 윤리학이 직면한 둘째 요소는 테크놀로지의 발전으로 인간의 힘이 근본적으로 확장되었다는 것이다. 힘은 실재의 이해를 변경시켰으며 새롭고 다양한 책임의 문제를 일으켰다. 요나스는 이러한 변화를 존재론적인 것이라고 한다. 즉 실재 그 자체에 대한 이해의 변화라는 것이다.[39] 극단적으로 다음 세대의 유전자 구조를 바꾸어 결과적으로

---

39) 이에 대해서는 다음 문헌들을 참고할 것. Hans Jonas, *The Imperative of*

인간이라는 종의 변경을 초래할 수 있는 능력을 지니게 되었다. 또한 테크놀러지의 사용으로 생태계가 크게 훼손될 수 있다. 이러한 맥락에서 과연 미래에 대한 도덕적 성찰은 어떤 형태가 되어야 하는가? 요나스는 테크놀러지의 혁신으로 초래된 다양한 문제들에 대해 이제까지의 도덕적, 종교적 신념이 유지해 온 실재의 관념과 행위의 해석으로는 해답을 찾을 수 없다고 한다.

여기에 현대 윤리학이 직면하고 있는 세 번째 요소가 있다. 톰슨(John B. Tompson)이 현대사회는 점차 매스컴과 상징형식의 순환에 의해 주도되는 경향을 보인다고 한 것은 매우 적절한 지적인 듯 싶다.[40] 톰슨에 따르면, 현대사회에서 의미있는 것이란 힘을 위해 일하는 것이다. 여러 가지의 우월성을 추구하는 것만이 의미있는 사회가 되었다는 것이다. 이것을 이른바 상징형식의 순환(circulation of symbolic forms)의 개념으로 설명할 수 있을 듯 싶다. 예를 들어 억압받는 자와 그 해방에 대해 고찰하려면 법률적, 정치적, 경제적 담론들이 고려되어야 한다. 도덕은 사회의 담론과 상징과 이야기들로부터 자유로울 수 없기 때문이다. 앞서 말한 것처럼, 도덕의 기본요소 중 하나는 자기와 세계의 이해를 매개하는 가치에 대한 신념과 담론이다. 여기에서는 특히 '행위자'와 '세계'라는 상징형식에 대한 신념이 중요하다.

Responsibility, 그리고 요나스의 형이상학에 대하서는 다음 글을 참고할 것. *The Phenomenon of Life-Also see his Philosophical Essays: From Ancient Creed to Technological Man* (Englewood Cliffs, N.I.: Prentice-Hall, 1974). 요나스의 윤리에 대한 비판적 입장으로 다음의 글을 소개한다. Karl-Otto Apel, *Diskurs und Verantwortung: Das Problem des Uber-gangs zur postkonventionellen Moral* (Frankfurt: Suhrkamp, 1990), pp.179-218, Wolfgang Huber, "Toward an Ethics of Responsibility", *Jouranl of Religion* 73, No.4 (1993): pp.573-91.

40) 이에 대해서는 다음 책을 참고할 것. John B. Thompson, *Ideology and Modern Culture: Critical Social Theory in the Era of Mass Communication* (Stanford, Calif.: Stanford University Press, 1990).

우리 시대의 윤리적 상황에 대한 올바르고도 적절한 해석을 위해 실재에 관하여, 그리고 사회의 합법적인 힘의 구조 사이를 순환하는 상징형식에 관한 행위자이론을 탐구해야 한다. 이러한 작업을 통하여 우리는 행위자와 세계관 사이의 관계를 설명할 수 있을 것이며 상징적 담론의 순환이라는 문제에 관심을 가지고 우리 시대에 대한 이해를 깊게 할 수 있을 것이다. 이것은 테크놀러지와 포스트모던의 사회가 표방하는 도덕존재론의 요소들을 보다 상세하게 분석할 수 있게 된다는 것을 뜻한다.

실재의 구조와 행위자 본성에 대한 신념 사이의 개념적 연관성을 찾아내는 것은 그리 어렵지 않다. 행위자는 항상 어떤 정황과 어떤 시간에 행위하기 마련이다. 우리는 항상 어디에서인가 행위한다. 개별행위자 또는 공동체가 어떤 정황에서 행위했는가에 따라 행위의 정당성여부가 판가름된다. 예를 들어 가난과 억압이라는 정치, 경제적 정황에서는 근본적으로 기회가 박탈당하는 것이나 다름없다. 인간의 행위와 인간이 겪는 고통의 정당성 여부에 대한 시금석은 행위자 또는 행위자들이 처해 있는 정황이라고 할 수 있다. 이렇게 본다면 실재에 대한 관점은 도덕행위자에 대한 이해에 암묵적으로 내포되어 있다. 삶과 행위의 시간적, 공간적 정황에 대한 해석이 그것이다. 세계해석에는 다양한 방법이 있다. 예를 들면 계시언어를 사용하여 세계를 설명하는 것은 이신론자들이 실재를 기계에 비유하여 말하는 것과는 다르다. 세상을 경멸하는 사람들의 생각과 낙관주의자의 생각은 다르다. 이처럼 상이한 세계관은 인간행위에 대한 이해도 달라서 어떤 것은 도덕적 행위를 고양시키기도 하고 또 다른 것들은 도덕적 행위를 저해한다. 마찬가지로 세상에는 다양한 존재양식이 있다. 행위자로서 존재한다는 것은 희망, 공포, 투쟁, 연민, 용기 등을 가지고 살아간다는 것을 뜻한다. 그러나 도구와 같은 사물이나 단순한 화학적 과정에 해당하는 것들은 다른 존재양태에 속한다. 행위자는 항상 일정한 정황에서 행동하며 평가적 특성의 존재양태에 속한다. 다시 말해 경멸, 용기, 공포, 신앙 그리고 신념, 태도 및 느낌 등이 행위자가 사는 세상과 행위자의 삶의 특징을 보여준다.

이렇게 본다면, 삶의 정황에 대한 해석 또는 도덕존재론은 상징형식들에 의존하고 있는 셈이다. 존재와 행위의 총체성은 상징 또는 은유적 수단을 통해 해석된다. 세상이 행위의 장이라고 말하는 것도 해석의 다양성에 개방된 상징적 담론을 사용한 것이다.[41] 예를 들어 기독교 신앙의 전통에서처럼 세상은 타락했는가? 그것은 하나님의 창조적 은총을 표현하기 위한 것이 아닐까? 이러한 상징적 해석의 연장선상에서, 테크놀러지 시대의 결정적인 특징은 인간을 가치중립적인 시간과 공간에 존재한다고 말하는 것도 이와 마찬가지이다. 많은 학자들의 주장처럼 현대사회는 마법과 신화로부터 깨어난 사회이다. 행위는 전체적으로 자연적 과정의 상호복합적인 틀이라고 할 수 있다. 도덕적 가치와 규범이 세상이라는 직조물에 애초부터 구체적으로 기록된 것이 아니라 인간이 특정한 목적을 위하여 만들어낸 고안물이며 인간이 강해지려는 필요와 목적에 의한 것이다.

현대 서구사회의 도덕적 특징은 인간만이 유일한 행위자라는 형이상학적 전제에 있다. 따라서 가치는 행위에 의존하는 것으로 전락한다. 인간의 힘이 증대될수록 인간은 세상을 좀 더 가치있게 만들 수 있을 것이라고 생각하게 되었다. 그리고 인간이 숭상하는 가치들은 인간의 목적을 위해 사용될 뿐이다. 이러한 생각에서부터 나오는 첫 번째 명법은 가치를 창조하기 위하여 힘을 획득하라는 것이다. 인간중심적 세

---

41) 이에 대한 상세한 설명은 이 책 4장을 참고할 것

계관에서는 인간의 가치가 가치중립적인 시간과 공간 안에 쓰여진 것이라고 생각한다. 그리고 세계에 대한 신념은 인간을 위한 사회적, 심리적, 정치적 유용성이라는 점에서 설명된다.

행위자로서의 인간, 그리고 가치의 공간으로 전락한 가치중립적 정황 사이의 관계는 두 가지 경쟁적인 관점을 통해 설명된다. 첫째, 자연과학 및 생명과학과 함께 혁신적인 형태의 여타 학문에서 인간을 자연적 실재의 상태로부터 탈출시키려는 시도가 진행되고 있다. 인간은 자연의 일부분으로 인식된다. 그러나 인간의 행위능력을 통하여 물질세계의 주도적인 지위에 오르게 되었다. 카우프만(Gordon Kaufman)이 말한 것처럼 인간에 대한 자연사적 관점에 따르면 인간은 지구상의 생명체들 사이의 하나의 존재자이며 사회는 각각 상이한 단계를 통하여 발전되며 지구상에는 다양한 사회구조가 있다는 것이다.[42] 둘째로 가치중립적인 시간과 공간을 배경삼아 자유의 출현을 설명하는 것은 행위자로서의 자기인식에 수반된다. 인간은 스스로를 행위자로 인식하고 행위한다. 이러한 생각은 실재에 대한 해석과 연관이 있다. 관념론과 실존주의가 그 예이다. 싸르트르(Jean-Paul Sartre)는 인간을 그 어깨에 세상 전부를 메고 다니는 자유의 존재라고 보았다. 인간이 세상과 자신에 대해 책임적인 것은 그의 존재양식이다.[43] 이렇게 본다면, 주체적 행위자가 된다는 것은 실재에 대한 의미와 가치를 설명하는 조건이 된다. 자유롭게 행위한다는 것 때문에 행위자는 인간이 자신에 대한 자연적 설명을 넘어서 자신의 정체성에 대해 해석할 수 있으며, 가치창조적 존재라는 주장을 할 수 있다. 출현이라는 표현보다도 자기초월이라는 말이 인간을 둘러싼 자연적, 사회적 배경과의 사이에서 어떤 관계로

---

42) Kaufman, *God, Mystery, Diversity*, p.74.
43) Jean-Paul Sartre, *Being and Nothingness*, trans. Hazel Barnes (New York: Washington Square Press, 1966), p.707.

설명될 수 있을지 보다 잘 설명해준다.

근대성에 대한 신학자들의 일반적인 평가에 따르면, 유물론자들과 실존주의자들의 논증은 기독교 신앙과 정반대되는 것이며 기독교 신앙에 대한 도전이다. 따라서 신학자들은 종교와 과학 또는 신앙과 의미의 문제를 다루게 된다. 그러나 이러한 흐름은 인간을 가치중립적 세계에서 가치창조능력을 지닌 존재로 규정하는 도덕존재론을 향해 나아가지 못하게 한다. 여러 가지 차이들이 있음에도 불구하고 '초월'과 '출현'은 가치의 기원이요 목적으로서 인간의 능력을 인간이해의 중심으로 삼는다. 그리고 자유가 구현되어야 할 미래적 공간에 대해 생각하고 있다는 것은 매우 중요한 의의를 지닌다. 자유는 자연적 과정으로부터 벗어나 열린 미래를 향하여 출현해야 한다. 선택행위, 자기평가, 미래를 향한 자기초월이 그것이다. 따라서 자연적 실재는 가치중립적 용어로 이해될 뿐 아니라 인간의 자유를 위한 핵심조건인 미래는 비워져 있고 인간의 가치창조능력이 행사되기를 기다리고 있다. 필자가 보기에 이것이야말로 현대적 사고의 특징을 설명해주는 요소가 아닐까 싶다.[44]

이러한 관점들은 필연적으로 탈유신론적(post-theistic)이다. 유물론적 실재론에서는 하나님에 대해, 그리고 하나님의 행위에 대해 무의미하며 공허한 것이라고 주장한다. 하나님께 대한 호소는 단지 심리적인 필요를 충족시켜주는 것 이상의 의미가 없다고 한다. 또한 자연과정의 구조와 역동성을 이해하기 위해 하나님의 개념을 도입할 필요가 없다고 한다. 하나님에 관한 사유는 형이상학적으로 공허하며, 세계이해에 그 어떤 객관적인 도움도 주지 못한다는 것이다. 그런가 하면 실존주

---

44) 이에 관한 고전적 입장은 다음 책을 참고할 것. Friedrich Nietzsche, *The Birth of Tragedy and the Genealogy of Morals*, trans. Francis Golffing (New York: Doubleday Anchor books, 1956).

의자들은 자유가 타자, 즉 하나님께서 주신 것이라면 그것은 진정한 자유가 아니라고 한다. 그들에 따르면, 신학자들은 세상을 이해하는 데 필수적인 요소를 간과하고 있다. 인간은 자유로운 존재이며 자기규정적인 존재라는 사실을 간과함으로써 삶에 대한 이해에 큰 도움을 주지 못한다는 것이다. 칸트는 유신론적 관점들이 도덕적 의무를 하나님께 받은 것처럼 생각하게 함으로써 자유에 대한 상징적 표현을 희석시킨다고 하였다. 그리고 니체는 종교적 신념은 힘의 발휘를 통하여 나타날 수 있는 인간의 생명력과 풍요를 파괴하는 노예적 마음가짐을 심어준다고 주장한다.

지금까지의 논의를 요약해보자. 첫째, 필자는 도덕존재론과 그에 수반되는 도덕적 신념에 관한 논의를 통하여 전통적인 유신론적 윤리에 대한 현대적 비판들을 살펴보았다. 둘째로 필자는 탈유신론적 사회분위기에 스며있는 행위자로서의 인간에 대한 생각과 시간과 공간적인 실재이해 사이의 관계설명(출현, 초월)에 대해 비판적으로 생각해 보았다. 이를 통해 가치의 근원과 내용들이 힘의 문제와 연관되는 경향이 나타나고 있다는 점을 찾아내었다. 나아가 셋째로 필자는 포스트모던 사회의 도덕존재론은 실재에 대한 가치중립적이고 유물론적인 관점을 제시하고 있으며 인간이란 힘을 사용하여 가치를 창조해내는 존재라고 이해하고 있음을 보았다. 이러한 관점에서는 인간을 법률, 예술, 경제 그리고 기타 등등의 미래적 영역에 개방된 가치창조적 존재라고 주장한다. 이러한 도덕존재론의 기초는 그 가치의 추구에 있어서 힘에 대한 관심 이상의 다른 것이 아니다. 오직 힘에 대한 관심을 통하여 행위자는 세계를 의미있게 만들며 힘의 행사를 통해서만 인간의 독특성이 드러난다고 주장하고 있다. 다음 장에서 다루게 되겠지만, 테크놀러지 시대는 바로 이러한 도덕관념을 구현하고 있는 셈이다. 이제까지 말해온 것들은 포스트모던적 테크놀러지 시대의 도덕존재론에 대한 설명이다. 필자는 이것을 성서적 관점과 비교하고자 한다. 성서의 중심적인 주장이 하나님을 행위하시는 분으로 설명하는 것이라고 한다면, 과연 이제까지 살펴본 도덕존재론은 어떤 관점에서 비판되어야 하는가? 이 질문에 답하기 위하여 필자는 윤리학사에 나타난 성서해석에 대한 개괄로부터 시작할 것이다. 현대의 상황을 바르게 이해하기 위해서는 이러한 과정이 반드시 필요하다.

성서적 사유와 윤리학의 역사

현대 윤리와 성서윤리에 관한 논의를 위해 힘을 통한 가치창조의 문제를 보여주는 성서 한 대목을 살펴볼 필요가 있다. 바벨탑 이야기가 그것이다.

> 온 땅의 구음이 하나이요 언어가 하나이었더라. 이에 그들이 동방으로 옮기다가 시날 평지를 만나 거기 거하고 서로 말하되 자, 벽돌을 만들어 견고히 굽자 하고 이에 벽돌로 돌을 대신하며 역청으로 진흙을 대신하고 또 말하되 자, 성과 대를 쌓아 대 꼭대기를 하늘에 닿게 하여 우리 이름을 내고 온 지면에 흩어짐을 면하자 하였더니 여호와께서 인생들의 쌓는 성과 대를 보시려고 강림하셨더라 여호와께서 가라사대 이 무리가 한 족속이요 언어도 하나이므로 이같이 시작하였으니 이후로는 그 경영하는 일을 금지할 수 없으리로다 자, 우리가 내려가서 거기서 그들의 언어를 혼잡케 하여 그들로 서로 알아듣지 못하게 하자 하시고 여호와께서 거기서 그들을 온 지면에 흩으신 고로 그들이 성 쌓기를 그쳤더라 그러므로 그 이름을 바벨이라 하니 이는 여호와께서 거기서 온 땅의 언어를 혼잡케 하셨음이라 여호와께서 거기서 그들을 온 지면에 흩으셨더라(창11:1-9)

잘 알려진 이 이야기는 종종 학자들에 의해 민족과 언어적 차별성의 기원론으로 인용되기도 한다. 또한 족장시대 이전 선사시대 절정기 역사에 해당한다. 이 이야기의 통찰력은 탑을 건설하려는 동기의 문제에 있다.

그 동기는 인간의 가능성의 영역, 즉 자신들의 에너지와 자신들의 명성 곧 더 위대해지려는 생각이 결탁된 것이었다. 이것은 하나님 보시기에 인간이 이미 그 길의 종착점에 이르고 있다고 여겨졌으며 힘의 과시라고 하는 가능성과 유혹에 놓여 있는 것으로 여겨졌다. 연합된 힘의 과시는 방종으로 이어졌다.45)

바벨은 자만심의 표현이자 그 문명화 작업이었고, 탑은 그들의 명성을 드러내려는 것이었다. 하나님은 그들의 언어를 혼잡하게 하고 민족 단위로 분열되게 하심으로 그들을 응징하셨고 또 다른 범죄를 예방하고자 하셨다. 여기에서 하나님의 행위는 미래에 나타날 문명의 존속가능성과 관련하여 인간행위의 한계를 설정한 것이다. 즉 미래의 가능성 및 의도와 관련하여 문명형성의 전제조건인 힘의 통합에 일정한 한계를 설정한 것이다. 여기에서는 가치의 이면에 힘이 작용하고 있었다. 단지 힘을 사용했다는 것이 문제가 아니라 그 힘이 초래할 미래의 결과에 대한 한계가 설정되어 있는가 하는 것이 문제이다.

바벨탑 이야기는 우리에게 몇 가지 의미를 전해준다. 첫째, 테크놀러지의 힘을 통해 인간이 정치권력을 중앙집권화하며 시민을 위한 물질적 조건들을 창출할 수 있다는 점이다. 둘째로, 이러한 힘은 더욱 위대해지고 명성을 드높이려는 동기에 의해 결집되어 문명통합능력으로 나타난다. 정치적 통합과 도시의 건설이라는 문명화의 산물, 탑이라고

---

45) Gerhard Von Rad, *Genesis: A Commentary*, trans. John H. Marks (London: SCE press, 1961), p.145.

하는 문화적 업적의 건설 등의 가치가 힘에 의해 창조된다는 점을 보여준다. 셋째로 이러한 동기들은 혼란과 정치적 사회적 무정부상태에 대한 두려움을 해소한다. 따라서 사회통합을 통해 이루고자 하는 평화와 안정의 추구는 문명의 상징인 탑을 건설함으로써 성취될 것이라는 생각이 내포되어 있다. 그리고 넷째로 그들의 행위는 가치중립적인 시간과 공간에서 시행된 것이 아니라는 점, 그리고 그들이 추구한 선의 개념이 힘이라는 것을 통해서만 규정되었음을 보여준다. 하지만, 하나님은 도시와 탑을 보시려고 땅에 강림하셨다. 인간의 문명 즉 인간만의 독특한 가치창조를 위한 힘의 사용은 하나님의 심판의 대상이 되고 있다. 하나님의 응징은 힘을 통해서만 문명의 통합과 위대성, 그리고 평화를 유지할 수 있다는 생각을 뒤집어 놓았다. 바벨탑 사건의 결과, 인간은 하나님으로부터 멀어졌고(창3:22-24) 이웃으로부터 멀어졌다.(창4:1-16) 이러한 소외는 하나님과 사람, 하나님과 사회의 화해를 통해서만 해결될 것이다.

문명의 통합과 위대성의 근거는 무엇이며 인간의 힘의 한계는 무엇인가를 보여주는 바벨탑 이야기는 선사시대와 창세기 12장 이하에 펼쳐지는 족장시대를 연결짓는 매개체이다. 죽음을 피할 수 없는 존재인 바벨 시대의 인간은 스스로의 이름을 명예롭게 하고자 하였지만, 이와는 반대로 열국의 아비가 될 아브라함은 그 이름을 하나님께로부터 부여받는다.[46] 마찬가지로 이스라엘은 다른 민족들이 인간의 힘으로 문명의 창조에 힘쓰던 것과는 다른 방식으로 그 존재의 초월적 기원을 지닌 민족이라고 규정됨으로써 거룩한 백성이 된다. 그러나 이러한 일들을 기록한 성서 본문에서 인간의 행위능력과 문화창조능력이 훼손되거나 그 가치가 손상되지는 않는다. 오히려 문명의 근본문제가 무엇

---

46) Samuel Terrien, *The Elusive Presence: The Heart of Biblical Theology* (New York: Harper & Row, 1978), pp.72-76

인지를 알게 한다. 인간이 힘을 사용하는 것보다도 힘에 대한 올바른 관계설정이 중요하다는 것이다. 문제는 공동체의 사회적 성취와 삶에 있어서 힘에 대한 내적 한계를 설정하는 것이다. 말하자면, 인간의 힘에 의해서만 가치를 창조할 수 있다는 생각을 버리고 인간 이상의 다른 힘, 즉 하나님과의 관계가 문제라는 것이다. 인간의 근본문제는 문명창조능력의 행사가 아니라 힘의 원천이며 인간의 힘에 한계를 설정하시는 하나님께 대한 충성에 있다. 성서의 사건들은 바로 이 문제를 인간에게 끊임없이 되새겨준다.

창세기 11장이 시사해주는 현대사회에의 통찰은 매우 중요하다. 우리가 살펴본 것처럼, 인간의 행위는 주로 개인과 공동체의 실재이해와 연관된다. 만일 우리가 성서 본문을 상징적인 것으로만 간주한다면, 고대사회에서는 인간만이 행위자인 것은 아니었다고 말하는 것이 맞을 것이다. 이러한 생각은 본문을 실재에 대한 신화적 해석, 인간의 운명의 결정과정에 인간이 신이나 그 어떤 다른 힘과 만나고 있다는 이야기쯤으로 간주해 버린다. 단순히 인간행위의 맥락과 인간행위가 인간 이상의 다른 행위자에 의해 영향을 받았다고 보는 것이다. 윙크(Walter Wink)의 주장처럼, 현대유물론적 세계관에 입각해 볼 때, 그 힘은 실재하는 것이라기보다는 비실체적인 것으로 여겨지며, 그 힘은 구체적인 세계 내적 사물과는 전혀 별개의 것이라고 생각하게 된다.[47] 그렇다면 우리는 이러한 고대의 문헌들을 어떻게 받아들여야 하는가? 비신화화 작업만 하면 되는 것일까? 이러한 고대의 문헌들 안에 인간의 자유에 대한 의미있는 요소들은 전혀 없다는 것인가?

고전적인 관점에서 인간 이상의 힘이 작용한다는 것은 운명 또는 신화에 나오는 신들과 악마, 요정들 또는 그 어떤 신비한 능력에 해당한

---

[47] Walter Wink, *Naming the Powers; The Language of Power in the New Testament* (Philadelphia: Fortress Press, 1984), p.4.

다. 그러나 그 실재가 인과율의 관점이나 자연의 법칙과 관련하여 인간의 창조능력을 설명해 주는 것은 아니다. 예를 들어 성서에 나타난 선택의 개념이나 예언자들의 카리스마적 능력 등은 쉽게 설명될 수 있는 것이 아니다. 하나님께서 예언자들을 통하여 말씀하셨다. 하나님의 행위와 예언자들의 행위는 하나의 동일한 행위로 설명된다. 다시 말해 인간 이상의 힘이 인간으로 하여금 행위할 수 있도록 그 인격을 지배한다는 것이다. 심지어 바울도 그 안에 역사하시는 분은 자신이 아니라 그리스도이심을 고백하였고 이것은 그의 신앙과 삶에 있어서 결정적인 중요성을 지니고 있었다. 이것을 이중행위자현상(dual agency phenomenon)이라고 할 수 있다. 비평가들은 이것을 단순한 타율의 현상이라고 하겠지만, 그렇지 않다. 예언자들의 행위나 귀신들린 자들의 행위는 단지 그 어떤 외적 권위에 의한 것이라고 말할 수 없다. 그렇다고 해서 그것이 아주 조야한 단계의 자율성이라고 볼 수도 없다. 우리는 이것을 틸리히(Paul Tillich)가 말한 것처럼 신율(theonomy)적인 것이라 할 수 있다.[48] 필자가 보기에, 인간의 행위에 인간 이상의 다른 힘이 작용한다고 해서 인간의 책임이 면책되거나 중단되는 것은 아니다.

    흥미롭게도, 성서와는 다른 배경을 가지고 있는 그리스-로마적 사유에서도 자연주의자들과 비자연주의자들의 실재론이 갈등하고 있다. 소크라테스 이전의 철학자들은 우주에 대한 자연주의적 설명을 위하여 실재에 대해 신화적이고 행위이론적이며 특별히 인과응보적 관점의 설명을 하는 것이 타당한지 검토해야 한다고 생각했다. 소크라테스 자신도 철학을 지상의 것으로 끌어내리면서 인간행위의 특징과 올바른 행위의 원칙이란 무엇인지 알고자 하였다.(이에 대해서는 에우티프론 *Euthyphro*을 읽어 볼 것.) 그는 지식이란 하나의 덕으로서, 인간의 가장 탁

---

48) Tillich, *Morality and Beyond*

월한 행위의 능력(arete)이 지식이라고 하였다. 와이브(Donald Weibe)는 인간의 행위능력에 대한 이해로의 관심 전환은 소크라테스, 플라톤 그리고 아리스토텔레스에게 공통적인 것이었다고 말한다.49) 그러나 이것은 그리스-로마적 사유에 있어서 인간 이상의 힘에 의해 행위가 영향을 받는 것이 이해불가능한 것이라고 말하는 것은 아니다. 도덕행위는 외적 힘에 대한 올바른 관계의 설정을 통하여 설명되어야 한다. 예를 들어 에우티프론 편을 보면, 비록 그들이 신들은 인간의 번성에 관심이 없다고 생각하고 있었지만, 윤리적 행위에는 그에 따른 물리적 과정이 있다고 생각하는 단서가 보인다. 덕이 곧 행복이라고 말하는 스토아 철학에서는 자연에는 로고스가 스며 있으며, 인간은 이러한 자연에 순응하여 살아야 한다고 한다. 이러한 맥락에서 우리는 도덕에 관한 여러 사상들의 차별성에도 불구하고 하나의 공통점을 볼 수 있다. 도덕이란 실재이해의 가장 중요한 핵심이라는 것이다. 이러한 의미에서 윤리학적 논쟁들은 근본적으로 실재의 본성에 대한 논쟁이라 할 수 있다.

이렇게 본다면, 성서의 윤리적 논점은 인간이 힘을 사용함에 있어서 어떤 힘이 인간의 삶에 작용하는지를 분별하고 판단하는 것이며, 그 힘에 의해 영향을 받는 일이 도덕적인 것이 되기 위해 인간은 그 힘에 대해 어떤 관계를 가져야 하는지 묻는다. 이러한 문제들에 대답하기 위해 성서의 담론과 실천적 요소들이 지니고 있는 사회적 의의에 대해 생각해 보자. 첫째, 제의적 행위에서 하나님과의 관련성이 종교예전으로 확립되었다. 제의적 행위는 시간과 공간 안에서 실재의 근본구조를

---

49) 이에 대해서는 다음 책을 참고할 것. Donald Wiebe, *The Irony of Theology and the Nature of Religious Theought* (Montreal and Kingston: McGill-Queen's University Press, 1991). 조금 다른 입장에서 접근하고 싶다면, 다음 책을 참고할 것. Gregory Vlastos, *Socrates: Ironist and Moral Philosopher* (Ithaca, N.Y.: Cornell University Press, 1991).

재연하는 것이며 그에 따라 사회질서가 수립되었다. 또한 제의적 행위는 힘의 행사에 대해서가 아니라 그 힘이 하나님과 갖는 연관성을 생각하게 하였다. 둘째로, 예언자적 담론에서 볼 때, 인간이 힘을 얻게 된다는 것은 공의와 인자를 사랑하고 하나님과 함께 겸손히 행함(미6:8)으로써 성취된다는 것이다. 공동체는 모든 행위가 가치와 규범에 연관된 것임을 인식해야 한다. 하나님을 향한 온전한 예배를 통해 얻게 된 힘은 공의와 인자를 구현하는 수단이 되며 희생제의적 의의를 넘어선다. 말하자면, 실재해석과 제의적 행위와 공의와 인자의 실천에 대한 사회적 요구가 예언자적 담론을 통하여 상징적으로 매개되고 있다.

따라서 제의적이고 예언적인 담론에는 인간 이상의 힘에 대한 연관성이 내포되어 있다. 이것은 율법적 담론으로 연결된다. 구약시대에는 도덕법, 시민법, 제의법이라고 구분되는 율법을 통해 공동체적 삶의 다양한 행동양식이 구체화되었다. 이처럼 사회의 구조를 형성하게 하는 것은 실재의 구조에 대한 제의적 요청에 회귀하지 않으면서도 자기이해와 행위에 반영되어야 할 가치들에 대한 예언적 주장에 머물지 않도록 이끌어 준다. 율법의 다양한 형식들이 등장하는 것도 바로 이런 이유이다. 창세기 11장에서 본 것처럼, 공동체의 정체성 즉 '이름'은 많은 유형의 행위들과 그 사회의 율법이라는 매개체와 연관되어 있다. 행위의 유형들은 힘의 사용만이 유일한 것이 아니라 인간 이상의 힘, 즉 율법, 계약신앙, 종말론적 재림의 힘에 대한 봉사를 통하여 구현될 것이다.

우리는 지금 성서에 나타난 담론의 발전과정을 일일이 되짚어 보거나 고대의 윤리적 사유를 깊이 있게 살펴보려는 것이 아니다. 기독교 윤리학의 근본문제는 인간 이상의 힘에 대해 어떤 관계를 설정하여야 하는가의 문제임을 강조하고자 하는 것이다. 기독교에 있어서 인간 이상의 힘의 원천은 곧 하나님을 의미하며 바로 여기에 실재해석의 기초와 근거는 물론이고 온당한 도덕적 동기에 대한 근거가 있다. 따라서 우리는 행위의 맥락이 가치중립적인 것이 아니라는 점을 인식해야 한다. 이것이 바로 기독교적 행위이론의 근거이다.

우리가 살펴본 것처럼 현대 윤리이론들은 무엇이 자유인지 설명하려 한다. 이것이 바로 인간에 대한 설명에서 힘을 핵심적인 것으로 상정하는 이유이다. 실존주의자들이 인간을 설명할 때 자유의 중요성을 강조한 것과도 연관이 있다. 그러나 성서의 윤리관은 매우 복합적이다. 성서가 말하는 도덕존재론은 힘을 추구하는 자율적 행위이론과 초월 및 출현을 강조하는 가치중립성에 대한 주장과는 다르다. 인간의 행위를 힘의 문제로만 설명하려는 생각을 버리고 행위가 도덕질서를 강화하는 담론들과 실천적 관행의 형식들을 통해 매개된다는 것이 성서의 관점이다(제의적 행위). 또한 인간의 자유는 공의와 인자의 구현을 목적으로 하는 것이어야 한다(예언자적 담론). 그리고 사회 시스템은 행위의 다양한 영역으로 차별화되어 나타난다는 것이다(율법적 담론). 가장 중요한 것은 힘이 가치의 고유한 원천이 아니라는 사실이다. 인간의 힘은 하나님의 질서와 다양하게 매개된 담론의 형식들을 통해 볼 때 악을 행할 수도 있고 선을 행하는 것일 수도 있다. 놀랍게도 성서는 현대의 철학과 윤리학이 개념적이고 가치론적인 환원주의를 표방하는 것보다도 더 분명하게 삶의 도덕적 영역이 매우 복합적이라는 사실을 주장하고 있다.

성서와 기독교사상의 위험성이 있다면, 그것은 인간 이상의 힘과 접촉했을 때 가치의 문제를 하나님의 명령이라고 말해버리는 기독교적 문명화(Christian civilization)로 귀결되기 쉽다는 것이다. 이러한 현상은 서양사 전반에서 발견되고 있으며, 그 결과 성서의 다양한 담론들의 복합적 형태들을 통해 분석된 도덕존재론의 가장 탁월한 통찰들이 훼손되어 왔다. 기독교 윤리가 종교공동체 안팎으로 널리 퍼져있는 담론들과 유형들을 분석하고 비판하며 개정해 나아가야만 하는 이유가 바로 여기에 있다. 이제 성서적 사유를 인용하게 된 근본의도가 무엇인지 되새겨 보자. 기독교 윤리는 과연 현대 윤리사상에 기여할 수 있는가?

힘의 재평가

우리는 이제까지 힘에 대한 우리의 생각을 바꾸기 위해 성서를 탐구해야 하며, 삶의 통전성을 존중하고 함양해야 한다는 점을 깨달아야 한다고 주장해 왔다. 이제까지의 논의에서 가장 중요한 것은 가치의 원천에 대한 제의적인 형식과 예언적인 형식 사이의 변증법적 관계이다. 제의적 관행은 실재의 질서를 재구성하며 하나님의 이름이 들어가는 경우에 가치는 인간의 행위에 의존하는 것이 아니라는 점을 보여준다. 도덕존재론에서 사용되는 용어대로 한다면, 제의적 행위들은 이 세상을 힘이 사용되는 영역이라고 설명해준다. 제의적 행위는 실제로 하나님을 전제하는 힘의 가치에 대한 재평가를 시도한다. 그러나 제의적 행위가 공동체와 문화는 안정시키지만, 예전적이고 상징적인 세상에 반대되는 현실적인 사회에서 도덕적 행위의 원칙들을 필연적으로 규정해주는 것은 아니다. 그 기능은 예언적 담론에 있다. 공의, 인자, 겸손에 대한 담론은 개인과 공동체의 자기이해를 구성하는 것이라 할 수 있다. 제의적 담론은 우리 자신을 자기해석적 행위자로 이해하게 한다. 제의적 담론은 한 사회 안에서 검증, 변형 그리고 근본적 해석이라는 기제를 통하여 순환된다. 그리고 하나님의 통치영역인 도덕공동체에 대한 헌신의 테두리에서 공의와 인자가 필요하다는 점을 더욱 강하게 보여준다. 따라서 예언적 담론은 제의적 세계에서 하나님과의 접촉의 수단으로 구현하고자 하는 사회정의를 포함하는 공의와 인자를 구현하도록 이끌어 준다.

제의적 담론과 예언적 담론은 성서의 윤리관에 내포된 두 가지, 즉 세상적 행위와 도덕행위자이론을 보여준다. 이것들은 실재에 대한 관점(제의), 그리고 인간과 사회적 행위자에 대한 관점(예언적 담론)을 제공하며, 다시 율법적 담론을 통하여 사회적 상호작용의 차원에서 매개되어 결과적으로 힘의 사용에 대한 윤리적 관점을 제시한다. 그러나 이러한 실천적 관행과 담론과 형식들이 복합적인 관계가 형성될 때, 조야한 도덕주의, 자기입법적인 특수기제, 그리고 빈약한 율법주의로 전락할 수 있다. 가령 상징적 세계를 위한 담론(제의)과 실천적 관행이 인간행위의 도덕규범과 관련된 담론(예언)에 봉사하고 사회적 상호작용(율법)을 구성하는 수단이 될 때이다. 이 경우, 힘이 빈 공간을 채우고 기본가치로 등장하게 된다. 성서에서도 이러한 경우에 대한 경고를 바벨탑 이야기에서 볼 수 있다. 이렇게 형성된 도덕존재론과 그것이 목적으로 삼는 인간형성과 삶의 방향설정에는 위험한 유약성이 내재한다는 것을 보여준 셈이다.

우리는 테크놀러지 시대의 도덕존재론이 힘이라는 요소를 강조하여 그것을 가치의 근원인 동시에 내용으로 상정하고 있다는 점을 살펴 보았다. 우리 시대는 인간을 출현과 자기초월의 존재라고 생각하여 행위의 시간과 공간이 가치중립적인 것이라고 생각하는 경향이 있다. 필자는 또한 성서의 도덕존재론을 통하여 (1)힘의 재평가를 위한 상징적 수단과 그 실천의 형식을 논하여 왔고 (2)이러한 도덕개념이 힘의 가치를 함락시키기 위한 방법은 무엇인지를 생각해 보았다. 현대의 윤리적 상황에서 성서의 담론들과 견주어 볼 만한 이야기들을 현대 기독교 윤리이론에 어떻게 접맥시킬 것인가? 도덕존재론의 비교를 통해 우리가 보여주어야 할 것은 무엇인가?

현대사회의 도덕 및 종교적 문제의 핵심은 미래에는 지구상에 생명체가 사라져버릴 수 있다는 가능성에 대하여 도덕적 명법을 어떻게 설정해야 할 것인가 하는 데 있다. 이것은 도덕적 성품과 행위가 개인과 공동체가 자신들을 생명의 연속과 번성을 위한 필수조건을 존중하고 함양해야할 행위자로 인식할 수 있는 명법의 형식으로 규정되어야 함을 의미한다. 나아가 이 세상은 우리 세대만의 것이 아니라 지속되는 시간의 전체성에서 작은 한 부분에 해당하는 한시적인 것이라는 점을 인식해야 한다. 즉 지구상에 미래에도 생명체가 존속할 수 있어야 한다는 사실을 인식해야 한다. 이렇게 본다면, 테크놀러지의 시대는 일종의 제의적 행위, 즉 이 세계를 위한 행위라는 형식으로 재조정되어야 한다. 미래의 생명체 존속가능성은 현재 사용하는 힘에 의해 희생될 수 있다. 미래윤리에 대해 말하는 것은 테크놀러지적 합리성과 그에 수반되는 도덕존재론에서는 어쩌면 무의미할지 모른다. 테크놀러지적 행위는 무력한 존재들을 보호하는 규범과 관련하여 인간의 도덕적 행위의 방향을 설정하고 도덕질서를 재확립하는 데 도움이 되지 않기 때문이다.

탈유신론적 사회로 규정할 수 있는 테크놀러지적 합리성을 비판하는 것은 테크놀러지 이전의 시대로 회귀하자는 낭만적 그리움을 말하려는 것이 아니다. 그것은 비현실적이다. 실존적 가치론에 입각하여 본다면, 인간은 테크놀러지적 존재이다. 우리는 이것을 창세기 11장의 이야기에서 예증할 수 있었다. 인간은 문명을 발전시키고 테크놀러지의 힘을 사용해야 하는 중요한 과제를 지니고 있다. 우리 자신이 본능적으로 빈약한 존재이기 때문이다. 우리가 주목하려는 것은 테크놀러지적 조망만이 유일한 것이 아니라는 점, 그리고 그것은 예언적 담론에 의해 비판되고 제한되어야 한다는 것이다.

이것이 의미하는 것은 무엇인가? 예언자의 관점에서 볼 때 인류의 미래는 가치중립적으로 이해되어서는 안되며 하나님의 통치라는 상징과 연관되어야 한다. 이것은 세계에 대한 평가에서 인간의 행위가 시간과 역사라고 하는 맥락에서 시행되는 것이라는 점을 인식해야 한다는 뜻이다. 예언적 담론은 인간의 가능성과 힘이 공의와 인자의 구현에 기여해야 하며 미래에도 하나님의 통치 안에서 공의와 인자가 구현되어야 한다고 말한다. 이러한 도덕적이고 종교적인 조망은 인간의 통전성이 미래적 삶을 부정하는 현세대 중심적인 힘의 증강이라는 관점에서 설명되어서는 안되며 공의와 인자라고 하는 내면적 공동체 특징을 향하여 방향지어져야 한다는 것을 일깨워 준다. 이러한 미래에의 조망은 인간이 삶의 통전성을 존중하고 함양함으로써 힘의 근원이신 하나님을 의식하며 살아야 한다는 것을 말해준다. 예언적 담론은 이러한 생각들을 공동체의 정체성이 되도록 이끌어 준다. 이러한 상징형식은 우리로 하여금 유한한 존재들이 왜 힘의 사용 이외의 다른 것, 즉 공의와 인자라고 하는 미래적 조건에 관심을 가져야 하는지를 보여준다. 이것은 유한한 존재들이 그 유한성에 걸맞는 선을 지니고 있다는 근본적인 확증이며 탈유신론적 문화 그 자체의 도덕적 유약성에 대한 근본적인 확언이라 하겠다.

이러한 탈유신론적 맥락에 대한 논의를 통해 우리는 해석학적이고 실천적인 관점에서 하나님과 실재에 대한 성서적 설명들을 이해하게 된다. 우리는 이것이 이스라엘 민족에게서 그들의 세계관과 행위지침으로 어떻게 작용하고 있었는지를 볼 수 있다. 우리는 예언적 담론을 통해 성서적 통찰의 중요성을 인식해야 한다. 제의적 관행은 힘을 증강시키는 원천과 그 수단들을 재구성해 준다. 그리하여 개인과 공동체가 그들의 행위를 통하여 공의와 인자를 존중하고 추구해야 한다는 점을 알게 한다. 이것은 궁극적 힘의 원천이 행위자로서의 하나님이시며, 인간의 힘이 최고의 가치가 아니라 그것을 능가하는 가치가 있다는 점을 인식하게 한다. 말하자면, 행위자로서의 인간이 추구하고 존중하고 함양해야 할 가치는 힘이 아니라 그 이상의 것이다. 행위자에 대한 설명은 결국 세계에 대한 설명으로 이어진다. 성서가 제공하는 통찰력은 인간이 존중하고 함양해야 할 가치란 삶의 통전성이라는 것, 그리고 이것이 곧 하나님께 대한 충성으로 이어진다는 것을 인식하게 한다. 개인과 공동체에 대한 해석을 통해 우리는 힘에 대한 가치의 재평가를 수행할 수 있으며, 힘의 원천에 대한 인식에로 나아갈 수 있다. 행위자로서의 인간은 힘없는 존재들을 힘있게 해야 할 도덕적이며 정치적 요청에 직면하고 있다. 이렇게 할 때에 비로소 우리는 이 지구상에 미래적 생명의 존속을 말할 수 있으며, 이것이야말로 우리 모두가 반드시 간직해야 할 과제이다.

이러한 주장의 타당성에 대한 검증은 해석학적으로 실천적으로 또는 변증법적으로 가능하다. 그리고 세계이해와 행위에 대한 경쟁적 윤리이론들과 비교하여 그 문제해결능력이 검증되어야 한다. 이 장에서 필자는 두 가지 변증법적 검증을 시도해 보았다. 그 첫째는 현대의 윤리적 관점들은 힘의 극대화에 초점을 맞춤으로써 미래적 생명에 대한 존중을 제한하고 있다는 것이다. 이것은 우리 시대의 도덕에 자명하게 나타나는 특징들로서 미래를 고려하는 윤리에서 조차도 테크놀러지의 사회에서의 인간의 자유를 기본적인 가치로 간주하는 경향이 있다.

둘째로 힘의 사용에만 초점을 맞추는 도덕존재론이 힘의 한계를 설정하지 않음으로써 힘의 사용이 창조적인 것인지 또는 파괴적인 것인지를 구별하려는 노력을 간과했다는 점이다. 힘을 가치의 원천이자 내용이라고 주장하는 것은 힘 그 자체를 넘어서는 것이 아무 것도 없기 때문에 힘의 증강만이 목적이 되어버린다. 기독교 윤리는 인간의 행위를 위한 명법의 원천을 제공하고 현대적 사유에 대한 비판적 평가와 함께 기독교 신앙의 올바른 이해에 이르는 것을 목표로 한다. 여기에 남아있는 문제는 윤리적이고 종교적인 조망이 인간의 삶을 얼마나 힘있게 해 줄 수 있는가 하는 점이다.

결론

이 장에서 우리는 성서적 관점과 현대의 윤리적 정황을 연계시킬 수 있는 윤리적 작업을 전개하였다. 이것이 비록 지나치게 학술적인 것으로 여겨질 수 있겠지만, 이 장에서 소개한 관점은 인간의 삶에 가장 기본적인 문제들과 연관되어 있다. 인간의 힘을 숭상하는 시대에 기독교 윤리는 어떻게 살 것인가 하는 도덕적 지침을 주기 위해 이러한 기본적인 작업들을 간과해서는 안될 것이다.

제3장 도덕회의론과 포스트모던 시대

우리가 살고 있는 시대가 삶의 모든 영역에 영향을 미치는 지구화 시대, 포스트모던 시대라는 점은 의심의 여지가 없어 보인다.50) 우리는 이러한 발전에 대해 도덕적이고 신학적인 성찰을 시도해야 한다. 미즐리(Mary Midgley)가 말한 것처럼, 어떤 경우에서나 그것 아닌 다른 것을 인식하기 위해서는 가치 대조감각이 필요하다.51) 우리는 현대의 정보통신기술(IT)이 가치 대조감각을 형성시켜주기도 하며, 정보통신기술의 발전으로 인하여 포스트모던 시대의 도덕회의론이 확산되고 있다는 점에 대해 살펴보려 한다. 이 장의 논의들을 통하여 포스트모더니즘에 대한 이해를 깊게 하는 동시에 앞서 논의되었던 것들을 재음미하게 될 것이다.

---

50) 이 장은 다음 글을 수정, 보완한 것임. "Computer Ethics and Moral Theologies", sponsored by the Computer Ethics Institute, Washington Theological Consortium and Virginia Theological Seminary, March 6-7, 1996, Virginia Theological Seminary in Alexandria, Virginia.

51) Mary Midgley, *Wisdom, Information, and Wonder What Is Knowledge For?* (London: Routledge, 1989), p.14.

우리 시대에 대한 진단은 인간과 도덕적 선의 연관성을 중심으로 전개될 것이다. 윤리학은 선에 대한 지각능력을 증진시키는 것을 그 목표로 한다.52) 만일, 삶의 통전성이 본래적으로 선한 것이며 그것을 존중하고 함양해야 한다는 것을 지각할 수 없다면, 그 어떠한 도덕적 호소도 우리에게 도움을 주지 못할 것이다. 우리 시대에는 도덕적 책임감이 위축되고 테크놀러지적 합리성과 도덕회의론이 확산되어 있다. 이러한 위축현상이 나타나는 것은 민감성을 요구하는 것이면서도 복합적인 특징을 지니고 있다. 이에 대해서는 뒷부분에서 좀 더 설명하도록 하겠다. 현재 우리가 진행하려는 논의의 요점은 테크놀러지가 우리의 인식과 가치평가의 밑바탕에 깔려 있으며 이것이 실존이라는 선에 대한 인지능력을 너무도 쉽게 침식하고 있다는 것이다. 기독교 윤리는 이러한 침식의 문제에 대해 답을 주어야 할 것이다. 이 책에서 취하고 있는 윤리학적 입장은 해석학적 실재론(hermeneutical realism)이라 할 수 있다. 우리는 이것이 윤리학에 있어서 어떤 의의를 지니는 것인지 살펴볼 필요가 있다. 이 책은 해석학적 실재론의 지배를 받고 있기 때문이다. 이에 대한 이야기는 이 책의 다음 부분들을 통해 점차 논하기로 하고, 현재로서는 그 내용을 직접 설명하는 것보다는 해석학적 입장을 취하게 될 때 기독교 윤리가 어떤 통찰력을 얻게 될 것인지, 즉 현대의 문화와 기독교 신앙에 내재된 인간이해에 어떤 의의를 줄 수 있을지 고찰하고자 한다.

이를 위해 먼저 포스트모더니즘에 대한 보다 깊은 이해가 필요하다. 그리고 도덕회의론과 정보통신기술과의 관계에 대해 살펴보고자 한다. 이러한 일련의 논의들은 매우 중요한 의의를 지닌다. 물론, 삶에서 정보통신기술의 중요성을 무력화시키거나 그 장비들을 제거해야 한다는

---

52) Taylor, *Sources of the Self*

것은 아니다. 우리는 컴퓨터 기술 덕택에 많은 것을 누리고 있다. 우리가 생각해 보려는 것은, 우리 시대의 삶에 대한 지각이 이미지, 단어, 상징, 이야기로 구성되어 있으며, 나아가 종합적 관점에서 언어 그 자체에 의해 이루어진다는 사실이다. 이러한 맥락에서 본다면, 정보통신 기술 또는 사이버 공간도 일종의 언어라 할 수 있으며 그것이 도덕의식에 미치는 영향력은 매우 심각하다. 따라서 우리는 테크놀러지 시대의 윤리와 도덕회의론과의 관계에 대해 좀 더 면밀하게 살펴보고 그 의미를 고찰할 필요가 있다. 그렇게 함으로써 우리는 해석학적 실재론과 이야기 신학에 나타난 내적 실재론과 이른바 메타포의 윤리에 나타난 비판적 실재론에 대해서도 살펴볼 수 있을 것이다.

시스템의 승리와 삶에 대한 위협

포스트모던 시대에서 분명하게 나타나는 것은, 삶의 통전성이 심각하게 위협받고 있다는 점이다.[53] 우리 시대에는 비인격적이고 통제불가능한 힘 또는 정보라고 하는 구조와 구체적인 개인에 대한 관심 사이의 갈등이 두드러진다. 예를 들어 휴먼게놈프로젝트가 인간이라고 하는 종을 변형시킬 힘으로 나타나게 된다면, 과연 삶은 어떤 의미를 지니는 것인지 염려하지 않을 수 없다. 매일같이 방대한 삼림이 황폐화되며 생물의 종이 급격히 소멸되고 매일 7,800만톤의 이산화탄소가 발생하여 대기오염이 심화되고 있다. 인간의 얄팍한 소비욕구가 생태계를 위협하고 있는 것이다. 정치, 경제 및 테크놀러지 시스템은 실상은 인간의 이익을 감소시키고 있으며 지구의 존립을 위협하고 있다. 인간과 자연자원은 서로 주객의 대립이 아닌 하나의 사고체계 안에 묶여질 때 비로소 그 새로운 가능성을 얻게 될 것이다.

---

53) Schweiker, *Responsibility and Christian Ethics*.

합리주의적 관점에서 정당화된 이른바 체계의 승리는 모든 개별적 생명체의 영혼에서 발견할 수 있는 신념과 가치의 선험적 지평이라는 통전성의 감각을 상실하고 말았다. 존재와 가치에 대한 감수성은 서양 문화에서 오랫동안 간직되어 왔으며, 인간은 하나님의 형상을 따라 지음받은 존재이며 그에게 도덕적 양심이 부여되었다는 창조론적 신앙이 그 기초가 되어 왔다. 이것은 인간이란 본래적 가치를 지닌 존재이며 그 삶은 가치의 영역 안에 있다는 주장을 정당화하였다. 그러나 앞서 살펴본 것처럼, 이러한 도덕실재론은 상실되어버렸다. 우리 시대의 인간과 자연에 대한 설명은 창조신앙의 관점에서 벗어나 인간이 창안한 힘과 의미에 관한 사회적 언어의 틀에 따라 상황화되고 그 가치가 규정되어버리고 그 힘은 점차 통제불가능한 것이 되어가고 있다.

포스트모던적 정보화시대는 자기이해와 실재관의 근본적인 전환을 초래하였다. 세계와 인간에 대한 인식과 이해의 관점들이 변경되고 있는 것이다. 하벨(Vaclav Havel)이 말했던 것처럼, 인간이 스스로를 가장 중요한 의미의 원천이라고 생각하는 순간부터 세계는 인간의 영역을 상실하고 인간은 세계에 대한 통제력을 상실해 버리고 만다.[54] 우리는 삶을 산산히 조각내는 '힘'에 대항하여야 하며 비인격적인 힘을 정점으로 인간을 통합하려는 모든 시도에 저항해야 한다. 인간을 인간 이상의 존재와 가치에 연관지으려는 노력을 포기해서는 안된다. 이러한 노력들은 지구상의 다양한 형태의 영성운동, 예컨대 전통적인 신앙운동이나 근본주의자들의 자기갱신의 노력, 심지어는 뉴에이지 운동에 이르는 다양한 유형들을 통해 찾아 볼 수 있다.

포스트모던 시대에 질문해야 할 종교적, 윤리적 문제는 다음과 같은

---

54) Vaclav Havel, *Disturbing the Peace: A Conversation with Karel Hvizdala*, translated and with introduction by Paul Wilson (New York: Knopf, 1990), p.11. 이와 비슷한 논의로서는 Kohak, *The Embers and the Stars*를 참고할 것.

것들이다. 우리는 삶의 통전성을 어떻게 함양시킬 것인가? 삶의 통전성을 저해하는 힘에 어떻게 저항할 것인가? 정보화라고 하는 테크놀러지는 이러한 통전성의 회복에 도움을 줄 수 있을지 모른다. 그리고 삶의 통합과 인류의 통전성을 위한 새 길을 마련해 줄 수 있을지도 모른다. 비록 사이버공간이 비인격적인 영역이며 전적으로 가상의 공간이기는 하지만, 그럼에도 불구하고 자유로운 개인 의사표현의 장이라는 점은 분명하다. 정보통신기술은 지구촌에 사는 인간의 생명에 대한 감각을 촉진시켜 줄 것이다. 프라이버시와 정보에 대한 접근 등등에 관한 논쟁은 개인과 인격의 보호를 위한 노력이라 할 수 있다. 이렇게 본다면, 사이버 공간에서 무엇을 전송할 것인가, 삶의 또 다른 영역인 사이버 공간에서 어떻게 살 것인가 하는 문제들의 관계를 어떻게 설정할 것인가에 모든 것이 달려있다.

    한 가지 예를 들어보자. 최근에 필자는 인터넷상에서 매혹적인 젊은 남성으로 등장하는 어떤 80세 할머니에 대한 이야기를 알고 있다. 테크놀러지가 그녀의 생각과 욕망을 코드화시켜 줌으로써 정보의 세계에서 다른 사람들에게 그녀를 전혀 새로운 존재로 등장할 수 있도록 해 준 셈이다. 이 여인은 적어도 사이버 영역과 실제 영역이라는 두 가지 서로 구별되는 도덕세계에 살고 있다. 그녀의 삶을 대비시켜 생각해 보라. 사이버 영역에서 그녀가 만들어내는 사회성과 매력이라는 가치들이 있고, 다른 한편으로 그녀 자신이 만들어 내지는 않지만 충족시켜주어야 할 다른 가치들, 예컨대 사이버 공간에 들어 갈 수 있는 인증의 요건을 충족시켜야 한다. 이 여인의 예를 통해 우리는 문화에 대한 더 깊은 이야기를 진행할 수 있을 것이다. 특별히 현대 서구인들은 자신들의 삶의 구획을 정할 수 있으면서도 동시에 다원적 세계에 살아갈 수 있는 비상한 능력을 가지고 있다. 우리는 다른 체험, 맥락 그리고 가치체계들을 재빨리 넘나들며 살고 있다. 예를 들어 나는 내 아들을 돌보고 그의 학교생활을 보살피기 위해 살고 있는 시카고에서 비행기에 올라타고 몇 시간이 지나지 않아 워싱톤에 내려 테크놀러지와 기독교 윤리의 문제에 대해 강의한다. 그리고 나에게 전화했던 친구들의 이야기를 음성 메시지를 통해 확인할 수 있다. 아버지, 교수, 친구 그리고 시카고, 워싱턴, 음성 메세지 서비스. 나는 과연 누구인가? 내가 있는 곳은 어디인가? 이 모든 것은 우리가 처한 포스트모던 시대의 특징을 단적으로 보여준다. 우리 시대의 자아는 산산히 조각 나있으며 역할과 가치와 목적과 의미체계의 다원적 영역으로 흩어져 버렸다. 이것은 우리 시대가 직면한 삶의 통전성에 대한 보다 더 광범위한 위협의 한 조각일 뿐이다.

 테크놀러지와 포스트모던의 시대에 삶의 통전성을 어떻게 존중하고 함양시킬 것인가 하는 질문은 이제 문화, 사이버 공간 그리고 일상적 삶의 영역들을 넘나드는 우리의 삶을 어떻게 통합시킬 것인가의 문제로 변형된다. 우리는 이러한 다양한 세계들이 다양한 가치체계를 가지고 있음을 깨달아야 하며 그 중 어떤 것은 우리가 만들어내는 것이지만 또한 어떤 것들은 유한한 실존의 가치를 보여주는 것이라는 점을 인식해야 한다. 삶의 모습은 바로 이러한 포스트모던적 실존으로 나타난다. 그리스 신화에서 제우스의 메시지를 인간에게 전달했던 헤르메스처럼 우리는 메시지를 들고 이러한 세계들을 넘나들고 있다. 인간이 된다는 것은 세계와 가치에 대한 해석자가 되는 것을 말한다. 우리는 모험적인 존재들이며 해석적 존재들이다. 이해한다는 것은 우리의 존재양식이다. 인간에 대한 이러한 관점이야말로 해석학적 실재론의 가장 중요한 요소라 할 수 있다.

 우리는 과연 어떻게 삶의 통전성을 존중하고 함양할 것인가? 이것이 우리 시대에 대한 도덕적이고 종교적인 질문이다. 우리는 이 질문을 위한 여러 가지 접근 중 한 가지를 살펴보려 한다. 삶의 가치를 존중하는 관점과 그 반대의 경우를 검토하는 것이다. 이를 위해 우리는 정보통신기술에서 찾아 볼 수 있는 20세기의 일반적 흐름을 이해할 필요가 있다. 1장에서 말했던 다원주의와 도덕이론에 관한 논의를 다시 생각해 볼 수 있는 기회도 될 것이다.

가치와 사회구성적 실재론

현대철학과 사회과학에 두 가지 전제가 두드러진다. 하나는 언어에로의 관심전환이고 다른 하나는 사회구성론적 실재론이다.[55] 여기에서 전제하고 있는 것은 사회를 구성하는 모든 실천과 문명활동, 그리고 의미체계가 인간의 발명 이상의 것이 아니라는 점이다. 문화는 상징적 세계구성의 과정이며, 인간은 문화창조적 존재라는 주장이다. 이것은 신칸트학파에서 주장하는 인간관 및 문화이론에 두드러진다. 인간학, 사회학, 종교사학, 과학철학 그리고 윤리학에 이르기까지 그 영향은 대단하다. 솔직히 말해, 우리 시대의 모든 것이 그 영향을 받고 있다. 그 결과 인간의 힘이 문화와 문명창조의 기초라는 관점으로 등장한다.

이러한 의미세계 창조의 원리는 언어이다. 19세기 슐라이엘마허(Friedrich Schleiermacher) 이래로 포스트모던 철학자 데리다(Jacques Derrida)에 이르기까지 언어는 의미창조의 신호체계이자 대화의 매개로 인식되었다. 말하기와 글쓰기를 통하여 우리는 의사소통을 위한 하나의 체계, 즉 언어적 신호를 그 규칙과 목적에 따라 사용하고 있는 셈이다. 따라서 의미는 항상 하나의 언어체계에 대한 내적 연관성을 가지고 창

---

[55] 이 주제에 대해서는 다음 책을 참고 할 것. Peter Berger and Thomas Luckman, *The Social Construction of Reality: A Treatise in the Sociology of Knowledge* (Garden City, N.Y.: Anchor Books, 1967).

조되는 것이라 하겠다. 언어체계는 또한 반성적이다. 언어는 대화하는 동안에 무엇인가에 대한 각자의 생각을 암시해준다. 예를 들어보자. 필자가 독자 여러분에게 하늘에서 바람에 밀려 다니는 구름의 모습을 보면 마음이 기쁘다고 말했다고 생각해보자. 아마도 독자 여러분은 내 말 뜻을 알아차렸을 것이다. 이처럼 언어는 의사소통의 매개이다. 의사소통을 통해 언어는 스스로를 반영한다. 우리는 적어도 암시적으로나마 '바람에 밀려 다니는', '구름', '기쁨'이라는 단어들이 그 지시대상을 직접 말해주는 것이 아니라, 예를 들면 영어와 같은 특정한 언어체계에 속하는 단어들임을 알 수 있다. 영어가 아닌 다른 언어에서는 다른 단어들이 사용된다. 가령 흐린 날씨에 대해서도 각기 다른 이해에 이른다. 이처럼 모든 언어는 무엇인가를 반영하는 것이요, 인간의 발명이라 할 수 있다. 단어들은 그것의 비언어적 실재들과의 관계에서 볼 때, 자의적인 것이라 할 수 있으며 특정한 언어적 신호에 의해 규정된 것이라고 할 수 있다. 독일어에서 Baum이라고 말하는 것을 영어에서는 tree라고 말하는 이유가 바로 여기에 있다. 이것은 각각의 언어체계 내에서 정당하며 혀의 놀림으로 나타나는 언어현상은 무엇인가를 의미하게 마련이다. 언어의 이러한 특성들은 인간이 만들어 내는 의미들이 자의적인 것임을 보여준다. 이처럼 우리는 우리들 스스로 만든 일정한 구조 안에 살고 있지만, 그 구조는 기초도 없고 깊이가 없다는 점 또한 알 수 있다.

이러한 맥락에서 본다면, 의미를 지닌 것이라고 말할 수 있는 실재란 사회적이고 언어적인 구성물이라고 하겠다. 현대의 정보통신기술은 사회적 구성물로서의 실재가 어떤 것인지 잘 보여준다. 사이버 공간이란 언어가 전자적인 방식으로 암호화되고 전송되는 영역이다. 여성주의 철학자 하라웨이(Donna Haraway)가 지적한 것처럼, 정보통신기술은 세계를 암호체계의 문제로 번역하는데 힘쓰고 있으며 도구적 제어에 대한 저항이 사라지고 모든 이질성이 분해되고 재조합되어 투자되고 교환될 수 있는 공동의 언어를 추구하고 있다.56) 다시 말해 사이버 공간에서는 그 어떤 언어일지라도 하나의 암호체계로 변환시키는 의미의 경제학이 작용한다. 자연언어는 디지털 신호로 변환된다. 이미지들은 전자방식을 따라 분해되고 재조합된다. 상상의 세계에 있던 것이 가상현실로 구현되고 있는 것이다. 이러한 신호의 경제학은 도덕적 문제들을 제기한다. 그 하나는 전체적으로 통합된 세계가 나타내는 제어의 형식들에 대한 저항의 수단에 관한 것이다. 다른 하나는 통합된 신호체계의 영역공간에서 진정한 다양성, 실질적인 타자성을 어떻게 식별할 수 있는가 하는 점이다.

이러한 도덕적 관심들은 보다 더 깊은 문제, 즉 가치의 문제와 연관되어 있다. 언어를 포함하는 모든 의미의 경제학은 신호로 변환된 메시지로 그치는 것이 아니다. 신호로 변환된 체계들은 가치의 체계이기도 하다. 즉 도덕성 또는 도덕적 세계관을 수반한다. 여기에 두 가지의 가치대조적인 문제가 제기된다. (1)가치있는 것과 가치없는 것 사이의 대조, (2)가치담지적 사물들의 위계와 그 상호관계에 관한 것(예를 들어 미국 대통령선거에서는 웅변적 기교보다는 경제능력에 더 많은 가치를 두고 있는 점과 같은 현상들)이다. 이러한 두 가지 가치의 대조는 우리가 생각하고 상상하는 모든 영역에서 나타난다. 우리는 언제나 어떤 것은 다른 것보다 더 좋은 것이며 고귀한 것이요 가치있는 것이라는 판단을 내리며 살아간다. 사실, 어떤 것이 가치있는 것이며 어느 정도의 고귀성이 있느냐 하는 것은 삶의 경쟁의 원동력이다. 사회구성론적 실재론

---

56) Donna J. Haraway, "A Cyborg Manifesto: Science, Technology, and Socialist-Feminism in the Late Twentieth Century", *Simians, Cyborgs, and Women: The Reinvention of Nature* (New York: Routledge, 1991), p.164.

은 의미의 암호와의 문제일 뿐만 아니라 가치들의 대조가 가치와 중요성에 관한 기준을 암호화할 수 있는 사회적 능력에 의해 규정된다고도 할 수 있다. 그리고 이것은 가치들이 우리가 어떤 것에 대한 사회적 의미를 형성하기 위하여 사용하는 언어보다 더 깊을 수도 없고 더 중요할 수도 없다는 것을 말해준다. 이렇게 본다면, 정보통신기술은 우리 시대의 문화적 상황의 상징이라 하겠다. 이러한 상징에 대한 도덕적 해석은 도덕적 가치란 무엇인지를 보다 명확하게 보여줄 것이다.

윤리학자들은 전통적으로 도덕이란 인간에게 고유한 것이며 문화와 인격의 가치체계에서 가장 상위의 것이라고 설명해 왔다. 도덕은 다른 가치들의 존엄성과 중요성을 넘어서는 것처럼 보인다. 나아가 다른 이념과 가치들에 대해 군주적 위치를 점하는 것처럼 보인다. 예를 들어 우리는 다양한 예술의 상대적 가치에 대한 논변보다는 인간존엄성을 지키는 것이 더 중요하다고 생각한다. 우리는 입맛이 없는 사람들을 도덕적으로 비난하지는 않는다. 하지만 그들이 삶의 가치를 훼손하고 파괴하는 행위를 하는 경우에는 도덕적 비난을 가한다. 좀더 전문적으로 말하자면, 도덕적 가치는 무조건적이다. 즉 도덕적 가치는 다른 고려사항들에 의해 제한되거나 조건화되지 않는다. 나아가 도덕적 가치는 수단적인 것이 아니다. 이것은 도덕적으로 가치있는 것을 다른 그 어떤 목적을 성취하기 위한 수단이나 도구로 전락시키지 않는다는 것을 의미한다.

서양윤리학사에 있어서, 이와 관련하여 두 가지 기초가 고려되어야 한다. 무조건적이고 비수단적인 가치에 관한 주장이 그것이다. 이것은 본질적으로 인간이 자신이 처한 도덕적 정황들을 온전히 파악할 수 있다는 점을 전제한다. 첫째, 고대의 행복론적 윤리학자들을 생각해 볼 수 있다. 아리스토텔레스는 인간의 행위가 추구해야 할 본래적 선, 즉 행복이란 무엇인지를 규명하고자 했다. 그는 덕스러움과 진리의 관조에 행복이 있다고 했다. 근대철학자 니체는 가치를 창조해 내는 힘에의 의지(will to power)를 칭송하였으며, 맥킨타이어(Alasdair MacIntyre)를 비롯한 현대 윤리학자들은 행위에 내재된 가치의 중요성을 강조하기도 한다.57) 이러한 입장에서 본다면, 무조건적인 선이란 인간행위의 특정한 형태이며, 힘의 사용에서 발견될 것이다. 둘째로, 유대교 및 기독교의 영향을 받은 윤리학자들은 하나님을 선 그 자체로 상정한다. 칸트의 영향을 받은 근대세계의 세속적 철학자들은 하나님이 아니라 개인의 인격이 도덕의 중심이라고 주장하기도 한다. 인격의 존엄성만이 본래적으로 선하며 다른 그 어떤 것을 위한 수단이 될 수 없다는 것이다.58) 이러한 입장에서는 도덕의 중심은 힘이 아니다. 따라서 행위의 덕스러움 역시 마찬가지로 중심적인 가치일 수 없다. 인격, 하나님, 삶의 형식 등이 도덕의 중심으로서 존중되어야 할 것인 동시에 모든 행위를 통하여 함양되어야 할 가치들이다.

행위가 중심이 되건 혹은 인격이 중심이 되건 간에 무조건적이고 비수단적인 선이 그 어떤 문화에서도 필수적인 것임을 알 수 있다. 모든 것이 아무런 도덕적 평가도 없이 사용되거나 다른 목적을 위한 수단으로 전락해버리는 사회는 상상할 수도 없다. 만일 그런 사회가 있다면, 지옥과도 같고 악몽과도 같은 곳이 되고 말 것이다. 이것은 포스트모던의 사회에도 마찬가지로 적용될 수 있다. 사실, 사이버 공간에서의 실재란 의미의 암호화를 통하여 나타나는 행위들이 인격성을 훼손시

---

57) Alasdair MacIntyre, *After Virtue: A Study in Moral Theory* (Notre Dame, Ind.: University of Notre Dame Press, 1981). 필자가 보기에 그는 비록 니체를 버리고 아리스토텔레스적이고자 하였으나 결과적으로는 니체의 윤리에 머물고 있다.

58) Immanuel Kant, *Fundamental Principles of the Metaphysics of Morals*, trans., T.K. Abbot (New York: Liberal Arts, 1949).

킬 위험이 있는 것이다. 이러한 행위들의 본래적 선은 인격이나 행복 등이 아니다. 오히려 암호화 그 자체가 목적이 될 것이며 그것을 통한 의미의 창조가 그 자리에 오르게 될 것이다. 사이버 공간은 아리스토텔레스와 니체를 하나로 엮어내는 듯하다. 그리고 본래적 선이란 의미를 암호화하는 힘의 사용에 있는 것으로 주장하게 된다.

이것이 사이버 공간의 현상이라고 한다면, 여기에 또 다른 도덕적 문제가 제기된다. 우리는 도덕적 가치란 무엇인지를 규정해야 할 뿐 아니라 그 원천에 대해서도 설명해야 할 필요가 있다. 그러나 도덕적 가치의 원천에 대한 설명은 완전하지 않다. 문제는 도덕적 가치가 눈으로 볼 수 있는 것이 아니라는 점이다. 우리의 생각과 마음 외에는 도무지 그 공간을 차지하지 않는다. 하나의 행위, 인격체, 동물, 또는 공동체를 바라보아도 그 도덕적 가치는 육안으로 찾아낼 수 없을 것이다. 정의를 육안으로 볼 수 있는가? 선을 오감으로 느낄 수 있는가? 존엄성을 만져볼 수 있는가? 분명히 우리는 정의감을 지니고 있으며 선을 희구한다. 그러나 이러한 정의, 선, 인간성 등등의 대상은 실재적인 것이 아니며 그것은 단지 주관적인 경험에 지나지 않은 것이 아닐까?

우리가 상상할 수 있듯이 이러한 사실들은 윤리학에서 열띤 논변의 주제였다. 어떤 사람들은 도덕적 가치가 사물, 행위 그리고 인격 등의 수반현상이라고 주장한다. 20세기초, 무어(G. E. Moore)와 그 학파에서는 비자연적인 도덕적 가치 그 자체에 대한 직관만이 있을 뿐이라고 주장했다. 거워스(Alan Gewirth)를 비롯한 인권옹호론자들은 인간이란 도덕적으로 존중될 만한 가치를 지닌 합리적 존재하고 주장한다. 기독교 신학자들은 진보나 보수나 가릴 것 없이 인간을 하나님의 형상대로 창조된 존재라고 본다. 고대 스토아 사상가들은 모든 존재는 우주에 스며들어 있는 신적 로고스에 참여하고 있다고 주장했다.[59]

이러한 도덕이론들은 그 차별성에도 불구하고 도덕실재론을 표방하고 있다. 앞서 1장에서 살펴본 것처럼 실재론자들에게 있어서 도덕은 감성의 표현이거나 개인적 선호도 또는 사회적 합의와 관습의 산물일 수 없다. 도덕적 언명은 실재에 대한 주관적 생각과는 독립적인 실재에 관한 것이다. 예를 들어 인격의 존엄성 같은 것이 그렇다. 우리가 가치를 만들어 내는 것이 아니다. 우리는 가치를 마주치게 된다. 가치가 우리 생각과 마음에 들어 있다고 할 수는 없고 가치가 우리들을 둘러싸고 있다고 할 수 있다.60) 이렇게 본다면, 기독교 윤리가 도덕실재론을 주장하는 것은 다음 두 가지의 기초적인 이유를 지니고 있다.

　첫째, 기독교 윤리에서 절대적 선으로서의 하나님은 인간의 발명에 의한 존재가 아니라는 사실을 강조해야 하기 때문이다. 비록 하나님에 대한 명칭이 인간에 의해 고안된 것이라 할지라도 하나님은 그것들과는 독립적인 존재이시다. 하나님은 하나님이시며, 바로 이 점에서 선은 실재한다고 해야 한다. 신앙인들은 우리의 삶을 향한 하나님의 뜻을 분별하고 알고 싶어한다. 그리고 도덕적 선은 궁극적으로 개인적 선호의 문제나 사회적 관습의 문제가 아니다. 둘째로, 기독교 윤리에서는 선과 악 사이의 근본적인 차별성을 가장 분명한 가치대조라고 주장하며, 이것은 일종의 신과 유사한 지식에 해당한다. 이러한 구분은 세계

---

59) 이와 관련된 논쟁은 다음 책을 참고할 것. *The Is/Ought Question: A Collection of Papers on the Central Problem in Moral Philosophy*, ed. W. D. Hudson (New York: St. Martin's Press, 1969).

60) 우리는 가치의 기원을 세 가지로 생각해 볼 수 있다. (1) 가치판단행위에서 오는 주관적 가치론 (2) 가치를 지닌 그 무엇으로부터 온다는 객관적 가치론 (3) 평가자와 그 대상 사이의 관계에서 파생된다는 관계론적 가치론. 특히 다음 문헌들을 참고할 것. H. Richard Niebuhr, "The Center of Value", in *Radical Monotheism and Western Culture*(Louisville, Ky.: Westminster/ John Knox Press, 1993), pp.110-13. James M. Gustafson, *A Sense of the Divine: The Natural Environment from a Theocentric Perspective* (Cleveland: The pilgrim Press, 1994).

내적 산물이 아니다. 그것은 오히려 인간세계의 조건이다. 상징적으로 말한다면, 바로 이러한 이유로 아담과 하와에게 선악과에 대한 접근이 금지되었던 것이다. 선과 악의 가치대조성은 인간의 세계해석 행위에 선행한다. 에덴동산 밖에서의 아담과 하와의 세계, 즉 인간의 문명화는 발명의 산물이라기보다는 오히려 훔친 절도의 산물이라 해야 할 것이다. 따라서 전통적인 기독교적 논변에 있어서 가치의 원천이신 하나님에 대한 사유와 가장 기초적인 가치대조성은 단순히 인간의 발명의 산물 이외의 다른 것이라고 해야 할 것이다.

이제까지의 논의를 통해 우리는 현대사회의 지배적인 가설이 도덕이란 사회적 구성물이며 몇 가지 형태로 나타나고 있는 것이라는 사실을 알 수 있었다. 앞서 말했던 것처럼, 현대문화는 윤리적 구성주의와 반실재론으로 얽혀져 있다. 그 예로 사이버 공간은 실재에 관한 사회적 구성주의의 모습을 보여준다. 가치이론상의 용어를 쓴다면, 사이버 공간은 본래적 선을 자처하면서 행위의 중심이 되고 있으며, 의미의 암호화라고 하는 행위를 통하여 그 중심성을 드러내고 있다. 이것은 의미창조적 능력으로서의 힘을 가치의 기초로 상정하게 만드는 효과가 있다. 이렇게 흘러간다면, 인격의 가치와 가치의 실재성은 위험에 처하게 될 것이다. 도덕적 가치는 이제 우리의 마음과 열정에서 흘러나오는 것 이상의 어떤 실재가 아닌 것으로 전락하고 말았다. 실재와 선 사이의 연관성이 결여된다는 것은 본질적으로 도덕회의론과 다를 바 없다. 따라서 가치에 대한 질문과 그 원천에 대한 탐구를 통하여 우리는 실재를 사회적 구성물로 보려는 것은 결과적으로 도덕회의론에 봉착하게 될 것이며, 이것이야말로 포스트모더니즘의 본질이라 하지 않을 수 없다. 이제 우리는 도덕회의론이란 무엇인지를 보다 면밀하게 검토할 필요가 있다. 그리고 이것이야말로 우리 시대가 안고 있는 가장 깊은 문제라는 것을 알아야 하겠다.

도덕회의론의 본질

도덕회의론에서는 가치란 그것이 참되고 실재하는 것이기를 바라는 우리의 소망적 사고나 언어적 표현 또는 신념을 넘어서 진정으로 실재하는 것이라는 점을 타당하게 입증할 만한 근거에 대해 의문을 제기한다. 다시 말해 도덕회의론자는 윤리적 반실재론자라고 할 수 있다. 매키(J. L. Mackie)는 도덕적 가치와 심지어 도덕적 명령조차도 특정한 방식의 선택 또는 결단에 의한 것이라고 한다.[61] 강한 도덕회의론은 이른바 주관주의이다. 그들은 가치란 인간의 우연적 욕구와 사회적 조건에 의해 형성된 것이라고 주장한다. 도덕적 주장들, 이를테면, 인간은 본래적 가치를 지닌 존재라는 주장 등은 도덕적 가치라는 것이 실재하는 것이 아니기 때문에 진위를 가릴 대상이 되지 못한다고 한다. 도덕적 가치들은 취향의 문제라는 것이다. 약한 도덕회의론자들에 따르면 도덕적 주장에 대한 진위는 가려낼 수 있지만 그것은 그 사회가 지니고 있는 담론의 형식과 관행을 존중하는 것에 지나지 않는다고 말한다. 미국의 철학자 로티(Richard Rorty)를 약한 회의론자라고 할 수 있겠다. 그는 사회질서에 대해 다음과 같이 말한 바 있다. "자유민주주의 국가의 시민들은 인권에 가치를 부여하지만, 그렇지 않은 사회도 있으며 우리는 과연 어떤 도덕적 입장이 참된 것인지를 판단할 수 없다."[62] 강한 회의론과 약한 회의론 모두 사회나 개인을 떠나 도덕적 신념의 선

---

61) Mackie, *Ethics: Inventing Right and Wrong*, p.30.
62) 이에 대해서는 다음 책을 참고할 것. Richard Rorty, *Objectivity, Relativism, and Truth/ Philosophical Papers* I (Cambridge: Cambridge University Press, 1991). 이와 다른 입장으로는 다음 책을 소개할 수 있음. Midgley, *Can't We Make Moral Judgments?*

과 악, 참과 거짓을 구별할 그 어떤 근거도 없다고 주장한다. 가치와 가치대조는 사회적 암호화의 산물이라는 것이다.

그러나 이러한 회의론자, 반실재론자들의 주장에 직관적으로 이상한 무엇인가가 발견된다. 우리 모두는 어떤 사물이나 인격이 가치있다고 생각하는 과정을 넘어서 이미 그것들이 가치있는 것이라는 체험을 가지고 있다. 사랑의 경우에 특별히 그렇다. 아들에 대한 나의 사랑은 내가 그를 사랑스럽게 생각하고 있다는 것만으로 족하다. 그는 나의 사랑을 불러 일으킨다. 이와 마찬가지로 우리 모두는 도덕적인 문제에 직면할 때, 우리가 원하는 것을 하지 않고 올바른 답을 찾아야 한다는 점을 체험적으로 알 수 있다. 우리는 도덕적인 문제들에 대해 우리가 잘못될 수도 있다는 것을 알고 있다. 우리는 가치의 영역에 살아가는 우리들의 모습을 발견하게 된다. 다른 예를 들어보자. 남녀간의 사랑에 있어서 나는 사랑받기를 원하며, 또한 내가 사랑받고 있다는 사실에 대해 놀라기도 한다. 이러한 사랑, 당혹스러움, 욕망이라는 체험들은 우리 모두에게 공통적이다. 회의론과 그 반실재론에 나타난 이론들은 우리가 일상적으로 살아가는 세상에서의 보편적인 체험에 비추어 2선으로 물러난 것이라 하지 않을 수 없다. 회의론은 삶에 대한 우리들의 자연적 본성에 따른 경이로움과 당혹스러움을 의심으로 바꾸어 놓았고, 이것은 결국 데카르트가 추구해온 명증성의 요청을 부정하는 것이라 하지 않을 수 없다. 그런데, 바로 이러한 반실재론이 우리의 포스트모던 시대를 이끌어가는 핵심이 되고 있다는 것이 문제라 하겠다. 정작 질문해야 하는 것은 회의론자들이 우리의 일상적 체험과는 반대되는 주장을 제기하는 이유가 무엇인가 하는 것이다.

회의론을 문제삼는 이유는 간단하다. 실재란 사회구성물이라고 하는 가정은 우리가 경험하는 모든 가치가 인간의 언어로 말할 수 있는 것이라는 이유만으로 발명의 산물일 것이라는 생각을 심어준다. 그리고 이것은 우리가 살펴본 것처럼 자연에 각인된 도덕적 가치를 발견하는 것이 무척이나 어렵다는 점을 알게 해 준다.63) 나아가 도덕성이 사회적 관행의 산물이라고 한다면, 우리는 우리의 발명품을 넘어서지 못하는 존재라는 것을 말해준다. 자유란 헛된 신념들을 벗어 던지는 것, 즉 자유를 극대화시키지 못하는 것들을 제거함으로써 얻어진다. 이것은 정말 옳은 말이다. 우리 시대의 대부분의 해방운동은 자연적인 것이라고 믿어왔던 것, 이를테면 여성은 남성보다 열등하다는 생각 등이 결코 자연적인 것이 아니라는 점을 입증해왔다. 이것은 도덕의 진보에 있어서 매우 중요한 요소였다. 따라서 자유의 중심성과 가치발견의 실패는 회의론이 우리의 도덕을 이끌어가게 된 중요한 원인이라 하겠다. 정보통신기술은 가치에 대한 이러한 포스트모던적 조망을 잘 보여주고 있다. 사이버 공간은 언어적 구성물로서, 한 사람이 타자에게 자유롭게 나타나고 인격성과 관계를 창출하는 공간이기는 하지만 시스템 그 자체의 깊이를 더할 수는 없는 영역이다. 그것은 우리가 고안하는 그대로 의미를 창조해내는 인간의 힘이 더욱 분명하게 나타나는 영역이다.

이제 우리의 논점을 명확히 할 필요가 있다. 우리는 테크놀러지에 대한 비판과 테크놀러지 이전의 삶으로 돌아가야 한다는 주장을 제시하려는 것은 아니다. 일부 학자들은 이러한 제안을 하고 있지만, 필자가 보기에 이는 가능한 것도 아니며 현명한 처사라고 생각되지도 않는다. 필자가 보기에 그러한 테크놀러지 이전의 상태는 이제 찾아 볼 수도 없다. 우리는 문화적 존재들이기 때문이다. 문화창조에는 인간의 노

---

63) 실재란 사회구성적인 것이라는 입장은 결국 자연이란 우리의 암호화된 신호체계이며 문화에 따라 다르다는 주장과 같다. 자연은 암호화된 메시지 속으로 번역된다는 것이다.

력과 도구의 사용, 즉 테크놀러지와의 상호작용이 필요하다. 문화적 존재가 된다는 것은 사람의 노력과 일정한 테크놀러지에 의해 형성된 세상이 함께 존재한다는 것을 말한다. 문제는 테크놀러지 그 자체가 아니며 인간의 자유 확대가 잘못된 일이라고는 할 수 없다. 필자의 요지는 반드시 그런 것은 아니지만, 그 어떤 형태의 테크놀러지라도 일종의 도덕회의론을 우리에게 심어주는 그릇이 될 수 있다는 점이다. 포스트모던 시대는 바로 이러한 방식으로 테크놀러지가 작용하는 시대이다. 왜냐하면 현대의 테크놀러지는 인간의 삶이 가치의 근거 즉 삶을 둘러싸고 삶을 지탱하는 근거들에 대해 증발되는 일반적 상실감과 깊이 연계되어 있기 때문이다. 정보통신기술은 암호화 작업이며 의미의 경제이지만 그것이 암호화하는 것은 도덕적 가치가 의미체계보다 더 심원한 것은 아니라는 특수한 도덕적 조망이다. 이러한 테크놀러지의 의미전환은 우리들로 하여금 사물의 본성에 뿌리박은 가치들에 눈 뜨지 못하게 한다. 경이와 당혹스러움의 체험을 통해 나타나는 가치와의 만남을 제한한다. 가치란 암호화를 통해 산출되는 것이라고 주장하기 때문이다.

테크놀러지의 시대는 의미있는 삶을 위해 필요한 가치대조를 인간의 의미창조능력에 의한 것이라고 믿게 한다. 포스트모던 시대에 있어서 많은 사람들은 더 이상 실존의 가치가 궁극적인 존재, 즉 선의 초월적 원천에 연계되어 있다는 사실을 믿으려 하지 않는다. 인간을 하나님의 형상이라는 설명에서 인간이 가져왔던 자긍심은 손상되어 버렸다. 그러나 이러한 겸허의 경험은 힘의 극대화를 통하여 인간을 거의 신에 가까운 존재로 과장하게 하는 데로 이어지고 있다.[64] 이 세상은

---

64) 이에 대해서는 다음 글을 참고할 것. Hans Jonas, "Contemporary Problems in Ethics from a Jewish Perspective," in *Philosophical Essays*. 그리고 *The Imperative of Responsibility*도 참고할 것.

이제 인간을 위한 차원을 상실하고 말았다. 기독교 윤리가 특별히 관심을 가지려는 것은 바로 여기에 있다. 그러므로 우리의 논의는 더욱 더 깊어져야 한다. 우리는 도덕회의론에 대하여, 그리고 테크놀러지 시대의 힘에의 의지에 대하여 생각해 보아야 한다.

기독교 윤리학의 관점들

도덕회의론은 일종의 도덕관이자 윤리학적 반실재론에 속하는 것으로서, 의미있는 세계를 위해 필요한 것에 대해 이상하리만큼 불분명한 입장을 취한다. 이 문제에 대해서는 신학자들이 이미 다룬 바 있다. 기독교 윤리에 두 가지 관점이 두드러지게 나타난다. 그 각각은 전통적인 관점을 수정한 것들로서, 기독교적 도덕실재론을 표방하고 있다. 그 하나는 내적 실재론이다. 이것은 이야기 윤리(narrative ethics)에서 발견된다. 여기에 속하는 학자들로서는 맥킨타이어, 하우어워스(Stanly Hauerwas) 그리고 몇몇 신학자들을 들 수 있다.[65] 이들에 따르면, 도덕적 성품은 덕 또는 행위의 기술을 통하여 형성되며, 이야기는 이 세상을 어떻게 바라보며 가치를 평가할 것인가 하는 관점의 형성에 매우 중요한 요소가 된다. 기독교 신앙의 언어적 코드는 이 세상에 대한 독특한 의식에 있다. 그리스도인들은 그리스도 안에 나타난 하나님의 역사의 이야기들을 알고 있기 때문에 이 세상을 독특한 방식으로 바라보게 된다. 우리가 그 이야기들을 만들어 낸 것이 아니라, 심오한 의미에서, 그 이야기가 우리들을 창조해 내었다고 할 수 있다. 나아가 이러한 이야기의 진실은 이야기와 그것을 말하는 공동체와도 별개일 수 없다.

---

[65] 이에 대해서는 다음 책들을 참고할 것. MacIntype, *Three Rival Versions of Moral Enquiry*; Hauerwas, *Christian Existence Today*; Jean Porter, *The Recovery of Virtue: The Relevance of Aquinas for Christian Ethics* (Louisville, Ky.: Westminster/John Knox Press, 1990).

가치중립의 영역은 있을 수 없으며 도덕적 신념의 진실성을 판단하기 위해 우리는 이 세상을 바라보게 된다. 이야기의 진실은 그것이 알려주는 삶에 있다. 따라서 공동체의 도덕적 목적은 다른 사람들에게 독특한 삶을 전해주는 방식으로 구현된다.

이야기 윤리에는 사회적으로 구성된 지식과 독립적인 가치대조란 있을 수 없다. 가치는 공동체의 세계관 형성과 그 구현을 위한 노력을 보여주는 이야기에 나타난 의미의 경제학과 내적 연관성을 지니고 있다. 우리가 이야기 윤리를 주장하는 학자들에게 질문할 수 없는 것이 있다. 즉 이야기 윤리 이외의 관점 또는 비기독교적 관점에서 이러한 가치에 대한 진실을 말할 수 있느냐 하는 점이다. 진위 판단을 포함하는 기초적인 가치대조는 이야기 공동체에 대해 내적 연관성을 지닌다. 퍼트남(Hilary Putnam)이 말한 것처럼, 내적 실재론은 그 기저에서 실재론이 개념적 연관성과 양립할 수 없다는 생각을 가지고 있다.[66] 인간은 공동체의 구성원이며 그 공동체의 개념적 도식을 따라 이 세상을 바라보게 마련이다. 이렇게 본다면, 이야기 윤리 또는 여타의 내적 실재론은 공동체의 이야기에 의해 형성된 공동체 안에 들어가 달라고 간청하는 것과 다름없다. 이러한 이유에서 이야기 윤리는 일종의 전통주의로서 종종 전근대적이라는 평가를 받는다. 근대사상가들이 방법적 회의에 의해 고쳐되어온 본래적 신념과 개념적 도식, 즉 근대적 기획을 재구성하려고 하는 한, 그들은 결과적으로 전통주의자들의 주장처럼, 가치인식의 가능조건을 파괴하려고 할 것이다. 그러나 비록 이야기 윤리와 내적 실재론이 다원적 세계에서 특정한 도덕적 정체성을 지키려 애쓰는 것이라 하더라도 우리의 지각이 개념적 도식에 의존하는 것이라면 과연 어떻게 도덕회의론을 피할 수 있을지 문제는 여전히 남아

---

66) Putnam, *The Many Faces of Realism*.

있다.

기독교 윤리의 또 다른 접근은 이른바 메타포 윤리(metaphorical ethics)이다. 이것은 일종의 비판적 실재론이라 할 수 있다. 카우프만(Gordon Kaufman), 맥파그(Sallie McFague) 등은 도덕적 상상력의 역할을 강조한다.67) 이들은 기본적으로 칸트적 관점을 따르고 있기 때문에 실재에 대한 인간의 이해가 항상 인간의 상상력을 통하여 비판적으로 구성된다고 한다. 그들의 신학에서는 하나님이라는 칭호를 인간이 삶의 방향성을 정하기 위해 구성해 낸 하나의 메타포 또는 이미지라고 한다. 맥파그에 따르면, 인간은 생태학적 위기의 시대에 있어서 인간의 행위를 방향짓기 위하여 하나님을 친구로, 세상을 하나님의 몸으로 비유할 수 있다고 주장한다. 이러한 상상적 구성물은 도덕적 목적이라는 실재를 구성하기 위한 방식에 불과하다고 한다. 그리고 그 진위는 그것이 지니는 실용적 가치에 의해 가려진다고 주장한다. 생태학적 시대에 있어서 인간은 하나님을 지구를 위한 의무감의 부여를 위해 새로운 방식으로 상상해야 한다는 것이다. 인간에게는 도전이 직면해 있다. 그리고 인간은 실재의 모사라고 하는 과제에서 인간을 도덕적으로 도와 줄 수 있는 이미지와 메타포들을 필요로 한다. 따라서 신학의 소명은 여타의 종교적 성찰과 마찬가지로 인간을 위해 봉사할 수 있는 것을 찾아내는 것이다.68) 나아가 메타포 윤리에서는 모험적인 도덕적 사유를 주장하

---

67) 이에 대해서는 다음 책들을 참고할 것. Gordon D. Kaufman, *The Theological Imagination: Constructing the Concept of God* (Philadelphia: Westminster Press,1981); Sallie McFague, *Models of God: Theology for an Ecological, Nuclear Age* (Philadelphia: Fortess Press,1987); Philip S. Keane, *Christian Ethics and Imagination* (New York: paulist Press, 1984). 그리고 비판적 실재론이라는 용어는 많은 사람들이 다양한 의미로 사용하고 있음을 참고하기 바란다.

68) Kaufman, *God, Mystery Diversity*, p.6.

면서 인간의 목적에 기여할 신념과 가치들의 재구성을 요청한다. 여기에서 우리는 이야기 윤리와는 구별되는 근대성의 요소를 볼 수 있다.

이들은 크게 두 가지를 주장한다. 그 첫째는 하나님에 대한 신학적 주장은 도덕적 삶을 위한 특정한 개념들을 위해 그 기능을 제한할 수 있다는 것이다. 예를 들어 아버지 하나님이라는 개념은 인간의 실재모사에 도움을 줄 수 없기 때문에 변경 가능한 것이라고 한다. 이것은 하나님에 대한 생각마저도 인간의 이야기 방식보다 더 깊어질 수는 없음을 주장하는 셈이다. 두 번째는 아이러니칼하게도 하나님에 대한 생각이 기독교 신학에서 가장 중요한 것이 아니라는 주장이다. 그들은 실용주의적 관점에서 신학적 주장의 진위를 판단하기 때문에 하나님에 대한 생각보다는 인간의 관점에서 생각해 내는 도덕적 가치에 관한 생각이 더 중요하다는 것이다. 그렇다면, 그러한 가치대조적 판단은 도대체 어디에서 오는 것인가? 비판적 실재론은 상상적 구성이라는 것을 통하여 판단의 방식들을 제시하고 있지만, 사실상 인간의 모사능력 안에 갇혀 있다. 이것이 윤리적 반실재론자들의 주장과 다른 점이 무엇인가? 비록 이 두 번째 흐름이 인간의 실재가 사회구성물이라는 점과 창조질서의 통전성에 관한 생각들을 제공하고 있지만, 가치대조와 가치의 근거에 대한 생각에는 거의 도움이 되지 않는 것 같다.

이러한 두 가지 방법들 역시 다양한 형태의 포스트모던적 방식에 속한다고 하겠다. 그리고 아이러니칼하게도 그 각각은 인간의 의식에 관련된 이야기들을 통하여 회의론을 더욱 심화시키는 듯하다. 그들이 비록 실재론을 주장하기는 해도 그들이 제안하는 것은 우리의 가치감각이 공동체의 개념적 도식이나 메타포적 구성물 이상의 의미를 지니지 못한다는 것이다. 우리는 이 문제에 대한 또 다른 접근법을 필요로 한다. 이것을 필자는 이른바 해석학적 실재론을 통하여 소개하고자 한다.

앞서 1, 2장에서 말했던 다원주의와 힘의 문제를 더욱 깊이 이해할 수 있는 단초가 제공될 것이다. 이미 2장에서 우리는 해석학적 실재론에 관한 운을 떼어놓았고 3장에서는 실재와 선, 그리고 하나님의 타자성에 대한 이야기를 조금 진행해 놓았다는 것을 참고하기 바란다.

해석학적 실재론과 기독교 윤리

이 장에서는 다소 복잡한 논의가 소개되었다. 이제 인격의 통전성과 지구상의 삶의 통전성에 대한 종교적이고 도덕적인 도전에 대해 생각해 보고자 한다. 우리는 이러한 도전이 또 다른 영역을 창출하는 힘과 그 사이를 오갈 수 있는 능력에 연관되어 있음을 살펴 보았다. 사이버 공간이 그것이다. 더욱이 사이버 공간은 회의론을 심어주는 기능도 한다. 우리 시대의 사고방식에서 발견되는 회의론은 힘을 가치의 중심으로 삼고 있으며 세상에 대한 행위에 초점을 맞추고 있기 때문에 인간 존엄성을 위협하고 훼손한다.

테크놀러지의 시대에는 결정적으로 다음의 두 가지가 드러난다. 인간을 세상의 창출자로 설명하는 것이 그 하나이며 다른 것은 인간을 그 세상들 사이의 여행자로 본다는 것이다. 이러한 사실들은 현대 기독교 윤리학에도 반영되어 있다. 메타포 윤리에서는 창조적 상상력을 강조하고 있으며, 이야기 윤리에서는 광범위한 문화적 세계로부터 기독교 공동체의 세계에로 옮아가기를 권한다. 그러나 이러한 윤리이론들이 과연 회의론을 벗어나 있는지는 확실하지 않다. 이러한 맥락에서, 우리는 기독교 윤리의 과제가 무엇인지를 알 수 있게 되었다. 그것은 기독교 신앙에 충실하고 현대의 자아개념에 맞으면서도 우리 시대의 회의론과 맞서 싸울 수 있는 실재론을 제시하는 것이다.

첫째로 우리는 인간의 새로운 공간 창조능력과 그것들 사이를 배회하는 인간을 어떻게 설명해야 하는가? 놀랍게도 인간을 하나님의 형상으로 보는 기독교적 관점이 그 열쇠가 된다는 점에 주목해야 한다. 전통적으로 하나님의 형상은 이성이나 의지와 같은 인간의 능력 안에 잔존하는 것으로 여겨졌다. 우리는 하나님의 형상이라는 것을 하나님에 대한 신학적 사유가 아닌 행위의 관점에서 설명할 수 있다. 이것은 특히 하나님의 모방이라는 점에서 설명될 수 있다.[69] 전통적인 사고방식에 따르면 인간은 단지 하나님의 거울 정도의 역할을 하는 것이 아니라 창조적인 행위와 도덕을 통하여 하나님을 더욱 세밀하게 모방할 수 있다. 우리가 이것을 인간에 대한 묘사로 타당한 것이라고 할 수 있다면, 도덕적 가치의 기초라 할 수 있는 행위와 인격 사이의 연관성에 대해서도 말할 수 있게 될 것이다.

창세기에 따르면, 선에 대한 하나님의 인식은 창조행위에서 발견될 수 있다. 하나님이 보시기에 좋았더라고 하는 말씀이 그것이다. 이것이 의미하는 바는 이 세상은 선한 것이며 그것은 하나님을 배제하고 독립적으로 설명될 수 있는 것이 아니라는 점이다. 하나님은 이 세상의 창조를 선하게 여기셨고, 이 세상을 사랑하셨다. 이것은 세상이 존재한다는 것이 선하다는 반응이 아니라, 하나님께서 이 세상을 선한 가치를 지닌 것으로 창조하셨다는 것을 뜻한다.[70] 그러므로 인간은 이 세상의 해석자일 수 있으며, 선한 것을 창조할 능력을 지닌 존재이며 선에 대해 응답할 수 있는 존재라고 생각해야 한다. 그러나 이것은 하나님의 창조행위의 모방인 한에서 그렇다. 인간은 하나님이 아니다. 인간은 하나님이 세상을 창조하신 방식으로 일할 능력을 가지고 있지 않다. 우리가 의미를 부여하는 문화적 행위를 하는 것과 이 세상이 창조되어

---

69) Schweiker, *Mimetic Reflections*.
70) Taylor, *Sources of the Self*, p.449.

존재한다는 것 사이에는 분명한 간격이 있다. 어느 시대나 마찬가지이겠지만, 정보화 사회의 결정적인 오류는 인간을 하나님 같은 존재로 파악한다는 데 있다. 힘을 가치의 근원이라고 주장하는 것이야말로 우리 시대의 우상숭배가 아닐 수 없다. 이것은 결국 인간의 의미부여 행위와 세상의 피조성 사이의 간격을 매워보려는 잘못된 시도라 하겠다. 도덕이란 하나님의 모방이어야 하며, 그것은 하나님께 대한 우롱이 되어서는 안된다.

따라서 첫 번째로 짚고 넘어갈 것은 사이버 공간과 같은 세계들을 창조할 수 있고 또한 그 사이를 배회하는 인간이라는 존재에 대해 기독교 윤리가 일종의 상징성을 제공해 주어야 한다는 것이다. 하나님의 형상과 하나님의 모방을 언급하는 것은 결국 테크놀러지적 세계관에 내재된 힘이라고 하는 유혹의 요소를 축소시켜 준다. 그리고 여기에 또한 두 번째 요점이 있다. 회의론에 대한 대응과 관련된 사항이다. 우리는 새로운 공간을 창조하며 그 사이를 배회하는 존재로서의 인간을 도덕적 존재라고 말하는 것을 어떻게 이해해야 하는가? 특별히 도덕적 이해에 있어서 위탁과 인식 사이의 연관성에 대해 생각해 보아야 한다. 이것은 다음 장에서 설명하게 될 것이며 이러한 연관성에서 우리는 이 책 전체의 의도를 파악할 수 있게 될 것이다.

요한일서 4:20은 이렇게 말한다. '누구든지 하나님을 사랑하노라 하고 그 형제를 미워하면 이는 거짓말하는 자니 보는 바 그 형제를 사랑치 아니하는 자가 보지 못하는 바 하나님을 사랑할 수가 없느니라.' 신학적으로 생각해 본다면, 인간은 보이는 것에서 보이지 않는 것으로 옮겨가며 감각세계와 관계, 사건들로부터 더 깊은 차원으로 나아가 더욱 깊은 것을 깨닫게 된다. 이것은 실재의 양상들 사이를 옮겨 다니는 것을 말하며 의심이 아니라 경이와 당혹스러움의 경험에 해당한다고 하겠다. 이것은 가치의 다양성에 대한 체험에서 비롯되며 가치의 근원에 대한 이해의 추구를 보여준다. 흥미롭게도 이러한 원천에 대한 인식, 즉 하나님에 대한 인식은 도덕기획과 연관되어 있다. 즉 사랑하지 않는 자는 보이지 않는 자를 사랑할 수 없다는 것이다. 사랑의 증대와 마찬가지로 비전 역시 증대되며 이것은 다시 사랑의 능력을 키워준다. 이러한 이해의 본성은 지구상의 종교들이 계몽, 계시 그리고 신비적 지식을 도덕과 연관짓고 있다는 사실을 설명해 준다. 사랑과 옳은 행위를 통하여 인간은 실재의 깊이를 더욱 체험할 수 있게 된다. 반성적인 차원에서 본다면 이러한 인식은 옳은 행위에 대한 관심과 그 능력을 키워준다. 선이라는 실재의 가치에 대한 이러한 인식은 사물의 가치와 중요성에 대한 통찰과 새로운 감수성을 심어준다.

따라서 이러한 두 번째 요점은 위탁과 인식 사이의 연관성에 대해서도 생각하게 한다. 이것은 우리가 단지 선을 보았다는 것, 또는 도덕의 원천이신 하나님을 만나야 한다는 것을 전제하는 것은 아니다. 기독교 윤리는 이 세상의 다른 것들처럼 가치가 우리 눈앞에 나타나지 않는다는 것을 놀라워하지 않는다. 회의론에 대한 응답은 존재의 깊은 가치를 파악할 필요가 있다는 인식과 그 도덕적 위탁으로부터 답을 찾을 수 있다. 이러한 의미에서 우리가 말하려는 것은 내적 실재론이나 비판적 실재론과는 다르다고 할 수 있다. 이야기와 메타포는 인식을 요청하지는 않는다. 인식이란 우리의 개념적 도식에 요청되는 근본적인 요소이다. 해석학적 실재론은 언어형식(이야기)이나 인지행위(상상적 구성)에 초점을 맞추지 않는다. 이해의 형식과 위탁에 그 초점이 있다. 이것은 인식과 위탁 사이의 연관성이 다른 기독교 윤리에서보다 해석학적 실재론에서 더욱 복합적인 형태로 나타난다는 것을 말해준다.

이렇게 본다면 우리의 세 번째 요점이 정리될 수 있겠다. 가상의 세계를 창조하고 그 사이를 배회하는 존재로서의 인간을 인정하고, 또한 도덕적 인식의 문제는 위탁의 문제와 연관된다는 주장이 다른 형태의 실재론보다 더욱 복합적인 것을 인정하더라도, 과연 이러한 입장을 보증해 주는 것은 무엇인가? 단지 기독교 전통에서 나오는 것들을 사용하여 인간의 의미부여 행위를 과소평가하려는 것인가? 과연 기독교 윤리는 어떤 형태의 도덕실재론을 주장할 수 있는가?

그 대답은 의외로 간단하다. 모든 의미부여 행위에 있어서, 그리고 가상의 영역들을 만들어 내는 일과 그 사이를 가로질러 다니는 행위에서 어떤 것은 그것이 가상이거나 실제이거나 관계없이 부정되는 것이 아니라 긍정된다는 데 의의가 있다. 이것은 행위란 무엇인가를 만들어 내었으면 내었지 파괴하거나 무력화시키는 것이 아니어야 한다는 점에서도 엿볼 수 있다. 실존의 선을 감지할 수 있는 능력은 행위자로서의 의식에 고유한 것이다. 이것은 사이버 공간과 우리 삶의 거의 모든 영역에서 타당하다. 정보통신기술은 우리의 창조와 의사소통 능력을 극대화함으로써 인간의 행위자됨의 인식을 고양시켜 준다. 다시 말해 행위자가 된다는 것은 존재하는 것을 선으로 긍정한다는 것이다. 종교적 상징에 대한 해석은 이러한 의미에서 상실, 망각 그리고 문화의 다른 양식의 침식에 대항하여 사랑의 능력을 증대시키는 일에 사용된다는 것을 알 수 있다. 우리가 추구하는 존재와 가치의 연관성은 우리의 선택이나 헌신에 의존하지 않는다. 우리의 헌신은 이것에 충실하여 행위자로서의 의식의 근거가 된다고 생각하거나 또는 그렇지 않다고 생각하여 갈등을 일으키거나 둘 중의 하나이다. 도덕실재론이란 실재와 연관지어 우리의 삶을 긍정하는 것을 말한다. 신학적 관점에서 본다면, 그것은 하나님을 모방하는 것이다. 왜냐하면 하나님만이 가치의 근원이시기 때문이다. 이것이 바로 인간이 하나님의 형상으로 창조되었다는 것의 내적 의미이다. 그러나 우리가 모든 행위에서 존재의 선을 긍정한다는 것이 도덕적 삶의 위험을 경감시키는 것은 아니다. 이것은 인간의 경이와 당혹스러움과 공포의 한 가운데에서 어떻게 하는 것이 실천적이고 도덕적인 것인지를 명확하게 말해주지도 않는다. 이것은 삶의 통전성을 존중하고 함양하는 방향으로 힘을 사용하겠다는 신앙의 표현이다.[71]

우리 시대는 유한한 실존의 가치에 대한 의식을 형성해야 하는 과제를 안고 있다. 인간도 유한한 실존에 속하기는 하지만 인간만을 위한 희망사항만을 긍정하지는 않으면서 유한한 실존들의 도덕적 가치를 함양해야 하는 과제를 안고 있다. 정보통신기술은 이러한 도덕적 노력에 대한 중대한 도전이다. 그러나 우리는 상상력을 우리의 감수성을 풍요롭게 하는 데 사용할 때 도덕적 통찰을 더욱 깊게 할 수 있다. 우리는 가상의 세계들을 옮겨 다닐 수 있으며 동시에 그 올바른 방향성을 제시하기 위한 지도를 그려낼 수 있을 것이다. 기독교 윤리는 바로 이 일을 위한 원천을 제공할 것이다. 그리고 힘을 가치의 근원으로 숭상하는 생각들로부터 우리를 자유롭게 할 수 있을 것이다. 만일 우리가 지구상의 인간의 삶을 유지하고 그 존엄성을 존중하려 한다면 이러한 자유는 필수적이다.

결론

이 장에서 우리는 인간의 도덕적 가치에 대한 질문들을 다루어 보았다. 여기에는 나름대로의 신학적 이유가 있었다. 기독교 윤리의 목적은 어떤 존재하는 선을 제시해 주려는 것이 아니다. 하나님은 여전히 하나님이시다. 기독교 윤리의 목적은 오히려 우리의 삶을 하나님의 빛에

---

71) 이 개념을 사용하도록 격려해 준 David Schmidt에게 감사하는 바이다.

서 볼 수 있게 하며 우리가 어떤 존재가 되어야 하고 무엇을 해야 할지를 보여주는 데 있다. 우리는 테크놀러지 시대에 의미가 상실된 세계에 살고 있다. 그러나 그것은 동시에 우리가 삶의 통전성을 위하여 우리 자신을 헌신해야 하는 세계라는 점을 잊어서는 안 될 것이다.

제2부
책임과 도덕이론

2부에서는 도덕이론들을 다루게 된다. 특히 타자에 대한 이해와 비판적 자기검토의 문제에 초점을 맞춘 책임윤리를 다루게 될 것이다. 특히 2부의 6장에서는 비교윤리에 대해 설명하고 도덕적 다원주의 시대에 요청되는 책임이론을 전개하고자 한다. 비판적 자기검토, 양심의 범위에 관한 것은 5장에서 근본적 해석의 개념을 통하여 다루게 될 것이다. 2부의 주제는 힘에 대한 가치재평가이며 힘을 어떤 목적으로 사용해야 하는가에 대한 논의이다. 5장과 6장은 1부에서 다루었던 이야기로 돌아가 힘과 도덕적 다원성 사이의 연관성에 대해 생각하게 될 것이다. 이를 통해 독창적인 책임윤리를 전개할 기초가 마련된 것으로 기대된다.

책임의 명법은 다음과 같다. '모든 행위와 관계에서 하나님 앞에서의 삶의 통전성을 존중하고 함양하라.' 이 명령은 1장에서 다루었던 다양한 가치들을 보호하면서 타자에 대한 이해에 이르게 하며 결국 우리의 자기평가에 기여할 것이다. 그러나 타자에 대한 이해(6장)와 우리 자신에 대한 이해(5장)는 우리의 삶과 세상에 대한 도덕적 이해방식을 전제한다. 이러한 의미에서 2부는 도덕적 의미에 대한 논의로부터 시작하게 된다. 4장에서는 기독교 윤리에 대한 해석학적 접근이 기독교 전통 안에서 어떻게 전개되며 현대세계의 도덕적 문제들을 어떻게 대하는지를 다룬다. 그리고 해석학적 실재론과 책임윤리의 관계도 설명할 것이다.

1장에서처럼, 2장 또한 기독교적 관점에서 도덕적 삶에 대한 변증법적 성찰을 진행한다. 4장은 실재의 의미에 대한 이해, 즉 도덕개념의 실재에 대해 설명한다. 이것은 5장으로 이어져 힘과 가치의 연관성을 검토함으로써 우리 자신에 대한 이해를 시도한다. 그리고 6장에서는 3장 마지막에 말했던 선의 문제, 특히 타자이해의 유익함에 관해 다루고자 한다. 전체적으로 본다면, 2부는 도덕적 책임과 인간이해에 있어서 실재, 힘 그리고 가치의 상호관계를 논한다고 할 수 있다.

또한 2부에서는 인간이 인식의 본성에 대한 논의(4장, 6장)와 힘과 가치의 관계(5장)를 다루게 된다. 그러나 이러한 논의들이 신학적으로 충분한 찬반논변의 대상이 된 것은 아니다. 3부는 신학적 논의를 통하여 1장에서 제기된 문제에 대한 답을 주게 될 것이다.

제4장 도덕적 의미의 이해

　지금까지 포스트모더니티가 도덕과 양심에 미친 충격에 대해 생각해 보았다. 그리고 테크놀러지가 인간과 세계의 이해에서 회의론으로 이어질 수 있다는 점을 논하였다. 4장은 이제까지의 논의들을 바탕으로 그것을 좀 더 깊이 분석하는 부분이다. 특별히 4장의 목적은 기독교 윤리에 있어서 도덕실재론에 대한 해석학적 접근이 무엇인지를 설명하는 데 있다.[72] 해석학은 인간을 해석적 존재로 설명하고, 인간의 삶이 가치의 의미와 독창성에서 배어 나온 것이라고 주장한다.[73] 인간은 스스로에 대한 이해를 추구하는 존재로서, 자의식을 구비한 삶과 세계에 대한 의미추구적 존재이다. 이러한 의미에서 해석학은 이해, 의식, 그리고 의미가 인간실존과 깊이 상호연관되어 있는 현상들이라고 주장한다.

---

72) 이 장은 다음 글을 일부 수정, 보완한 것임. "Understanding Moral Meaning: On Philosophical Hermeneutics and Theological Ethics", in *Christian Ethics*, pp.76-92.

73) Richard E. Palmer, *Hermeneutics* (Evanston, Ill.: Northwestern University Press, 1969); David E. Klemm, *Hermeneutical Inquiry*, 2 vols. (Atlanta: Scholar's Press, 1986): Schweiker, *Mimetic Reflections*.

이러한 주장은 기독교 윤리의 근본 흐름과도 일치하는 듯하다. 기독교에서는 인간이 하나님에 의해 창조되고 유지되며 구원되는 하나의 실재라고 주장한다. 이는 하나님의 선하심을 보여주는 것이면서도 인간을 선택과 당혹스러움에 직면하게 하는 요소이다. 이것은 창조한 의미와 가치의 영역에 해당하는 것이며 인간은 항상 도덕적 딜레마에 직면하여 사는 존재임을 암시해 준다. 우리는 가치의 영역에 살고 있으며 그 안에서 삶의 방향을 정한다. 그러나 기독교적 관점과 해석학적 반성의 형식적 유사성을 강조하는 것만으로 기독교 윤리에서 해석학이 사용될 수 있음을 보증하는 것은 아니다. 신학자는 그 도덕적 탐구에 철학적 원천들을 인용할 때 반드시 특별한 이론적 이유를 가져야 한다. 그러한 의미에서 기독교 윤리는 하나님에서 시작하여 하나님에서 결론을 얻어야 한다. 기독교 윤리는 도덕성의 개념을 포기하면서까지 하나님의 신성에 대한 신념을 제안하지는 않는다.

기독교 윤리와 해석학을 연계시키기 위해서는 지금 이 책에서 무엇을 다루려 하는지를 기억하는 것이 좋겠다. 우리의 문제는 크게 보아 인식론적 문제이다. 즉 인간의 이해와 의미에 관한 포스트모던적 이론에서 자아와 타자를 어떤 관계로 이해할 것인가의 문제이다. 다음으로, 도덕이론에서 핵심이 되는 가치론의 문제를 들 수 있다. 즉 가치의 근원에 대해 어떻게 설명할 것인가 하는 문제가 그것이다. 우리는 앞서 살펴본 것처럼 도덕이론에 있어서 실재론에 대한 논변이 해석학에서 자아와 타자에 대한 탐구와 평행을 이루는 것이라고 생각할 수 있다. 또한 인간학적이고 신학적인 문제가 있다. 이 단계는 포스트모던적 사고 안에서 하나님께 대한 언급에로 돌아가는 놀랄 만한 일과 관련하여 가치에 대해, 그리고 자아와 타자에 대한 질문 사이의 연관성이 논의될 수 있다. 가치의 의미에 대한 논의로부터 인간학적이고 신학적인 주장에 이르게 되는 과정은 그 자체로 기독교 윤리에 있어서 해석학적 여정에 해당한다. 이러한 방식으로 이 장의 논의들은 가장 기본적인 주장들을 다루게 된다.

이것은 단지 윤리학의 새로운 방법론 제시에 그치지 않고 해석학적 실재론에 기초한 기독교 윤리학을 전개하려는 것이다. 다소 모험적이기는 하지만, 이러한 접근은 현대 기독교 윤리학이 상실하기 쉬운 중요한 요소들을 회복하려는 것이다. 그것은 자아에 대한 지식과 하나님에 대한 지식 사이의 연관성이라고 하는 자기의식의 역동성 안에서 발견되는 아주 중요한 요소로서, 아우구스티누스, 칼빈, 웨슬리를 비롯한 많은 신학자들에게서 그 흔적을 찾아 볼 수 있다. 인간을 비롯한 피조물의 가치는 하나님과 비교될 수 없으며, 다만 하나님과 인간의 연관성에 대한 논의가 가능할 것이다. 도덕적 존재로서의 인간과 하나님의 존재를 연관짓기 위해서는 윤리적 실재론이 필연적으로 요청된다. 선은 인간이 창출하는 것으로 환원될 수 없기 때문이다. 도덕적 선은 인간과 하나님과의 관계에서 발견된다. 그러나 이러한 연계성은 해석학자들이 주장하는 것처럼, 도덕적 선과 옳음에 대한 파악이 우리의 자기이해와 감수성을 통하여 형성된다. 이것은 의식과 그 형식 및 문화의 전체 영역이 다시 한 번 윤리학의 중심이 되어야 한다는 것을 뜻한다. 이것은 기독교 윤리가 성서의 지시에 의해서만 전개되거나 하나님의 명령에 의해서만 형성된다는 것을 의미한다. 기독교 윤리는 우리가 항상 그리고 이미 하나님과의 관계에서 존재한다는 주장에 이르게 한다. 이것은 인간과 하나님과의 관계에 도덕적 삶의 의미가 수반된다는 사실을 알려준다.

여기에 주의할 것이 있다. 이것은 단지 발견의 영역에 머물지 않는다는 것이다. 니체 이후 프로이트, 마르크스 등은 자아에 대한 성찰이 하나님에 대한 명백한 관계성을 보여주지 않는다고 비판한다. 신학적으로 말하자면, 죄는 인간의 마음으로부터 하나님에게로 그 방향을 바꾸는 것이 불가능하게 한다. 인간을 통하여 하나님이나 다른 여타의 존재에로 나아갈 수 없다는 것, 그것이 문제이다. 인간은 삶을 형성하고 왜곡시키는 사회적, 심리학적, 역사적인 힘들과 경쟁해야만 한다. 윤리학의 난제는 의미창출을 위한 사회적이고 언어적인 능력과 도덕의식을 구성하면서도 인간의 삶과 언어와 사회를 괴롭히는 왜곡을 알게 하는 가치의 원천 사이의 연관성을 도출하는 것이다.

이해와 문화의 독립적인 왜곡, 그리고 인간의 의미부여 행위에 대한 분석을 제공하는 것은 해석학이 윤리학에서 수행해야 할 역할이다. 신학적 성찰은 해석학적 탐구를 변형시킨다. 신학에서는 근본적으로 도덕의식의 중심에 인간을 고차원적인 원천으로부터 생기를 부여받은 존재로 상정한다. 그리고 인간은 인간 이외의 힘과 겨루어야 하며, 인간의 실존은 다른 존재들에 비해 존중, 두려움, 신뢰 그리고 어쩌면 사랑을 받을 가치가 있는 존재라고 한다. 이러한 통찰 함께 하나님의 은총만이 인간의 의미부여 행위를 이해할 단초가 된다. 이 장에서는 주로 이러한 주장들을 옹호할 필요성을 기억시켜 줄 것이다.

실천철학과 반성적 사유

지난 두 세기 이상 서구 사회에는 인간을 어떻게 설명할 것인가에 대한 광범위한 논변이 있었다. 이 논변은 예술과 문학, 그리고 상호 경쟁적인 정치 이데올로기에서 나타났으며 무신론자와 종교적 실존주의자들이 서로 격론을 벌였다. 최근에는 포스트모던이 무엇인지에 대해 그리고 도덕에 있어서 전통이란 어떤 의의를 지니는지에 대해 논하기도 하였다. 이 문제의 요점은 다음과 같이 설명될 수 있다. 인간은 의미의 창조자인가? 또는 그 반대로, 인간은 항상 운명과 삶의 의미를 발견하기 위해 힘쓰고 있는가? 앞서 살펴본 것처럼 이러한 논변은 매우 까다로운 문제들이다. 만일 인간이 의미를 창조하는 존재라면, 인간은 도덕적 공허에 사는 존재로서, 원하는 방식대로 세상을 가꿀 수 있는 힘이라도 가지고 있는 존재이어야 한다. 그러나 인간은 문화라고 불리우는 감옥에 갇히고 만다. 이것이 회의론자들의 주장이다. 이와는 달리, 인간이 도덕성을 발견하는 존재라 한다면, 인간은 가치가 스며들어 있는 세계에 산다고 할 수 있다. 이러한 세계는 인간을 가치들 사이의 비극적이고 어려운 선택에 직면하게 한다. 그러나 우리는 근본적으로 이 세상에 사는 것에 익숙하다. 이것은 도덕실재론자들의 주장이다. 인간의 가치에 대한 이러한 논쟁은 인간이 도덕적으로 어떻게 살아야 하는가 하는 문제와 직결되어 있다. 철학적 해석학은 이러한 지속적인 문명전쟁을 넘어서는 방법을 추구한다. 이를 위해서는 해석학적 질문을 보다 분명하게 파악할 필요가 있다.

고대에는 해석학이 일종의 해석의 예술이었으며, 특히 기록된 문헌의 해석에 사용되었다. 그리스 신화의 메신저인 헤르메스는 암호화된 메시지들의 의미를 들고 영역을 넘나드는 해석자였다. 해석자는 하나의 영역(문헌)으로부터 삶의 영역에 그 의미를 전해주는 자로서, 이미지의 영역, 즉 상징, 은유, 담론 그리고 이야기 등을 모호하고도 재빠르게 넘나든다. 그러나 이것은 모든 인간에게 적용되는 것이기는 하지만 단순한 문헌해석 행위만을 말하는 것은 아니다. 이러한 의미에서 지난 2세기 동안 해석학은 역사와 언어에 대한 의식을 탐구하고 의미의 전영역을 탐구하도록 그 영역을 확장시켰다.

문헌해석을 넘어 해석학은 이제 인간에 대한 이해와 실존에 대한 철학을 향하여 그 외연을 넓혀 왔다. 현대 해석학자 리쾨르(Paul Ricoeur)에 따르면 인간은 발견하기 위하여 발명한다. 인간은 의미창조에 탁월한 능력을 가지고 있어서 인간과 세계의 특성을 파악할 수 있다.[74] 인간은 진리를 파악하기 위하여 도덕적, 종교적, 문화적, 과학적 그리고 시적 의미를 창출해낸다. 실존의 진리를 발견하기 위한 의미창조적 존재로서의 인간에 대한 해석학적 이해는 인간을 단지 가치창조적 또는 가치발견적 존재로 해석하는 관점을 넘어선다.

해석학적 탐구는 독특한 인간이해를 전개한다. 필자가 보기에, 해석학은 고전적 실천철학의 통찰을 고대와 현대의 사상에 나타난 반성적 사유와 연계시키고 있다. 반성적 사유로서의 해석학은 의식의 진리가 스스로에 대한 인식이 되게 한다. 즉 인간은 자기해석적 존재이다. 해석학에서는 그것이 실천철학의 한 부류이며 이해와 의미가 행위와 실천에 매여 있는 것이라고 주장한다. 그러나 필자가 보기에 실천과 성찰의 연계성에 대한 해석학자들의 주장은 많은 논쟁거리를 안고 있다. 여기에서 우리의 논의를 위해 필자는 이러한 형태의 철학을 분명하게 설명하기 위하여 해석학에 대해 간략하게나마 정리하고자 한다.

인간은 그들의 세계가 어떤 곳인지를 알고 지낸다. 따라서 인간은 지식의 다른 형태들을 구별해 낼 수 있다. 첫째, 경험적 지식은 우리의 지각능력에 달려있다. 우리는 보고, 느끼며, 맛보며 냄새를 맡는 등의 감각적 행위를 통하여 사물들을 인식한다. 사물을 인식하는 것은 감각적 방식을 통한 것이며 이것은 창밖에 새로 깎은 잔디를 보는 것도 마찬가지이다. 경험적 지식은 검증을 통하여 그 타당성을 확보한다. 예를 들어, 사물을 보는 감각행위가 그것이다. 창가에 서서 이웃이 잔디깎는 모습을 보는 것도 마찬가지이다. 둘째로, 이론적 지식은 지각될 수 있거나 논리적 성격을 지닌 것들 사이에 공유된 본성을 지시해주는 이른

---

[74] Paul Ricoeur, *Interpretation Theory: Discourse and the Surplus of Meaning*(Fort Worth: Texas Christian University Press, 1976).

바 개념이라는 것을 통하여 인식된다. 장미라는 개념으로 특정한 꽃의 냄새를 맡게 되는 경우와 같다. 인간은 또한 사물에 관한 이론과 설명법을 전개할 수 있다. 식물학에는 생명에 대한 이론이 따르게 마련이다. 그리고 순수한 개념에 대한 이론을 전개할 수도 있다. 즉 유니콘이나 이상적 수에 관한 것이 그렇다. 하나의 이론은 현상을 체계적이고 명료하게 설명할 수 있어야 하며 논리적 정합성을 가져야 진리로 판명된다. 문제는 지각이나 개념이 인간과 세계에 대한 온전한 설명을 제시해 줄 수 있느냐 하는 것이다. 만일 그렇다면, 인간은 진리를 경험적으로 발견하거나 개념적 도식을 발명해내야 한다.

해석학은 인간의 이해가 지각이나 개념 또는 그 어떤 형태의 진리에로 환원될 수 없다고 한다. 이해의 대상, 즉 의미는 하나의 사물로서 지각되는 것도 아니며 하나의 관념으로 파악되는 것도 아니다. 문헌의 의미는 감각의 대상이 아니다. 포옹의 의미는 개념상 완전하게 설명될 수 없다. 의미는 또한 논리적 정합성이 유지되고 문법적 일관성이 보장되는 맥락에서 단어의 사용방법을 알 수 있는 능력만으로는 설명되지 않는다. 예를 들어 정의라고 하는 윤리적 용어는 다음과 같은 방식으로 이해된다. 우리는 모두 도덕적 언어를 설득력있게 말하는 방법을 배울 수 있다. 따라서 다른 사람과의 의사소통에 있어서 정의라는 단어를 어떻게 사용해야 하는지 알아야 한다는 것이다. 결국 도덕적 추론은 항상 특정한 공동체와 그 도덕적 담론에 의존한다. 그러나 이것으로 의미에 대해 충분히 설명할 수 있는 것은 아니다.

의미에 대한 해석학적 정의는 인지적 또는 경험적 감각에 제한되지 않으며 의미의 문화적 학습방식에도 제한되지 않는다. 이해의 대상으로서의 의미는 공유된 담론 안에서 일반적 사상과 특수한 경험을 연결짓는 것이라 할 수 있다. 다시 말해 의미는 개념과 이미지(상징 및 은유

등)를 매개해 준다. 예를 들어, 우리는 포옹이라는 의미를 이해하기 위해 우리의 감각과 우리 공동체에서 인간의 상호작용에 대해 가지고 있는 모든 신념을 연계시킴으로써 그 의미를 이해하게 된다. 포옹의 의미는 이러한 연계의 사건이다. 언어학적으로 말하자면, 의미의 특성은 가장 기본적으로 한 문장에서 주어와 서술어의 연계에서 발견된다. 문장의 의미는 정의와 같은 개념과 사회적 삶이라고 하는 경험의 연계의 사건이다. 그 사건은 지각이나 개념에로 환원될 수 없다. 언어는 의미를 드러내기 위하여 이러한 연계적 영역을 제시하고 설명할 수 있는 힘이다. 언어는 단순히 세계와 인간을 지시하는 신호체계나 지각의 거울 또는 개념의 저장소가 아니다. 언어는 사물을 드러나게 하며 삶을 형성하도록 이끌어 준다. 이것을 표현력이라 할 수 있다. 리쾨르가 문헌에 대해 말한 것처럼, 인간은 문헌 앞에 펼쳐진 세계를 삶의 가능성의 개시라고 해석한다.[75] 세계란 감각적인 것도 아니며 개념에로 환원되는 것도 아니다. 문헌은 단순히 이 세상을 읊조리는 것 이상의 그 무엇을 제시한다. 따라서 가장 중요한 것은 의미가 스스로 의미의 영역을 보여주며 인간이 스스로를 방향 지우는 영역이 무엇인지를 보여준다.

예를 들어, 예수의 비유 가운데 하나님의 나라를 겨자씨에 비유한 것을 우리는 감각적으로 확인할 수 없다. 이 비유는 또한 그 실재의 개념을 제공할 만한 어떤 것을 주장하지도 않는 것처럼 보인다. 이 비유의 본문은 생명의 가능성을 제시하면서, 인간의 자유와 하나님의 은혜

---

75) Paul Ricoeur, *Hermeneutics and the Human Sciences: Essays on Language, Action, and Interpretation*, edited, translated, and with an introduction by John B. Thompson(Cambridge: Cambridge University Press,1981). Charles Taylor, *Philosophy and the Human Sciences*, (Cambridge: Cambridge University Press,1985); Irving Singer, *Meaning in Life: The Creation of Value* (New York: The Free Press, 1992) *Meanings in Texts and Actions: Questioning Paul Ricoeur*, ed. David E.Klemm and William Schweiker(Charlottesville: University of Virginia Press,1993).

를 드러내어 보여준다. 그리고 은총으로만 얻게 되는 자유는 감각적인 대상도 아니고 개념도 아니다. 자유는 우리의 행위자됨의 내적 의미이다. 자유는 세상이라고 불리우는 삶의 영역에서 우리가 어떻게 살아야 하는지 알려준다. 우리는 생활세계에 대해서도 말할 수 있다. 이것은 담론을 통해 드러나는 영역이 아니라 하나의 문화와 그 특수한 제도 및 관행을 통해 드러난다. 생활세계는 사물이 아니라 개념이다. 그것은 행위자들이 자신들의 삶의 방향을 정하는 영역이다. 생활세계 또는 문헌의 세계와 같은 의미는 일정한 의사소통의 매개, 즉 모종의 실천적, 자연적 언어를 통해 드러난다. 또한 인간은 부분적으로 자기이해에 관여하기 때문에 언어는 세계와 우리 자신을 구성할 수 있도록 이러한 가치의 영역을 분석하여 준다. 따라서 의미는 의미와 중요성이라고 하는 평가적이고 인지적인 구성요소를 지닌다. 의미는 인간이 가치의 구별된 영역, 즉 세상이라고 하는 실재적 또는 상상의 영역안에 우리를 자리잡게 한다. 언어는 자유와 같은 실존의 조건과 삶의 독특한 정황을 연계시켜 준다. 의미는 종합적이고 인지적인 사건들이다.

이러한 이유에서 가다머(Hans-Georg Gadamer)는 해석학이란 고전적인 실천철학의 유산을 상속받았다고 주장했던 것이다.[76] 의미의 이해는 단순히 경험적이거나 이론적인 것이 아니라 실천적이다. 의미는 항상 삶을 공유하고 있는 영역에서 그 다음 단계의 행위를 지도하기 위한 목적으로 자신 이외의 다른 것에 대한 의미를 파악하려고 노력하기 때문이다. 이 점은 때로 이론가들에 의해 신비한 것이라는 비판의 대상이 되기도 한다. 이해에는 일정한 메시지를 해독할 때 이루어지는 자아와 타자의 상호성의 영역의 상호행위가 내포된다. 최근에 테일러

---

76) Hans-Georg Gadamer, *Reason in the Age of Science*, trans. E Lawrence (Cambridge: MIT Press, 1981) *Truth and Method*, revised translation by J. Weinsheimer and D. Marshall (New York: Continuum, 1989).

(Charles Taylor)는 인간이 도덕의 영역, 즉 우리의 삶의 방향을 어떻게 설정할 것이며 바르게 살기 위해서는 어떻게 해야 하는가와 같은 질문들로 규정되는 세계에 살고 있다고 주장한다.77) 세계는 하나의 도덕적 영역이며, 필연적으로 인간의 사람됨됨이와 함께 하며 세계에 대한 깊은 인격적 인지 없이는 이 세계를 알아낼 수 없다. 도덕적 문제에 관한 해석의 타당성은 지속적인 과정이며 항상 반대되는 의견에 직면할 수 있으며 과학적 검증보다는 다소 덜 엄격하다. 아리스토텔레스의 생각처럼, 실천적 삶의 영역에서는 엄밀성의 정도가 경험과학 및 이론과학의 진리에 관한 성찰과 굳이 동등할 필요는 없다.

해석학적 질문은 자아와 세계, 그리고 타자에 대한 의식을 구성하는 이해와 의미의 관계를 해석하는 범위 안에 머문다. 그 과정은 매우 복합적이며 의사소통의 매개를 통하여 실현된다. 그리고 역사적으로, 언어적으로 문화적으로 경험, 즉 우리의 의식의 기초를 놓아 준다. 해석학적 탐구는 해석자를 암호화된 문화 메시지로 해석한다. 그리고 이것이 바로 필자가 해석학을 반성적 사고의 유산을 이어받은 자라고 말하는 이유이다. 플라톤과 아우구스티누스로부터 20세기 사상가인 하이데거(Martin Heidegger), 라너(K. Rahner), 틸리히(Paul Tillich), 니이버(H. Richard Niebuhr), 머독(Iris Murdoch), 리쾨르(Paul Ricoeur), 테일러(Charles Taylor)를 비롯한 수많은 사상가들은 반성적 철학이 언어, 예술, 문화형식, 제스처 등 다양한 매개와 관련하여 자기인식을 설명한다. 이것이 의미하는 바는 아주 간단하다.

우리의 일상적인 행위들을 조금 더 생각해보자. 우리는 사물에 대해, 그리고 다른 사람들에 대해 성찰할 수 있다. 예를 들어 우리는 연인들의 포옹의 의미를 생각해 볼 수도 있고, 또는 경이로움이라는 느낌을

---

77) Taylor, *Sources of the Self*.

가질 수 있다. 그리고 성찰이라는 행위 그 자체에 대해 생각해 볼 수도 있다. 우리는 우리 자신이 경이로움을 가지고 있다는 것에 대해 경이로워 할 수 있다. 이처럼 느끼고 생각하고 의지하고 가치를 평가하는 등의 가장 기본적인 행위들을 통하여 우리 자신을 알게 된다. 니버(H. Richard Niebuhr)가 말한 것처럼, 우리가 어느 정도의 자기비판적인 이해를 갖게 되는 것은 바라보고 알아차리는 일, 즉 우리 자신을 성찰함으로서 가능하게 된다.[78] 반성적 행위가 목적으로 삼는 것은 바로 이러한 자기이해이다. 해석학적 철학에서는 인간이 타당한 자기이해에 이르기 위해 개발해야 하는 가장 기본적인 행위는 의미의 세계를 이해하는 것이라고 한다. 이해, 인식, 그리고 가치평가를 통하여 삶의 방향설정을 위한 상호행위가 이루어진다. 이해란 무엇인가를 설명하는 것은 이러한 의미에서 인간만의 독특한 삶의 방식을 이해하는 단초가 된다.

이해에 대한 반성적 탐구는 자아가 무한순환하는 자기성찰 안에 갇혀있음을 뜻하는 것이라는 반론도 가능하다. 그러나 반성적 사상가들은 진지하고도 엄밀하게 생각하면, 이러한 탐구가 진행된다는 것 자체가 자기이해의 노력의 증거이며, 자아에 새겨진 자아 이상의 것과의 관계를 파악하게 한다고 말한다. 자아 안에 타자에 대한 묘사가 있다는 것은 역사의식을 통해 잘 설명될 수 있다. 과거는 현재의 의식에 대해 자아의 인상을 심어준다. 자기인식은 경험에서 발견되는 과거에 대한 지식을 필요로 한다. 부모님의 흔적, 나의 문화적 발전사, 이 시대에서 기독교적 증인으로서의 삶, 그리고 사회적 행동양식 등은 가다머가 말한, 개인의 역사의식 안에 자리잡고 있다. 보다 근본적으로, 자아 안에는 다른 인격, 선, 그리고 하나님에 대한 생각들이 새겨져 있으며, 이

---

[78] H. Richard Niebuhr, *Faith on Earth: An Inquiry into the Structure of Human Faith*, ed. Richard R. Niebuhr (New Haven, Conn.: Yale University Press, 1989), p.23.

것은 세계에 대한 주제가 설정되지 않은 단계의, 그리고 비분석적인 개방성으로 나타난다. 인간은 이해라는 과정을 통하여 자아와의 연관성에 비추어 자아가 아닌 것들을 파악해낼 수 있게 된다.

기독교사상에서 자아와 타자에 대한 이러한 반성적 사유는 아우구스티누스에게서 시작되었다. 그는 생각, 느낌, 의지의 작용을 통하여 자아를 넘어 하나님을 향하였으며, 이것은 영적 안식과 평화의 희구에 이미 반성적 사유 이전의 형태가 나타나 있었다. 현대사상가들 중에서는 종교비판에 대항하는 논점에서 찾아 볼 수 있다. 키엘케고르(Soren Kierkegaard)는 자아가 자아를 자아에게 연관시킬 때, 그것은 자아를 근거짓는 힘에 대한 연관짓기라고 할 수 있다고 보았다. 근대해석학의 아버지 슐라이엘마허(Friedlich Schleiermacher)는 직접적 자의식에 대한 감정은 그 근원, 곧 하나님에 대한 절대의존의 감정이라고 말했다. 이러한 사상가들은 대단히 많지만, 그들의 생각은 모두 동일하다. 자의식으로 형성되기까지, 자아의 가장 기본적인 행위는 자아와 타자에 대한 증명이다. 인간이란 타자를 향한 자기초월적 행위의 존재이다. 이것은 자아가 근본적으로 가치에 대한 독특성을 공유하는 존재임을 말해준다. 반성적 사상가들은 자아의 기본적인 행위가 무엇인가에 대해서는 의견 차이가 있다. 예를 들어, 키엘케고르는 그것을 결단과 선택이라고 주장했고, 슐라이엘마허는 하나님에 대한 절대의존의 감정에 나타난 직접성이라고 한다. 데카르트는 생각한다는 것에 초점을 맞추었다. 필자의 관점으로는 힘을 무력화하고 그것을 견디어 내는 도덕적 행위자로서의 의식이다. 그러나 기본적인 요점은 여전히 동일하다. 자아는 자기초월적 행위의 존재라는 점이 그것이다.

포스트모던의 시대가 되면서 자아와 타자의 연관성에 관한 반성적 사고는 위협을 받고 있다. 그 연관성을 부정하는 것이 포스트모던의 특성일지도 모른다. 이러한 이유로 포스트모던 사상가들은 더 이상 고대의 사상가들이 주장했던 인간과 선의 연관성이 자아에 대해 객관적인 것이라고 생각하지 않는다. 포스트모던 사상가들은 주장하기를 자아가 향하고 있는 것은 내향적이고 자아초월적인 것도, 타자를 향하는 것도 아니며, 문화라고 하는 실천에 대한 것이라고 한다. 니체는 이것을 본성에의 참여라고 했고, 프로이드는 무의식의 에너지와 혼돈이라고 한다. 데리다는 의미의 생산적 기호체계라고 한다. 따라서 그들은 인간을 통하여 하나님께로 나아갈 수월한 길도 없고 그렇게 할 수도 없다고 주장한다. 많은 사상가들이 자아성찰은 자아와 그 행위들을 뒷받침하는 내적 세계의 힘과 내적 심리적 힘으로부터 결코 벗어날 수 없다고 생각한다. 언어는 다만 우리의 의미창조 능력만을 표현하고 묘사하며 인증해준다는 것이다. 이러한 생각들이 반실재론자들의 주장에 깔려 있다.

　이 점을 인식할 수 있다면, 우리는 이제 현대사상의 뿌리에 한 걸음 더 다가서서 해석학적 실재론의 가능성을 보게 된다. 포스트모던적 해석학의 난점은 타자에 대한 주장을 자아이해와 연관짓는 반성적 사고에 대한 비판에서 답을 찾기가 어렵다는 것이다. 현대의 사상가들은 인간의 의식이 언어, 문화, 그리고 실존의 자연적 조건에 의해 규정되며 따라서 인간은 자아와 세계이해의 매개체로부터 자유로울 수 없다고 주장한다. 그러나 이것이 사실이라 하더라도, 문제는 인간의 욕망, 열망 그리고 이해가 근본적으로 그 의미 또는 내용과의 관계에서 자기 참조적인 것인가 하는 데 있다. 의식은 과연 타자에 대해 열려있고 타자와의 관계에 의해 규정될 수 있는 것인가? 해석학에서는 이러한 질문들에 대해 긍정할 수 있는 길을 제시해 준다.

　해석학에서 자아와 타자의 관계는 이해, 언어 그리고 의미의 역동적 관계를 통하여 전개한다. 우리는 그 이유를 다음과 같이 설명할 수 있다. 의미는 자기초월적 언어신호이다. 무엇인가를 의미있는 것으로 이해한다는 것은 자아 이외의 것을 어떤 의사소통의 매개체를 통하여 의도성을 이해하는가를 알아내는 것이며 다른 것의 영역에서 자아를 이해하는 것이라 할 수 있다. 예를 들어 하나님의 나라에 대한 예수의 비유에서 그 부르심에 응답하는 사람들만이 들어갈 것이라 했던 점을 생각해 보라. 또는 내가 부모님을 포옹할 때, 나는 어떤 신체적인 행위를 의도한 것은 아니지만 내가 그들을 껴안음으로써 나의 애정이 표현된 것이다. 우리는 애정의 영역에 살고 있다. 인간은 어떠한 가치를 지닌 존재인가? 우리의 가치는 인식능력에 달려 있는가? 혹은 우리를 초월하는 존재에 대한 응답에 달려 있는가? 또는 인간의 가치는 의미를 창조하는 언어사용의 능력이라는 힘에 달려 있는 것인가? 이러한 질문 앞에서 해석학은 자아와 타자의 관계를 가치의 문제와 연관지어야 한다. 이를 위해 가치론적 탐구가 요청된다.

도덕적 의미: 창조되는 것인가? 발견되는 것인가?

자아와 타자의 관계를 설명하려는 현대해석학의 문제는 결국 도덕실재론과 연관된다. 우리는 도덕적 성찰이 해석학적 의미론과 이해의 개념에 기여할 수 있도록 이 문제를 좀더 깊이 생각해 볼 필요가 있다. 놀랍게도 그 문제의 핵심은 힘이라는 것에 있다. 이것은 인간을 이해하는 과정에 도덕적 차원이 존재한다는 것을 뜻하며 윤리학이 반드시 인간이해적 성격을 지녀야 하는 동시에 해석학을 윤리학의 한 영역으로 볼 수 있어야 한다는 것을 뜻한다. 이러한 의미에서 도덕실재론에 대해 생각해 보자.

도덕실재론은 도덕가치와 신념이 진위의 대상이 될 수 있고, 참된 것이라고 주장한다.[79] 도덕실재론자들은 인간이 선을 발견할 수 있다고 단호하게 말한다. 선은 인간의 발명이 아니라는 것이다. 도덕이란 집단의식, 개인의 선호도, 또는 사회적 유용성의 계산의 문제에 그치지 않고 사물의 본성에 파고든다. 도덕적으로 선한 삶 또는 옳은 삶이란 우리의 삶을 실재에 대면하게 하는 것이다. 도덕적 삶에는 결정적으로 도덕사유의 명료성과 도덕적 지각의 진실성이 요청된다. 도덕적 담론은 그 자체를 넘어서는 무엇인가에 충실하고자 한다. 환상, 기만, 그리고 실재에 대한 순응으로부터 의도적으로 반항하는 것은 인간의 선을 가로막는다.

기독교 윤리학에서 엄격한 도덕실재론은 두 가지 형태로 나타난다. 신명령론적 윤리와 자연법 윤리가 그것이다. 전통적으로 신명령론적 윤리에서는 하나님의 명령은 도덕적으로 옳으며 도덕적 삶이란 그 명령에 대한 복종으로 이루어진다고 주장한다. 20세기의 신학자 바르트(K. Barth)를 비롯한 몇몇 철학자들이 신명령론적 윤리의 복구에 힘써왔다. 그러나 나중에 살펴보게 될 것이지만, 이 이론에는 끊임없는 반론이 이어지고 있다. 하나님께서 사람에게 명령하신다는 가정을 한다면, 사람은 그 명령들을 무엇에 근거하여 올바르게 경청하고 알아차릴 수 있단 말인가? 특정한 권위를 지닌 집단에서 자신들의 의지를 하나님의 명령이라는 실재에 대한 호소에서 나온 것이라고 주장하게 되는 경우에 우리는 과연 그것을 확증할 수 있을까? 더구나 하나님의 명령에 복종해야 한다고 할 때, 우리는 인간의 예배가 지니는 가치에 대해 어느 정도는 알고 있어야 하는 것 아닐까? 가치의 영역이 하나님의 명령이 아니라는 점을 어떻게 설명할 것인가? 하나님의 명령 또는 가치체계로 환원시키지 않고서는 이 문제를 설명할 수 없을 것이며 하나님의 명령

---

79) Brink, *Moral Realism and the Foundation of Ethics; Essays in Moral Realism*.

이 우리의 지각세계의 영역과 동일한 것이 분명하다는 주장을 회피할 수 없게 될 것이다. 두 가지 대답 모두 신명령론적 윤리에서는 용납될 수 없을 것이다.

가톨릭교회의 자연법 윤리 역시 이와 유사한 문제들에 직면한다. 전통적으로 자연법 윤리는 자연의 법칙이 인간에게 행동의 방향을 지시해주며 인간은 이성에 의해 그것을 알 수 있다고 생각한다. 이것은 인간이 존재의 본성을 식별할 수 있어야 한다는 것과 인간이 해야할 일들을 자연으로부터 도출할 수 있다는 전제를 가진다. 예를 들어 인간은 사회적 존재이기 때문에 사회의 요구는 도덕적으로 필수적이다. 따라서 이들은 존재로부터 당위에로의 전이를 만들 수 있다. 왜냐하면 인간의 이성은 세계를 지배하는 신적 정신(토마스 아퀴나스는 이것을 영원법이라고 불렀다)에 참여하기 때문이다. 이러한 참여는 신명령론자들이 주장하는 것처럼 감각을 통해 알려지지 않고 인간의 의식이 도덕법의 명령 안에 담겨져 있기 때문에 알려지는 것이다. 인간의 이성에 대한 이러한 주장은 지지하기도 어려울 뿐 아니라 다시 한 번 해석상의 문제에 직면하게 된다. 특수상황들에 대한 도덕명령은 어떻게 알 수 있는가? 자연이 지시하는 목적을 어떻게 알아낼 수 있는가? 이성이 역사적이고 사회적인 영향을 받은 것이라면, 과연 자연법 윤리는 보편적 도덕이라 할 수 있을까? 그리고 신명령론적 윤리에서처럼 우리는 자연법 윤리에 대해서도 그 적법성이 실재에 대한 호소에 있다는 점을 문제삼지 않을 수 없다.

도덕실재론의 또 다른 관점들은 역사적 이해의 역동성을 강조하는 형태로 나타났다. 예를 들어 한 사상가는 공동체 전체의 인식구도에 대한 실재론을 취할 수 있다. 세상에 대한 설명은 특별한 개념이나 경험이 아니라 인식구도를 통해 제안되는 것이기 때문이다. 내적 실재론에서는 도덕적 차별성을 지닌 사람들이 서로 차별성있는 도덕세계에 살아간다고 주장한다.80) 이것은 정의와 같은 어떤 특별한 도덕개념을 이해하기 위해서는 그 개념의 의미를 가지게 되는 실재에 대한 문화적 신념 전체를 사용할 필요가 있다는 점에서 나왔다. 이러한 종류의 실재론에서는 도덕적 이성이란 삶을 이해하고 분석하는 특정한 틀 없이 맹목적이다. 어떤 사람들은 도덕신념 전체에 비추어 실재론을 주장하기도 한다.

하우어와스(Stanly Hauerwas), 요더(John Howard Yoder), 맥클렌돈(James McClendon) 등이 그들이다.81) 앞서 말했듯이 이야기 윤리는 기독교의 도덕적 정체성과 세계이해가 기독교적 이야기의 기능이라고 주장한다. 기독교적 신념은 여타의 도덕이해의 형태로서는 규정될 수 없다는 것이다. 이것은 기독교 윤리를 자연적 도덕성 또는 보다 광범위한 공공영역에 대한 도덕신념으로부터 구별해낸다. 기독교 윤리는 신념에 대한 내적 검증을 통해서만 그 진실성을 확보한다는 것이다. 기독교 윤리는 그 바깥세상에로 환원될 수 없으며 그 정당성을 입증하기 위해 이성에로 환원될 필요도 없고 기독교의 도덕적 신념은 논파될 대상도 아니다. 그 신념들은 삶의 방식 및 그 공동체와 연관지을 때 정당성을 입증하게 된다.

다른 신학자들은 도덕실재론을 변형시키기 위해 실존주의적이고 현상학적인 방법론을 사용한다. 예를 들어 틸리히(Paul Tillich)는 이른바 자기초월적 실재론(self-transcending realism)을 전개한다. 그에 따르면, 인

---

80) Putnam, *The Many Faces of Realism*.
81) Hauerwas, *Christian Existence Today*; John Howard Yoder, *The Priestly Kingdom: Social Ethics as Gospel*(Notre Dame, Ind.: University of Notre Dame Press, 1984); Wm. McClendon Jr., *Ethics: Systematic Theology*, Vol-I (Nashville: Abingdon Press, 1986).

간의 이성은 그 경험에 있어서 실재적인 것에 의해 파악되는 경우에만 실재를 인식할 수 있다.82) 틸리히 이후에 오글트리(Thomas Ogletree)는 유태인 철학자 레비나스에 대한 연구를 통하여 타자에 대한 주장을 윤리학의 핵심으로 상정하였다.83) 타자는 개념적 도식에 환원될 수 없으며 그가 실존하고 있다는 바로 그 사실에서 타자를 만난다. 가톨릭 윤리신학자 푹스(Josef Fuchs)는 양심에서 체험되는 의무를 인간의 인격됨의 의미를 규정하는 것이라고 설명한다.84) 이러한 변형된 실재론은 내적실재론자들이 도덕전통을 발전시키는 논리적 정합성 및 종합적 특성보다는 체험이나 자기이해에서 그 근거를 찾는다.

해석학적 윤리의 다양한 입장들에 내재된 난점은 도덕을 지각 또는 개념으로 규정하려는 데 있다. 이야기 신학자들은 체험이란 우리가 말하는 이야기의 산물이며 우리의 개념적인 틀이라고 주장한다. 타자와의 만남을 도덕의 기초라고 생각하는 사상가들은 관념화 작업이야말로 타자에게 해악을 주는 것이라고 주장한다. 만남이란 달리 규정될 수 없는 아주 단순한 사실이라는 것이다. 그러나 이러한 이론들에서 볼 수 있는 가치평가의 역할주체성 상실은 반실재론을 부추기는 결과를 낳는다.

반실재론자들은 주장하기를 가치란 존재론적 근거가 없다고 주장한다. 도덕은 우리의 발명품이지 발견대상이 아니라는 것이다. 매키(J. L. Mackie)는 가치란 객관적인 것이 아니며 세계를 구성하는 요소 중 하나로 말할 수도 없다고 한다.85) 도덕은 사회적 관습을 넘어서지 못하며

---

82) Tillich, "Realism and Faith," in *The Protestant Era*, pp.66-82.
83) Hans-Georg Gadamer, *Reason in the Age of Science*, trans. E Lawrence (Cambridge: MIT Press, 1981) *Truth and Method*, revised translation by J. Weinsheimer and D. Marshall (New York: Continuum, 1989).
84) Josef Fuchs, *Christian Morality: The Word Became Flesh*, trans. B. McNeil (Washington, D.C.: Georgetown University Press, 1981).

사회적 강요를 목표로 삼는 관습의 규칙들 이상으로 심화될 수 없다. 도덕적 선과 의무는 우리가 도덕에 대한 생각을 진행하기 위해 선택한 기능들이다. 반면에 우리는 종종 도덕적 가치가 세계 구성요소의 하나이며 세계는 언어, 문화 및 사회적 실천의 기능이라고 믿는다. 이러한 담론에서 벗어나게 되면, 우리는 실재에 대한 지식을 가질 만한 그 어떤 것도 없게 될 것이며 인격과 공동체에 대한 아무런 설명도 할 수 없다. 공동체와 전통은 그들의 도덕관에 따라 세계를 다른 모양으로 설명한다. 그리고 우리는 그것을 통하여 실재를 발견하려 할 것이 아니라 설명해야만 한다.

일부 현대신학자들 중에는 마치 반실재론자인 것처럼 말하는 사람들도 있다. 그들은 아마도 더 많은 자유를 원하고 있는지 모른다. 예를 들어 여성주의 윤리학자 웰치(Sharon Welch)는 도덕이란 언어 이상의 의미가 없으며 공동체와의 관계를 유지시키는 힘이라고 주장한다.[86] 그녀의 관심은 기독교 윤리학 이론 모두가 보편적으로 실재론에 속한다는 점을 보여주려는 것이었다. 여성주의 윤리의 위험성은 선택이라는 것에만 근거하려는 데 있다. 웰치가 반실재론을 주장하는 것처럼 보이지만, 사실은 전통적 실재론을 거부하는 것일 뿐이다. 그렇지 않다면, 그녀를 비롯해서 여기 속하는 사상가들은 하나님이라는 명칭 뿐만 아니라 신적인 모든 것이 발명된 것이라고 주장해야만 할 것이다. 그러나 웰치는 관계성이라는 것의 힘을 신적인 것이라고 말한다. 그러나 다른 사상가들은 신적인 것은 초월적인 것이며 공동체적 삶의 요소로 환원될 수 없음을 잘 알고 있다. 이러한 의미에서 본다면 몇몇 신학자들은 반실재론에 속한다고도 말할 수 있겠다.

---

85) Mackie, *Ethics: Inventing Right and Wrong*, p.15.
86) Sharon Welch, *A Feminist Ethic of Risk* (Minneapolis: Fortress Press, 1990)

온건한 반실재론에 속하는 신학자들은 모든 신념체계의 특성이 구성적인 것이라고 말하기도 한다. 그들은 인간이 의미를 부여하는 존재이지만, 우리가 대면하는 세계를 복사해낼 목적으로 의미를 만들어내는 것이라고 한다. 카우프만(Gordon Kaufman)은 신학이란 일종의 상상적 구성행위로서, 그것에 의해 신학자들이 인간의 주장들을 상대화시키며 인간의 행위를 세계의 인간화에 기여하도록 방향을 설정한다고 주장했다.87) 그는 하나님이 이미지이며 개념이라고 보았으며, 하나님을 어머니로 묘사하는 것과 같은 감각적 이미지를 제공하거나 하나님을 존재 자체라고 말하는 것처럼 어떤 개념을 제공하는 것이라고 말한다. 카우프만은 의미있는 행위를 위한 기능들을 어떻게 구성할 것인가에 관심을 가졌다. 도덕은 실재를 우리가 가장 잘 알고 있는 방식으로 설명해야 한다는 것이다. 카우프만은 최근의 저작에서 우주의 놀라운 창조성을 설명하기 위해 유신론적 구성이라는 개념을 제안하고 있다. 가치는 세계의 구성물일 수 없지만, 도덕은 세상에 대한 설명이어야 한다는 것이다.

기독교의 여성주의 윤리학자들도 종종 이러한 방식을 취한다. 맥파그(Sallie McFague)와 카힐(Lisa Sowle Cahill)은 서구의 전통과는 다른 측면들에 관심을 가진다.88) 이들은 도덕적 담론을 구성하는 역사적인 것과 연관지어 하나님의 주권이나 자연법 윤리와 같은 도덕적 주장들을 변형시킨다. 맥파그는 신학적 담론에서 은유와 모델의 역할을 설명한다. 카힐은 기독교 윤리의 다양한 원천들에 주목한다. 이들은 도덕적 의미가 발명된 것은 아니라고 한다. 다만 우리가 살고 있는 세상과 우리가

---

87) Gordon Kaufman, *Theology for a Nuclear Age* (Philadelphia: Westminster Press, 1985).

88) McFague, *Models of God;* Cahill, *Between the Sexes; and* Cahill, *Women and Sexuality.*

존중하고 함양해야할 것들에 대한 응답을 제안해 주어야 한다고 주장한다. 카힐과 맥파그에 따르면, 우리는 도덕적, 신학적 주장들을 검토하여 그것이 삶의 방향을 설정하는 능력을 가지고 있는지 검토해야 한다. 도덕에서 우리는 세상에 대한 도덕적인 어떤 것을 발견하거나 식별하는 것이 아니라 이 세상에서의 우리들의 삶의 방향을 설정하도록 노력하는 것이라고 주장한다.

도덕에 대한 논쟁은 그것이 발견되는 것이라는 주장으로부터 인간의 창조성에 의한 것이라는 주장에 이르기까지 광범위하다. 실재론자들은 도덕적 담론과 선한 사람들이 그들을 넘어서는 어떤 존재에 대한 신실함을 위해 노력한다고 주장한다. 반실재론자들은 인간의 존엄성을 가치창조의 능력에서 찾아낸다. 도덕적 담론은 우리의 정황에 대한 응답이다. 해석학자에게 있어서, 도덕이론에 대한 설명은 도덕적 지식을 감각과 개념으로 설명하는 데에서 발생하며 의식을 지나쳐 이해의 매개체로서의 언어에로 환원하는 데 문제가 있다. 그러나 도덕이론에 관한 이러한 논변은 자아와 타자에 대한 질문의 가치론적 차원을 보여준다. 그리고 이것은 힘이라는 것에 대한 관심을 제기해 주었다. 즉 의미를 창조하거나 의미를 발견하는 힘에 대한 관심이다. 근본적으로 실재론에 관한 질문은 인간이 힘으로 의미를 창조해 내는 것이 도덕적인 기초가 되는 것인가 혹은 인간의 힘을 좌절시키는 또 다른 실재가 존재하는가 하는 문제이다. 이것은 도덕의 근본적인 문제가 된다. 실재에 대해 응답하고 영향을 주며 창조해내는 능력, 즉 힘만이 가치의 구성요소인가? 그렇다면, 해석학에서는 이러한 기초적인 질문을 어떻게 다루는가? 이것은 우리의 탐구의 제3의 영역에로 이끌어간다. 놀랍게도 이것은 현대해석학이 하나님에 대해 어떤 설명을 제시하는가 하는 문제이다.

해석학과 기독교 윤리

기독교 윤리에 대한 해석학적 접근은 기독교 신앙이 도덕실재론을 수반한다는 사실을 인정해야만 한다. 도덕의 원천이신 하나님은 인간의 의견일치나 가치선호, 사회적 유용성, 또는 상상에로 환원될 수 없기 때문이다. 그리스도인의 의식은 아마도 모두 유신론적일 것이며 그 이해의 핵심에서 본다면, 하나님은 다른 그 어떤 타자에로 환원될 수 없다. 의식의 역동성 안에서 타자의 흔적과 신호들을 기대할 수 있다. 신학적으로 흔적과 기호들이 모든 실재의 하나님에 대한 증명을 보여준다고 할 수 있다. 이것은 우리에게 윤리학적 사유의 필요성을 더욱 강하게 보여준다. 즉 의식에서 자아와 타자의 구성을 심각하게 고려하면서도 모든 의미와 가치가 역사적, 언어적 이해를 통하여 매개된다는 사실을 보여주는 윤리학에 대한 관심이 필요하다. 이것을 가능케 하는 것이 있다면, 그것이 바로 해석학적 실재론이다.[89]

해석학적 실재론을 개괄하기 위해 우리는 기본적인 인간학적 문제에로 돌아가야 하며 그것을 언어와 의미에 관련시켜야 한다. 해석학의 기본주장을 기억해야 한다. 행위자가 된다는 것은 의미와 중요성의 영역에 살아간다는 것, 즉 가치의 영역에 살고 있다는 것을 의미한다. 인간은 도덕적 세계 즉 문화 안에 사는 존재이다. 언어는 특정한 목적을 전하기 위해 인간이 발명하고 배워가는 도구에 불과한 것이 아니다. 광범위한 의미에서 인간이 언어적 세계에 산다는 것은 표현능력을 지닌 존재라는 것을 의미하며 사물들을 드러내어 보여주는 능력을 가졌다는 것을 뜻한다. 드러나는 것은 결코 자아가 아니라 세계이다.[90] 윤

---

89) Schweiker, *Responsibility and Christian Ethics*.
90) Charles Taylor, *Human Agency and Language, Philosophical Papers* I (Cambridge: Cambridge University Press, 1985), p.238.

리학에서 언어에 대한 이러한 주장은 모든 도덕전통이 힘의 가치론을 표방하고 있음을 보여준다. 다른 말로 하자면, 인간의 삶을 힘이라고 하는 견지에서 평가한다는 것이며, 삶의 방향설정에 나타난 가능성과 가치라는 배경을 도덕적 차원에서 보여주는 것이다. 이렇게 본다면, 의미는 과연 표현능력에 의존하는 것인가? 만일 그렇다면, 의미에 관한 해석학 이론은 반실재론에 해당하고 그 결과 기독교 윤리와 양립할 수 없다는 것인가?

언어와 힘의 관계는 이러한 주장에 대한 비판적인 입장을 옹호해준다. 인간의 의미창조행위에 왜곡이 만연되어 있음을 볼 수 있어야 한다. 특별히 인간과 세계의 가치가 가치창조와 그 위계질서에서 힘을 사용하는 자에 의해 규정된다는 점에 유의할 필요가 있다. 사실, 현대 사상가들이 '타자'를 강조하는 이유는 가치를 힘으로 환원시키려는 관심에서 나왔다. '타자'는 주관성의 영역과 언어능력을 넘어서 '타자'가 과거인지, 인간의 얼굴과 그 도덕적 호소력인지, 또는 하나님인지는 가치의 현현을 통하여 알 수 있다. 이러한 현현이 지시해 주는 것은 타자에 대한 존중이 의미있는 인간세계를 위한 기초라는 점이다. 이것은 세계를 도덕적 관점에서 보게 한다. 이렇게 본다면, 힘에의 의지가 삶의 기초라 할 수는 없다. 이것은 해석학에서 의미에 대한 설명을 통해 강조해 온 것과 동일한 이유들로 타자를 환원하지 않으려는 것이며 반성적 철학의 전통을 이어가면서 그것을 개정해가려는 것이다. 만일 자아-타자의 관계가 의식의 구성요소라는 점이 밝혀지고 언어가 의도하는 바는 언어 그 자체가 아니라 의미적 기호라는 것이 밝혀질 수 있다면, '타자'는 우리의 의미창조능력으로 환원될 수 없을 것이다.

이러한 맥락에서 자아-타자에 대한 힘과 가치의 관계는 결국 포스트모던적 해석학에서 하나님에 대한 발언에로 환원되는 놀랄 만한 일이 나타난다. 하나님은 언어에 의미있게 현현된 타자성이라는 제한을 가하는 경우에 해당한다. 하나님이라는 실재는 해석학을 통하여 긍정된다. 이것은 엄밀한 유용성 아닌 다른 근거에 의한 가치평가를 승인하기 위한 것이라 하겠다. 다른 사상가들은 하나님의 존재하심이 타자의 비도구적 가치를 통해 드러난다고 말한다. 예를 들어 찰스 테일러는 가치감각이란 인간의 의미창조능력의 결여를 주장하는 것이 아니라 힘의 승리를 좌절시킬 무엇인가를 찾고 있는 것이라고 한다. 다시 말해 세계의 선함은 우리가 바라보는 것이나 선한 것이 무엇인지를 보여주는 일, 심지어 인간의 세계가 관심을 갖는 모든 영역에서 그렇게 하는 것에 전적으로 의존하는 것이 아니라고 한다.[91] 테일러는 하나님의 아가페의 유추를 통하여 선을 바라보는 것은 그 바라보는 것이 효과가 나타날 수 있도록 하는 행위라고 한다. 그렇지 않으면, 세계는 가치가 결여되어 우리가 원하는 대로 쓰고 버리는 단순한 대상이 되고 말 것이다. 리쾨르 등의 다른 철학자들은 자아란 '타자'와의 만남을 통하여 구성된다고 한다.[92] 의미있는 정체성, 자아를 의미있고 중요한 존재로 만들어가는 것은 자아가 아닌 것, 그리고 삶에 대한 우리들의 해석에로 환원될 수 없는 것과의 만남 안에서 발생한다. 리쾨르에게 있어서 기독교적으로 하나님을 여러 방식으로 호칭하는 것은 그 부정에 대항한 원천적인 긍정의 분석이라고 한다. 이러한 긍정은 훼손될 수 없는 타자에 대한 주장에서 드러난다. 신학적 담론은 인간의 힘에로 환원될 수 없는 가치의 드러남에 관한 언급의 언어적 수단을 제공한다.

포스트모던적 해석학은 고전적이고 반성적인 주장, 즉 자아의식은 타자에 의해 구성되며 심지어 신적 타자에 의해 구성된다는 것에 대해

---

91) Taylor, *Sources of the Self*, p.448.
92) Paul Ricoeur, *Soi-meme comme un autre* (Paris: Editions du Seuil, 1990), "Naming God" in *Union Seminary Quarterly Review* 34 (1979): pp.215-28.

어떤 답을 줄 수 있는가? 이것은 과연 기독교 윤리에서 해석학의 사용을 정당화해주는 것인가 혹은 단지 철학자의 하나님을 한 번 더 말해주는 것에 불과한 것인가? 신학자들이 인간의 가치를 정초하기 위하여 하나님께 대하여 인간중심적인 입장들을 강조하는 것을 과연 수용할 수 있을까? 필자는 이제까지 해석학이야말로 의미의 영역을 살필 수 있게 하며 기독교 사상에 나타난 깊은 영향들을 이해할 수 있는 길이라고 말해왔다. 그러나 제대로 말한다면, 신학자들은 철학적 입장을 원용하는 신학적 이유가 무엇인가에 대한 설명을 요청 받는다. 하나님에 대한 주장은 기독교 윤리에서 가장 먼저 나와야 할 부분이며 이는 신학적 성찰의 자유와 통전성을 보존하기 위한 것이다. 따라서 우리는 이렇게 질문하지 않으면 안된다. 해석학에서 종교적 용어들을 사용하는 데 따른 신학적 이유가 있는가?

앞서 2장에서 말한 것처럼 기독교 신앙은 하나님을 가치창조적 힘의 원천으로 생각하며 왕으로부터 하찮은 시녀에 이르기까지 모든 유한자들을 타자로서 존중하고 그 가치를 함양하는 힘이라고 생각한다. 전통적인 언어를 사용한다면, 기독교는 하나님의 힘과 지혜가 궁극적인 것이라고 주장한다. 궁극적 실재를 부르기 위한 기독교적 호칭이라 할 수 있는 하나님이라는 표현은 자아, 세계, 그리고 타자에 대한 이해에 있어서 궁극적인 힘과 유한자들의 가치함양을 연결지음으로써 힘에 대한 가치의 전환이 필요하다는 점을 제안해 준다. 이러한 가치전환은 의미있는 세계창조에 나타난 힘을 어떻게 평가할 것인지를 뒤집는 것이다.[93] 하나님이 세상을 창조하셨고 구원하시며 심판하시며 이

---

93) 가치전환이라는 용어는 니체의 저작에서 처음 사용되었다. 그는 도덕의 기초가 각 문화가 힘이라고 하는 실재에 대해 가져온 가치관에 있다고 보았다. 필자는 힘에의 의지를 부정하고 기독교적 관점에서의 가치전환에 관심을 가지고 있다. 다음의 책이 참고가 되기 바란다. Friendrich Nietzsche, *Beyoud Good and Evil: Prelude to a Philosophy of the Future*,

끌어 가심을 믿는다는 것은 결국 힘이란 가치론적으로 기초적인 것이지만 가치의 전체는 아니라는 주장과 같다. 종교적으로 도덕적으로 이 것이 의미하는 바는 신앙, 정체성 참조적 위탁인 실재의 궁극적 힘이 선이라는 사실이다. 하나님은 사랑이라고 하는 것이 바로 이러한 의미이다. 신앙은 모든 가치의 제왕의 자리에 있는 힘을 퇴위시킨다. 따라서 신학적 해석은 이러한 힘의 퇴위에 의해 설명된다. 이러한 관점에서 본다면, 실존의 의미는 윤리학의 비판적인 입장을 옹호한다. 모든 인간행위에 나타난 힘의 기만에 대한 관심을 약화시킨다. 그러나 동시에 신학자들이 하나님의 존재하심은 도덕적 의미의 기초라는 근본적인 주장을 해야만 한다는 것을 뜻한다. 이러한 주장이 과연 정당화될 수 있는가?

의미가 함축성의 세계를 보여주며 언어의 능력으로 환원되는 것이 아니라고 한다면, 힘의 가치전환, 즉 하나님에 대한 도덕적 언급은 의미의 이해와 세계이해에 기초가 된다. 언어의 세계 표현능력은 신학적으로 하나님의 흔적이요 기호이다. 언어는 인간이 이해가능한 담론행위를 통하여 의미있는 세계를 창조하는 한 하나님의 존재하심을 드러내 보여주는 것이지만, 세계의 의미는 인간의 힘의 행위에로 환원될 수 없다. 언어와 인간의 이해는 힘의 가치전환, 즉 하나님이라는 실재를 믿는 신앙의 신호이다. 언어가 인간의 자기이해를 도울 수 있는 한, 하나님에 대한 기독교적 담론의 근본적인 주장에 의해 형성된 의식은 보다 더 고차원의 원천에 의해 실재의 가치를 파악하게 한다. 기독교 의식은 인간이 그 의미와 실존에 있어서 자신 이외의 다른 힘이면서 우리의 의미창조적 행위 안에서 발견되는 그 무엇에 의해 이루어진다는 것을 뜻한다. 이러한 관점에서 전개되는 도덕은 그 자체를 넘어서

trans. R. J. Hollingdale(New York: Penguin Books, 1973)

비극이든 희극이든 간에 힘과 의미에 대한 인간의 투쟁을 보여주는 것이라고도 할 수 있다. 도덕적으로 문제가 되는 것은 의미추구에 있어서 힘을 사용하려는 사람들이 우리들 자신을 이 세계의 조건이자 힘의 가치전환을 수반하는 존재로 설명하게 된다는 것이다. 힘의 가치전환은 기독교의 하나님 개념 안에 있으며 도덕적 자기이해의 기초가 된다. 이러한 의미에서 우리는 도덕적 요구란 우리가 삶의 통전성을 존중하고 함양하기 위하여 행위하도록 우리의 힘을 가치전환시키는 것이라 하겠다.

여기에서 그 실천적 의미를 다 말할 수는 없다. 그리고 그것을 더 세부적으로 설명하기도 적절하지 않으며, 그렇게 할 필요도 없다. 필자의 목적은 해석학적 탐구가 왜 신학자들에게 중요한 것인지를 말하려는 것이었기 때문이다. 그 이유는 하나님이 도덕적 의미의 원천이시며 이러한 의미의 관점에서 우리가 긍정할 것과 부정할 것이 있다는 점을 알게 하는 것이기 때문이다. 현대해석학과 도덕이론은 인간의 힘을 가치의 원천의 관계에 대한 이해와 하나님께 대한 질문을 통하여 기독교 사상에 도움을 줄 수 있다. 신학자들은 힘과 가치의 문제를 설명할 때 필요한 논의들을 이미 진행해 왔다. 해석학적 기독교 윤리는 인간을 의미창조행위를 통해 자신을 드러내는 존재로 이해하며 모든 힘의 행위를 통하여 하나님을 만나야 한다는 점을 보여준다. 타자와의 만남은 힘을 어떻게 이해하고 어떻게 사용해야 하는지를 보여주는 가치전환을 가능하게 할 것이다.

결론

이 장의 목적은 기독교 윤리에 있어서 해석학적 접근의 가능성과 그 중요성을 보여주는 데 있다. 필자는 이해의 역동성, 즉 의미와 언어 사이의 역동성에 있어서 자아에 대한 지식과 가치의 원천으로서의 하나님 사이를 연계시키는 것에 깊은 관심을 가지고 있다. 이러한 형태의 사유를 상실하는 것은 모든 가치에 대한 힘의 승리를 선언하는 것이며 과학기술적 관점에서의 근거를 제시하는 것으로 이어질 것이다. 이것은 기독교의 기본적인 인간관과 하나님에 대한 사유에 참을 수 없는 침묵을 하고 있다는 점을 비난하는 것이다. 따라서 우리는 해석학을 우리의 도덕적 의미에 있어서 하나님에 대한 설명의 도구로 사용하고, 그렇게 함으로써 윤리학에 해석학을 사용하는 이유가 무엇인지를 알게 될 것이다. 그러나 여전히 또 다른 질문이 남는다. 이해와 윤리를 어떻게 연결시킬 것인가? 다음 장에서 이 문제가 다루어 질 것이다.

제5장 근본적 해석과 도덕적 책임

　책임에 관한 질문은 현대 도덕 및 정치적 논변의 가장 중요한 핵심이다.[94] 예를 들어 우리는 의료적인 돌봄과 치료중단을 결정한 사람에게 책임을 묻는다. 또는 공격과 억압에 항거하여 치명적인 힘을 사용한 것을 둘러싸고 책임논변을 벌일 수 있으며, 고통으로부터 구해내기 위하여 다른 나라의 일에 개입하는 것이 도덕적으로 타당한 것인지에 대해 책임을 논할 수 있다. 이 모든 절박한 도덕적, 정치적 문제들을 비롯한 여러 가지 일들이 책임의 개념에 달려있다. 책임은 도덕적 행위자에 의해 사용된 힘에 대한 도덕적 요구를 설명할 수 있는 수단을 제공한다. 특별히, 책임은 도덕적 행위자와 도덕규범을 연관짓는 도덕적 담론에서 선별적으로 사용되는 개념들 중의 하나이다. 테크놀러지를 통하여 인간의 힘이 근본적으로 증대되고 도덕적 다양성이 점증하고 있는 시대에 있어서 책임의 개념이 도덕적 성찰과 논변의 중심이 되어야 한다는 것은 놀랄 만한 일이 아니다.

---

94) 이 장의 내용은 다음 글을 수정, 보완한 것이다. *Journal of Religion* 73, No. 4 (1993): pp.613-37.

책임의 문제들

이 장에서는 기독교 윤리에 있어서 책임의 문제에 기여할 말한 설명들을 제안할 것이다. 특히 도덕적 이해 및 도덕의식을 도덕적 책임과 연관짓고자 한다. 이를 위해 찰스 테일러의 도덕적 자기이해의 개념과 한스 요나스의 테크놀러지 시대의 책임이라는 개념들을 다루게 될 것이다. 여기에서 기독교 윤리학에 기여할 만한 것들을 발견하는 동시에 그 각각의 이론에 대한 비판을 병행하게 될 것이다. 이러한 논의를 통하여 우리는 두 가지 사실을 발견할 수 있을 것이다. 보살핌과 존중을 어떻게 연결지을 것인지, 그리고 이른바 근본적 해석이라 할 수 있는 도덕의식을 통하여 그것을 어떻게 연계시킬 것인지를 다루고자 한다. 근본적 해석은 기본적으로 도덕의 기초가 된다. 왜냐하면 타자와 자아에 대한 보살핌과 존중을 연계시킴으로서 의식을 개혁하고 마음을 회심시킬 것이기 때문이다. 전통적인 용어를 사용한다면, 근본적 해석이란 양심에 대한 해석학적 설명이며, 도덕적 개선을 위한 노력이라 할 수 있다. 앞서 필자는 테일러와 요나스의 개념들을 사용하여 도덕에 대한 근본적 해석, 양심에 대한 검토 그리고 그 각각의 신학적 의미에 대해 설명했다. 그리고 도덕철학에서 이루어 놓은 것보다도 더 좋은 신학적 책임이론을 전개하려는 것이 필자의 관점이라 할 수 있다.

필자는 현대 윤리학에 만연된 세 가지 가정들에 대한 반론을 제시할 것이다. 이를 통해 필자의 다음 단계 논의를 위한 단초로 삼고자 한다. 첫째 가정은 도덕적 행위자의 본성에 대한 그 어떠한 실체적 설명을 할 수 없고 또한 그렇게 해서도 안된다는 것이다. 어떤 포스트모던 사상가들은 삶의 양식들이 너무도 다양하여 그러한 방식으로는 설명해낼 수 없기 때문이라고 한다. 또는 그러한 설명은 특정한 이론의 틀 안에서 자신들의 삶을 정확하게 이해할 수 없는 사람들을 도덕적 행위자의 범주에서 몰아내는 것이 될 수도 있기 때문이라고 한다. 예를 들어 하우어와스는 기독교적 삶의 방식을 철학적으로 재해석해서는 안된다고 주장한다. 그런가 하면, 하버마스(Jurgen Habermas)나 벤하비브(Seyla Benhabib) 등은 도덕적 행위자의 본성에 대한 설명에서 나타날 수 있는 독선적이고 배타적인 목적성에 대한 우려를 표명하기도 한다. 다시 말해, 도덕적 행위자에 대한 실체적 설명은 일치와 순응이라는 정책을 옹호하는 위험성이 있다는 것이다.

도덕적 행위자에 대한 설명은 현대 윤리학의 여러 부류로 나누어진다. 하버마스나 벤하비브 등은 이른바 자유주의적 포스트모더니즘에 속한다고 불리우며, 첫 번째 가정이 어떤 인간이 되어야 하는가보다는 행위의 도덕성을 강조하거나 정의의 적법한 절차적 규범에 초점을 맞추는 윤리이론에서 나오는 도덕적 정체성에 대한 논의로부터 떨어져 나온 것이라고 주장한다. 하우어와스나 맥킨타이어 등의 공동체주의자들은 이른바 전통주의적 포스트모더니즘에 속한다고 불리우며, 특정한 도덕공동체에서 발견되는 인간과 덕에 관한 신념을 설명하는 것으로 만족하려 한다. 이와 관련하여, 필자의 입장은 도덕적 행위자에게는 자기해석이라는 것이 공통적으로 내포되어 있으며, 이것은 인간의 책임성을 말하는 기초라 본다. 인간의 이해는 반성적이고 실천적이다. 비판가들의 주장에 대한 필자의 생각은 다음과 같다. 그것은 우리의 논의가 도덕적 정체성이라는 것과 연관지어 납득할 만한 방식을 얻어내기 위하여 무엇이 필요한지, 그리고 우리 자신과 타자를 존중하고 그 가치를 함양하기 위해 필요한 것은 무엇인지를 논하자는 것이다. 필자는 이러한 논의가 전통적인 도덕 행위자이론에 맞먹는 수준에서 열린 문제들이라고 생각한다. 필자는 인간이 자신의 삶을 성찰할 수 있는 존재이며 그렇게 하는 데에는 다양한 방법이 있고 이러한 성찰을 시도하는 것 자체가 인간을 인격체라고 말할 수 있는 기초가 된다고 본다. 이것은 책임윤리에 대한 도덕적 이해의 핵심이 될 것이다.

둘째로 필자는 책임의 규범들은 오로지 칭찬과 비난이라는 사회적 관행으로만 의미있는 것이라는 가정을 검토할 것이다. 이것을 반실재론적 관점에서 읽는다면, 책임에 관한 질문은 기존의 사회적 관행과 제도들 그 이상으로 깊이있는 논의가 진행될 수 없다. 사회적 관행들은 기존의 사회적, 제도적 삶의 요구 이상을 넘어서는 것들을 옹호할 수 없다. 결국, 삶과 행위에 대한 맥락으로서의 세계에 대한 해석방식에 대한 질문은 더 이상 윤리학의 질문일 수 없게 된다. 만일 첫째 가정이 행위자의 본성에 대한 탐구들을 따돌릴 수 있다면, 이 논의는 삶의 맥락을 어떻게 이해할 것인가 하는 문제와 연관된 도덕적 탐구의 범위를 설정하게 될 것이다.

이것은 책임의 사회적 특성을 부정하는 것이 아니다. 그러나 필자는 온당한 책임이론에서는 실재와 그 의의에 대한 주장을 할 수 있어야 한다고 본다. 책임이란 일종의 복합개념으로서 삶과 세계에 대한 의미부여에 사용된다. 이것은 형이상학적이고 존재론적인 요소들을 수반한다. 사실, 필자는 인간에 관한 신학적 설명을 통해 사회적 관행과 제도의 영역보다 더 넓은 의미의 도덕공동체의 구성원이라는 관점을 제시하고자 한다. 우리는 이러한 공동체를 다양한 관점에서 말할 수 있다. 예를 들어 목적의 왕국, 하나님의 나라, 존재의 공동체 등이 그것이다. 문제는 도덕공동체라는 것이 칭찬과 비난이 시행되는 지역공동체로부터 얼마나 초월적인 것인가 하는 데 있다. 이것은 책임을 비롯하여 자아와 타자에 대한 도덕적 가치가 친숙하고 근접한 관계로 구성된 공동체만으로 설명될 것이 아니라 하나님과의 관계에서 규정되어야 함을 말해준다.

셋째로, 도덕적 담론은 신학으로부터 자유롭다는 주장, 그리고 기독교 윤리는 극단적으로 특수한 공동체에 근거하는 독특한 도덕적 조망을 지닌 것이어서 도덕적 책임의 근거에 대한 논변에서 아무런 문제점도 없을 것이라는 주장에 대한 반론이다. 이러한 논의는 하나님에 대한 특수하고 잘못된 관념에서 비롯된 것으로서, 종교적 주장은 필수적으로 도덕적 담론과 갈등을 야기한다는 주장, 그리고 기독교 윤리와 도덕철학 사이의 주제 및 문제들 사이에는 연관성이 없다는 생각에서 나온다. 다행히도 테일러와 요나스는 이러한 편견들을 극복할 수 있었다. 필자가 그들을 고찰하려는 이유는 바로 여기에 있다. 나아가 그들의 책임윤리가 진정한 의미에서 온당한 것이 되기 위해서는 이전의 사상가들과는 완전히 다른 신학적 관점에서 출발해야만 할 것이다. 지금 필자의 요점은 진정으로 온당한 의미에서의 책임윤리를 전개하기 위해서는 기독교의 '하나님'에 대한 신앙고백을 제대로 이해하여야 한다는 것이다.

해석과 도덕적 통찰

가장 기초적인 수준에서 본다면, 책임이란 어떤 사람 또는 공동체가 그 행위 또는 그 의도를 설명할 수 있어야 하고 답을 줄 수 있어야 한다.[95] 책임논변은 인과적인 힘을 사용할 수 있는 행위자가 그의 힘을 현실적으로 사용하여 의도적으로 무엇인가를 위해 사용했다는 설명이

---

95) 책임에 대한 논의에서 인과적 책임과 도덕적 책임은 구분되어야 한다. 인과적 책임은 일을 발생시킨 사태나 사물에 대한 것이며, 도덕적 책임이란 누가 책임을 져야 하고 어떻게 응답할 것인가의 문제를 다룬다. 책임에 대해 말하는 것은 사건의 흐름 속에서 누가 책임자인지를 밝혀내는 일이라고도 할 수 있다. 필자의 관심은 도덕적 책임에 관한 것이며 인간을 행위자로 간주하는 이론에 속한다. 특별히 인간의 힘이 놀랍도록 팽창되는 이 시대에 힘의 본성을 어떻게 전환시켜 갈 것인지에 대한 논의라 할 수 있다.

가능한 경우에 해당한다.96) 이것이 의미하는 바는 다음과 같은 것들이다. 첫째, 도덕적 행위자 또는 공동체는 행위에 대한 도덕적 평가에 있어서 누군가에 대해 또는 무엇인가에 대해 응답해야 한다는 것이다. 도덕적 책임의 구성요소와 관련하여, 그 대답은 달라질 수 있다. 행위자는 공동체에 대해 책임적이어야 하며 그 공동체가 부과하는 칭찬과 비난에 대해서도 책임적이어야 한다.97) 칸트의 윤리학적 입장을 따른다면, 궁극적으로 행위자가 도덕적이기 위해서는 이른바 보편화 가능성(universalizability)의 검증과 같은 일정한 검증을 통과할 수 있어야 한다는 자기입법적 격률에 따라야 한다고 주장할 것이다. 그런가 하면, 신적인 당신과의 만남을 통해 그 당신에게 응답하는 것이 책임이라고 주장하는 철학자와 신학자들도 있다.98) 책임에 대한 이론들은 무엇에 대해 그리고 누구에 대해 책임적이어야 하는지 설명할 수 있어야 한다.

둘째로, 책임에 대한 해석은 행위자의 정체성이 책임을 주장함에 있어서 응답 또는 대답이라는 행위에 의해 결정된다는 것을 뜻한다. 누가 책임져야 하는가를 결정하기 위해서는 누가 또는 무엇이 인과적 힘

---

96) 협동적 행위자(corporate agents)에 대한 논의도 가능할 것이다. 이와 관련하여 개인과 집단의 책임에 관한 논의들은 다음 문헌들을 참고할 것. *Individual and Collective Responsibility*, ed. Peter A. French (Cambridge: Harvard University Press, 1972). William Schweiker, "Accounting for Ourselves: Accounting and the Discourse of Ethics", *Accounting, Organizations and Society* 18, Nos. 2/3 (1993).

97) Smiley, *Moral Responsibility and the Boundaries of Community, and French, Responsibility Matters*.

98) 예를 들어 부버(Martin Buber)는 『나와 너』에서, 바르트(Karl Barth)의 『교회교의학』에서 이러한 예를 볼 볼 수 있다. 다음 책들도 참고할 것. Emmanuel Levinas, *Totality and Infinity*, trans. Alphonso Lingus (Pittsburgh: Duquesne University, 1969), Michael Thenunissen, *The Other: Studies in the Social Ontology of Husserl, Heidegger, Sartre, and Buber*, trans. Christopher McCann (Cambridge: MIT Press, 1986).

을 사용했는지를 규정할 필요가 있다. 책임져야 할 당사자가 누구인가 하는 것은 의도와 그 결과에 대해 대답을 줄 수 있는 사람이 누구인가에 따라 결정될 것이다. 이것은 도덕적 책임에 대한 논변에서 누가 책임져야 할 장본인이며 어떤 집단이 책임을 져야 하는지를 가리는 것이 가장 중요한 요건임을 보여준다. 이따금 우리가 책임을 회피하려는 것은 아마도 개인의 정체성 또는 집단의 정체성이 의심받게 될 것을 두려워하기 때문이라고 생각된다. 책임의 문제는 바로 이런 것이다. 다시 말해 책임윤리는 어떤 일에 대해 누가 책임자라고 지목하는 경우에, 행위자의 정체성과 그의 행위에 대한 평가 사이의 연관관계를 제대로 설명할 수 있어야만 한다.

여기에서 필자는 특히 도덕적 행위자의 본성에 대한 이론과 도덕규범에 관한 이론 사이에 연관이 있다는 점에 주목하고자 한다. 책임윤리는 우리에게 중요한 통찰을 전해준다. 삶에 나타나는 복합성이란 본래적 가치를 지닌 것이며 그것이야말로 도덕적 자기이해와 세계해석에 결정적인 것이라는 통찰이 그것이다. 이러한 통찰은 우리가 응답해야 할 자아와 타자를 도구적인 관점에서 대하지 말아야 한다는 점을 깨닫게 한다. 이처럼 우리가 응답해야 할 가치 또는 선에 대한 통찰은 도덕적 정체성을 구성하는 요소인 이른바 '해석'이라는 행위를 통해 이루어진다. 그러므로 도덕적 존재로서의 인간의 정체성은 자기이해의 기초로서의 해석이라는 행위를 통해 나타난 가치에 대한 통찰을 긍정하는가 또는 부정하는가에 따라 결정된다. 리쾨르적 관점에서 본다면, 이것은 세계와 타자의 도덕적 가치에 대한 통찰이라고 할 수 있겠다.[99] 이것은 인간을 도덕적 행위자로 규정하는 해석이라는 비판행위를 수단으로 사용하여 도달하게 되는 실존의 가치에 대한 통찰이다. 이러

---

99) Ricoeur의 *Interpretation Theory*를 참고할 것. 그리고 그의 책, *Hermeneutics and the Human Sciences*, ed and trans. John B. Thompson도 참고할 것.

한 의미에서, 필자는 해석학적 실재론을 더욱 깊이 전개할 필요성을 느끼게 된다. 필자가 원하는 것은 해석적 행위에 의하여 자아, 타자 그리고 세계의 도덕적 가치에 대한 새로운 인식이다. 특히 근본적 해석(radical interpretation)이란 해석학적 실재론을 실천적 영역에 적용한 것이라 할 수 있다. 이를 통해 우리는 여타의 모든 도덕에서 찾아 볼 수 있는 선의 가치를 어떻게 발견하고 그것을 어떻게 변화시킬 수 있는지를 알게 된다. 의심의 여지도 없이, 기독교에서는 이러한 변화가 하나님의 은혜와 그로 인한 자유에서 비롯된 것이라 하겠다.

따라서 필자가 보기에는 자기이해의 독특한 형태와 삶의 가치에 대한 통찰은 상호의존적이다. 선에 대한 사유와 선에 대한 평가는 복합적인 방식으로 연결되어 있어서 우리의 도덕적 이해를 형성한다. 보다 정확하게 말하자면, 도덕적 통찰과 자기이해는 근본적 해석행위에서 일어나는 것이라 할 수 있다. 근본적 해석은 일종의 자기비판적 행위로서, 그것을 통해 행위자와 공동체가 삶의 중요요소들로 상정하는 가치와 규범이 이념과 상징 및 사건으로 변형되어 나타난다. 이것들은 삶을 도덕적으로 정초하는 것이 무엇인지를 통찰할 수 있게 하는 것이라는 점에서 행위지도적인 것이라고 할 수 있겠다.

이점에서 도덕적 통찰은 특수한 도덕적 능력이나 독특한 도덕적 직관에 의존하는 것이 아니다. 그것은 특정한 해석, 즉 자기비판적 성찰에 의존한다. 우리는 존재하는 그 무엇을 단순히 지각하는 것과 동일한 방식으로 실존의 선을 인식하지 않는다. 해석 행위는 실존의 가치에 대한 상징과 이념에 의해 매개되는 도덕적 통찰 안에 내포되어 있다. 이러한 도덕적 통찰이 그 대상으로 삼는 것은 단순한 사실성의 영역이 아니다. 인간의 실존을 대상으로 삼는다. 과연 인간의 실존을 가치있게 하는 것은 무엇인지를 이해하려는 것이다.[100]

여기에서 우리는 앞으로 3부에서 다루게 될 정말 중요한 질문에 직면하게 된다. 이것을 다시 도덕적 이해라는 것으로 만들기 위해 필자는 인간의 실존에 부여된 가치들을 해석하기 위한 이념 또는 상징들을 사용하게 될 것이다. 우리들의 시대에 걸맞는 책임감에 대해 말하려 한다면, 근본적 해석행위가 자기이해의 기초가 되어야 한다는 점을 입증해야 하고, 나아가 그것은 하나님에 대한 신앙고백들을 존중하는 것이어야 한다는 것이 필자의 생각이다. 이것은 물론 하나님에 대한 인식의 내용에 달려있다. 이 책에서 우리는 하나님을 인식함에 있어서 힘의 변형의 상징으로 이해하고자 한다. 즉 하나님은 궁극적인 힘이시지만, 하찮은 존재들까지도 존중하시는 분으로 보려는 것이다. 이러한 힘의 변형은 기독교 전통에서 하나님의 이름에 대한 해석의 도덕적이고 종교적인 의미를 부여했다. 우리는 하나님에 대한 이해로부터 우리 자신과 세계에 대한 해석을 통하여 타자에게 응답하게 되는 것이다. 필자가 보기에 신학적으로 보다 전문적인 기독론과 성령론적 언명들로 이러한 하나님의 정체성의 근본적이고 기본적인 주장을 보다 세분화하여 보여주는 것이 아닐까 싶다.

필자의 이러한 주장은 기독교사상에 나타난 두 가지 근본적인 요소들을 윤리학이라는 관점에서 회복시켜 내려는 것이라 할 수 있다. 그 하나는 인간의 자기이해가 오직 하나님과의 관계를 통해서만 올바로 형성될 수 있다는 것이다. 인간에 대한 지식은 결국 하나님에 대한 지

---

100) 필자가 말하는 직관은 허치슨(Hutcheson)과 샤프츠베리(Shaftesbury)가 말한 것과는 다르다. 최근의 직관론에 대한 자료는 다음 문헌을 통해 볼 수 있다. David Little, "The Nature and Basis of Human Rights", "in *Prospects for a Common Morality*, ed. Outka and Reeder, pp.73-92. 나아가, 필자의 근본적 해석의 개념이 타당하다면, 존재한다는 것은 선하다하는 표현은 도덕적 용어라고 할 수 있다. 여기에서 선이란 존재와 연관된 것이지만, 자연주의적 오류(naturalistic fallacy)와는 다른 것이라 하겠다.

식에 연계되어 있다. 하나님과의 관계를 통하여 인간을 인식하려는 것은 인간의 자기이해를 형성시켜 주며, 행위자로서의 인간의 힘을 유한한 생명체에 대한 존중과 그 복지를 위해 사용하도록 하는 규범과 연관지어준다. 둘째 요소는 첫째 것과 도덕적으로 상호연관되어 있다. 신학자들은 하나님에 대한 사랑과 이웃 사랑이 가장 기본적인 도덕규율이라고 말해 왔으며 아우구스티누스에 따르면, 이러한 규율은 결국 진정한 자아 사랑을 수반한다.101) 이 두 가지를 동시에 고려해 본다면, 자아와 타자의 가치와 존엄성은 삶에 대한 해석을 통하여 이루어진다. 우리는 하나님 안에서 자아와 이웃을 사랑해야 한다. 그리고 자아와 세계에 대한 이러한 이해는 인간으로 하여금 생명의 통전성과 그 가치를 존중하고 함양하는 도덕적 존재가 되도록 이끌어 준다.

그러므로 실재로서의 하나님에 대한 이해를 통해 도덕적 정체성이 형성되고, 이러한 해석을 통하여 책임에 대한 가장 중요한 원칙을 발견하게 된다. 이러한 해석이라는 행위는 도덕행위자의 본성에 대한 이론과 도덕규범에 대한 이론을 연계시킨다. 따라서 이제 자기비판과 도덕적 정체성 사이의 연계성에 대해 살펴보아야 하겠다.

비판과 도덕적 정체성

찰스 테일러는 말하기를, 인간을 도덕적 존재로 이해하도록 이끄는 것은 삶에 대한 근본적 평가를 할 수 있다는 사실에서 비롯된다고 하였다.102) 우리의 모든 선택들은 전혀 독립된 행위라고 할 수 없으며 단

---

101) St. Augustine, *The City of God* XIX, 14 (New York: Doubleday Image Books, 1958).

102) Taylor, *Sources of the Self*, "Responsibility for Self", in *Free Will*, ed. Gary Watson (Oxford: Oxford University Press, 1982), pp.111-26. Schweiker의 논문, "The Good and Moral Identity"도 참고할 것.

지 의지에 의해 결정된 것이라고 할 수도 없다. 모든 선택은 우리가 추구하는 가치에 의해 영향을 받으며, 우리들의 정체성을 형성하고 있는 문화적 역사적 원천들에 의존한다. 선택의 방향을 결정짓는 가치들이 없다면 선택이라는 것도 없다. 인간은 보살핌을 주는 존재이다. 인간은 가치를 평가하는 존재이다. 틸리히가 말한 것처럼, 모든 사람은 관심의 존재이며, 궁극적 관심을 가져야 할 존재이다.103) 이것은 인격에 대한 단순한 심리학적 성찰의 결과가 아니다. 실존에 대한 존재론적 주장이다. 인간은 실존에 대해 관심을 갖는 존재이며 일정한 가치체계에 따라 그 삶의 방향을 설정하는 존재이다. 테일러가 말한 것처럼, 우리는 선의 개념에 따라 삶의 방향을 결정하는 도덕적 존재들이다. 우리가 삶을 제대로 이해하려 한다면, 우리의 정체성을 형성하는 다양하면서도 때로는 상충하는 가치들이 어떤 것인지 파악해야 한다. 만일 우리의 선택을 이끌어 줄 가치가 없다면, 기껏해야 충동적인 삶을 살거나 최악의 경우 혼동의 상태에 사는 것이나 다름없다.104) 우리는 근본적 선택의 존재가 아니다. 테일러가 말한 것처럼, 인간은 자기해석적 존재이다. 윤리학적으로 본다면, 이것은 근본적으로 무엇이 가치있는 것인지를 생각하게 한다.

테일러에게 있어서, 삶을 형성하는 특별한 가치들은 서양의 도덕전통에 나타나 있다. 헤겔의 추종자로서, 테일러는 도덕이란 전통 또는 공동체의 관습들로부터 도출된 것이라고 생각한다. 이것은 그 가치들이 스스로 우리에게 부여된다는 의미가 아니다. 우리는 정체성을 지닌

---

103) 예를 들어 Paul Tillich, *Systematic Theology*, vol.1. (Chicago: University of Chicago Press, 1951)를 참고할 것.

104) 프랭크퍼트(Harry Frankfurt)는 이러한 인격체를 방종체(wantons)라고 부른다. Harry Frankfurt, "Freedom of the Will and the Concept of a Person", in *The Importance of What We Care About: Philosophical Essays* (Cambridge: Cambridge University Press, 1988), p.16.

존재이며 삶과 행위의 방향을 설정하는 가치들을 평가할 수 있는 존재들이다. 그 과정에서 우리 자신을 가장 근본적인 의심의 대상이 되게 한다. 전통 또는 공동체는 우리가 배려하여 할 것이 무엇인지를 결정해 주기 때문에, 가치의 방향설정과 근본적 평가작업은 우리 스스로를 자기비판의 대상이 되게 하는 것이라 하겠다. 따라서 우리는 우리의 삶의 방향을 설정하는 가치들을 추종하는 한 책임적 존재이다. 이러한 자기비판은 프랭크퍼트(Harry Frankfurt)가 말한, 2차적 욕구와 의욕, 즉 우리의 정체성을 규정하는 욕구와 의욕을 형성시켜 준다.

근본적 평가, 2차적 욕구와 의욕이라는 개념 등은 윤리학에서 매우 중요한 개념들이다. 이 개념들은 우리에게 인간이란 도덕적 상황에 직면하게 될 때 항상 전통이라는 가치를 구비하고 있는 존재임을 보여준다. 그러나 이 개념들은 또한 자아가 모든 가치의 근원이라고 하거나 실존주의자들처럼 자아의 도덕적 정체성이 선택에 의해 규정된다는 주장을 하지 않으면서도 어떻게 스스로에게 책임적인 존재가 될 수 있는지를 설명해주는 개념적 도구가 된다. 테일러의 이론은 도덕적 자율성에 대한 새로운 이해를 제공한다. 자율적이라는 것은 근본적 선택에 의해 행위한다는 것이 아니다. 삶의 방향설정에 영향을 주는 가치들을 비판적으로 수용하는 것을 말한다. 우리는 원하는 것들에 대한 비판적 평가와 2차적 욕구 및 의욕을 형성할 수 있는 자유로운 존재이다. 이러한 자유는 삶의 사회적, 역사적 특성 및 우리 삶을 묘사하기 위해 사용하는 언어적 수단들과도 양립할 수 있다.

책임이란 우리가 무엇에 관심을 가지고 있는지를 비판적으로 보게 함으로써 삶을 성찰하고 교정하며 변화시키는 능력과 연계되어 있다. 이러한 의미에서 테일러가 말하는 근본적 평가는 자기교정의 수단이다. 그러나 평가기준에 대해 질문하면, 테일러의 기획은 문제투성이가 된다. 그는 이렇게 말한다.

> 우리가 중요하다고 주장하는 것을 규정하려는 시도, 이를테면 그것을 기술하는 것은 무엇인가에 대한 충실성을 요청한다. 그러나 충실의 대상은 고정된 자명성을 지닌 독립적인 것이 아니라, 결정적 중요성을 지닌 것이 무엇인지 세분화되지 않은 상태에 있는 것이라 하겠다.[105]

인간이 무엇에 관심을 가지는가 하는 점이 중요하다는 테일러의 주장은 도덕적 자율성에 대한 이해에서 매우 중요하다. 가령 특정한 삶의 방식을 채택하도록 강요받았을 경우, 그를 책임적 존재라고 하기는 어렵다. 필자가 보기에 테일러가 도덕적 기술은 무엇인가에 대해 충실하려는 것이라고 말한 것은 옳다. 이러한 의미에서, 도덕적 기술은 일종의 실재론적 의도를 지닌다. 그러나 그의 이론에는 문제가 있다. 테일러는 중요한 것에 대한 가장 심오한 비구성적 감각이라는 것을 인정하고 있는데, 도덕적 평가가 이러한 요소에 충실한 것이라는 점을 어떻게 말할 수 있는가?[106]

필자가 보기에 인간에게 중요한 것에 대한 테일러의 주장이 문제가 되는 것은 아니다. 문제는 우리가 세분화되지 않은 채 남아있는 중요한 것을 감지할 수 있다고 하면, 인간의 관심대상이 되는 것이 어떻게 도덕적 기술의 기준이 될 수 있는가 하는 점이다. 테일러는 이 문제에 대해 도덕적 가치형성의 역사를 설명하는 것으로 대답할 수 있다고 생각하였다. 그러나 왜 우리에게 역사가 문제인가? 과연 역사가 도덕적 삶의 근거인가? 테일러는 도덕적 가치의 역사적 근거를 제시하려고 하였다. 놀랍게도 그는 이것을 신학적 논의를 통하여 설명하고자 하였다.

---

105) Taylor, *Responsibility for Self*, p.123.
106) 같은 책, p.125.

그러나 여기에서 필자는 평가의 개념을 테일러가 말하는 주장, 즉 인간은 자기해석적 존재라는 주장과 연결시켜야 한다고 본다. 이를 위해 근본적 해석의 개념을 좀더 자세히 설명할 필요가 있다.

평가에서 해석으로

테일러의 이론은 필자가 주장하는 근본적 해석과 유사성을 지니고 있다. 필자가 보기에 책임윤리는 평가와 해석 두 가지 모두를 주장해야만 한다. 이 둘 사이의 기능적인 차이가 있다면, 해석이 자아와 타자의 이해의 관계성을 분명하게 보여주는 반면에, 테일러적 관점에서 보는 평가는 중요한 것에 대한 설명되지 않음을 보여준다는 것이다. 이러한 구분은 책임윤리를 위해 중요하다. 도덕적 기술은 그것이 단지 중요한 것에 대한 미분화된 감각에 충실할 뿐아니라 우리가 응답해야 할 세계와 타자에 대해서도 충실한 것이기 때문이다. 인간을 도덕적 행위자로 규정하는 형태의 자기비판은 테일러나 프랑크퍼트 등이 주장하듯 개인적인 욕구나 의욕에 관한 평가자 개인의 영역에 머무는 것이 아니다. 도덕적 자기비판은 우리들로 하여금 무엇인가를 대답하도록 요구하며 그렇게 할 수 있는 힘을 제공한다. 나아가 도덕적 정체성은 테일러가 주장하는 것처럼 관심(care)에 의해서만 구성되는 것이 아니라 존중(respect)에 의해서도 구성된다. 존중이란 자아와 그 기획이 아닌 타자에 대한 인정과 보상을 의미한다. 이것은 타자와 실재에 스스로를 각인시키려는 자아의 모든 시도를 포기하는 것이라 할 수 있다. 존중이란 우리가 항상 타자와 세계와 더불어 상호교류한다는 사실을 알려준다. 왜냐하면, 존중이란 무엇인가를 본래적 가치가 있는 것으로 인정하는 것에 의존하기 때문이다.[107] 존중감은 인간의 자기인식의 중

---

107) Alan Donagan, *The Theory of Morality* (Chicago: University of ChicagoPress,

심에서 타자의 환원불가적 가치를 인정하는 것이다. 따라서 도덕적 기술은 존중할 가치가 있는 것과 우리에게 결정적으로 중요한 것, 우리의 관심거리가 되는 것에 충실해야 할 것이다.

이제 근본적 해석의 기초라 할 수 있는 관심과 존중의 차이를 생각해보자. 테일러가 말하는 평가개념은 물리적인 운동이 인간의 행위로 인식되기 위해 필요한 조건들에 속한다. 운동이 행위가 되기 위해서는 일정한 목적에 대한 지향이 있어야 한다. 즉 선을 산출하기 위한 것이어야 한다. 그렇지 않다면, 그것은 단지 동작일 뿐이다. 다시 말해, 행위에는 선택이 수반되고 선택은 언제나 목적과 연관된다. 예를 들어 상점으로 가는 것은 마음에서 우러나온 행위가 아니다. 왜냐하면 상점에 가는 것 이외 다른 행동을 할 수 있었기 때문이다. 이렇게 본다면, 우리가 가치평가를 내리고 관심을 가지게 되는 역동성에 대한 평가는 인간의 행위로 구별될 수 있는 조건들을 설명해 주는 것이다. 만일 우리가 스스로 책임적이라면, 우리는 존재에 대한 가치평가로서의 삶의 방향을 설정하는 목적과 선에 대해 비판적으로 평가할 수 있어야 한다. 이것이 테일러의 근본적 평가이론의 요점이다.

그러나 인간의 행위가 되기 위한 조건을 검토하는 것은 진정한 자기이해를 위해서는 중요하겠지만, 도덕적 행위와 정체성에 대한 설명으로는 충분하지 못하다. 존중을 도덕행위의 기초로 삼아야 하는 이유가 여기에 있다. 테일러가 말한 것처럼 존중에 대한 관심을 가져야 하는 이유를 설명할 필요는 없다. 존중이란 기본적인 도덕적 감수성이기 때문이다. 존중은 타자의 비도구적 가치를 인정하는 것이며 그렇게 간주하는 것이다. 도덕적 행위가 되기 위해서는 우리의 관심대상이 되는 것을 평가를 할 수 있어야 하며, 행위의 목적 그 자체는 본래적 가치를

1977) p.242.

가진 것이어야 한다는 점 등 다양한 조건들이 요구된다. 도덕적 행위자 이론은 행위의 조건에 대한 분석을 포함해야 하며, 관심의 대상이 되는 것과 존중의 대상이 되는 것을 도덕행위의 기본적 요소로 상정할 수 있어야 한다. 테일러적 관점에서 본다면, 이러한 조건들은 서로 연관되어 있다. 우리가 관심의 대상이 되는 것에서 시작하지는 않지만 존중의 이론으로 발전된다. 관심과 존중은 모두 기본적인 체험들이다. 인간은 항상 가치평가의 대상이 되는 것을 목적으로 삼아 행위하며 타자와의 상호관계를 맺는 존재이기 때문이다.[108] 사실, 이것은 실존의 도덕적 긴장에 있어서 기초라 할 수 있다. 그것은 관심의 대상이 되는 것과 인정 및 관계설정의 주장 사이의 긴장이다. 말하자면, 인간의 삶은 복합적인 동기와 그 동기들 사이의 갈등에 의해 움직여진다.

그러므로 인간의 행위가 책임적인 것이 되기 위해서는 우리 삶의 방향을 설정해주는 가치들에 대한 어느 정도 수준의 비판적 평가가 필요하다. 이러한 의미에서 본다면, 행위는 목적론적이다. 윌리암 제임스가 말한 것처럼, 인격이란 목적을 위해 싸우는 존재이다. 그러나 도덕적 행위의 기초가 되는 또 다른 목적론도 고려되어야 한다. 이것은 테일러의 주장에서 나타나는 것처럼 행위를 그 목적한 바의 선을 실현했는가 하는 결과론적 관점을 말하는 것이 아니다. 모든 행위에는 존중해야 할 것으로서, 그 자체로 목적인 그 무엇이 존재한다.[109] 여기에서 목적이라는 것은 성취되고 추구해야 하며 실현시켜야 할 그 무엇이라기보다는 현실적으로 실존하는 존재 또는 사태들과 관련이 있다. 그것

---

108) 이에 대해 Paul Ricoeur의 *Oneself as Another*를 참고하라. 그리고 다음 책도 참고할 것. e William Schweiker, "Imagination, Violence and Hope: A Theological Response to Ricoeur's Moral Philosophy", in *Meanings in Texts and Actions*, pp.205-25.

109) 이에 대해서는 Donagan, *The Theory of Morality*, pp.57-66.이 큰 도움이 될 것이다

이 목적인 까닭은 실존 또는 사태가 다른 그 어떤 것을 성취하는 수단이 아니라 그 자체로 가치있는 것이기 때문이다. 인격을 목적이라 하는 것은 이러한 의미에서이다. 하나님과 그 나라 역시 마찬가지이다. 그런데, 이 두 가지 목적들이 우리 삶에서 상충할 수 있다는 데 딜레마가 있다. 우리 자신에 대한 관심은 타자에 대한 인정과 존중에 상충된다. 그렇다면, 우리는 도덕의 또 다른 이유를 모색해야 한다. 결국 왜 자기이익을 따라 살지 말아야 하는가? 이 질문에 답하기 위하여 우리는 관심과 존중의 대상이 되는 것과 관련하여 도덕적 자기비판을 시행해야 한다. 이러한 상충이 경험되는 한, 자기비판은 도덕적 정체성의 기초가 된다.

도덕적 자기비판은 테일러가 말한 자기성찰에 반대되는 것으로서, 관심과 존중의 대상이 되는 것을 인정함으로써 우리의 관심을 변경시키는 것을 목표로 삼는다. 그렇게 함으로써 일정한 수준의 삶의 도덕적 통전성에 이르게 된다. 이것은 관심의 대상이 되는 것들에 대한 독특한 인간적 행위의 특성들을 타자와 우리 자신에 대한 존중으로 바꾸도록 한다. 다시 말해, 도덕적으로 선한 인격과 공동체는 존중되어야 할 것에 대해 관심을 가져야 한다. 기독교에서는 이것을 사랑이라고 할 수 있다. 아가페는 존재하는 것의 유용성이나 장점에 관계없이 인정하는 근본적이고 과분한 증여이다. 다시 말해, 그리스도인을 위한 사랑은 은혜로 나타난다. 그것은 하나님께서 인간의 공로를 묻지 않고 자유롭게 값없이 주시며 인간을 의롭다고 하시는 은혜의 표현이다. 따라서 우리가 기독교 윤리에서 도덕적 자기비판에 대해 말하려 한다면, 그리고 이제 또한 관심의 대상이 되는 것을 볼 때, 그것은 마땅히 존중해야 할 것에 대한 인식을 바탕으로 인간의 행위가 뚜렷하게 변화되기 위한 기초조건이라고 설명하는 것이라 하겠다.

근본적 해석이란 관심의 대상이 되는 것과 행위의 요구를 타자에 대한 존중의 요구를 따라 재해석하는 것을 목적으로 하는 반성적이고 비판적인 탐구이다. 이러한 탐구가 근본적이게 되는 것은 다음과 같은 경우이다. 그것이 우리의 근원과 영향력에 있어서 존중해야 할 것에 대해 가장 깊은 관심을 가지고 우리 자신과 세계에 대한 이해에 사용되는 개념적 틀과 도덕적 기술에 해당하는 경우이다. 그러므로 근본적 해석은 도덕적 정체성이 이해를 통하여 어떻게 형성되고 변형되는지를 설명해 준다. 도덕행위를 부추기는 것이 평가가 아니라 이해와 감수성이라는 것을 뜻한다. 우리는 타자의 도덕적 가치를 이익의 관점에서 평가하지 않는다. 타자에 대한 인정과 존중이라는 관점에서 도덕이 이해되며 관심의 대상을 설명하게 된다. 근본적 해석이란 도덕적 자기비판행위로서, 이것은 우리의 관심의 대상이 되는 것을 위한 행위가 도덕의 기초이자 마땅히 존중되어야 할 선에 대한 인정을 통하여 변형된다.

근본적 해석을 책임윤리의 핵심개념으로 상정하는 데에는 특별한 신학적 이유가 있다. 성서에 따르면, 히브리 예언자들은 바로 이러한 해석이라는 방식을 사용하고 있다. 그들은 하나님의 언약과 신실하심에 대한 회개와 회상이라는 해석을 통하여 이스라엘 민족에게 말씀을 전한다. 이스라엘이 이스라엘 되는 것은 언약백성이라는 독특성에서 찾을 수 있다. 예수의 가르침 역시 동일한 방식으로 독자들을 하나님의 나라에 직면하게 한다. 예수께서, '너희는 나를 누구라 하느냐'하고 물으셨을 때, 예수는 그 제자들에게 바로 이러한 일이 생겨나도록 하신 것이다. 자아는 예수의 질문에 대한 대답의 필요성에 응답함으로써 근본적으로 해석된다. 그 대답은 하나의 기술이 될 것이다. 그리고 예수를 가능태로서가 아니라 현실태로서 누구이신지를 말해주는 것이 될 것이다. 이러한 기술에는 처방이 수반된다. 예수가 그리스도시라면, 인간은 그를 따라야만 한다.110) 또한 근본적 해석은 성서에서 하나님의 칭호를 어떻게 이해해야 할 것인지를 보여준다. 하나님은 그 스스로 이름을 붙이셨고 그렇게 하심으로써 공동체와 신실함의 규범, 정의와 자비의 규범을 제정하신다. 근본적 해석의 윤리학적 의의는 무엇인가?

이에 대해 테일러는 제안적이면서도 더 이상은 발전되지 않는 제안을 주었다. 그는 우리의 현재의 도덕적 전통에서 정의와 선의의 기본적인 도덕규범을 옹호하고 유지하기 위해서는 성서에서 그 원천을 찾아야 한다고 주장한다. 그는 창세기 1장에서 '하나님이 보시기에 좋았더라' 했던 표현을 그 근거로 제시한다. 말하자면, 도덕규범이라는 것이 우리의 현실적인 행위들을 부추기고 지도하는 것이라면, 인간은 타자의 가치를 비도구적인 목적으로서의 가치를 지닌 것으로 인식해야 한다는 것이다. 더구나 우리 스스로 책임적이기 위해서는 존재하는 것들의 선과 그 존재들이 우리에게 부과하는 요구들을 인정해야만 한다. 따라서 테일러는 '여전히 우리에게 신빙성있게 선하다고 보는 방법이 남아 있는가? 그리고 그것은 정의와 선의의 기준들을 지탱할 만큼 충분히 유지될 수 있는 것인가?' 라고 묻는다.111) 존중받아야 할 목적에 대한 인정과 간주는 다른 도덕적 신념과 규범들의 기초가 되어야 한다. 왜냐하면, 그것이 도덕에 추진력을 더해주며 관심의 대상과 마찬가지로 타자의 복지와 권리에 대해서도 고려할 수 있어야 한다는 요구를 충족시켜주는 것이기 때문이다. 이것이 바로 근본적 해석이 의도하는 것이라 하겠다.

---

110) Robert P. Scharlemann, *The Reason of Following: Christology and the Ecstatic* I (Chicago: University of Chicago Press, 1991).

111) Taylor, *Sources of the Self*, p.517.

지금 우리는 변증법적 관점에서 본다면, 도덕적 행위자의 본성에 대한 분석과 도덕규범의 이론에 대한 설명의 전환점에 있다. 이것을 우리는 신학적 관점에서 수행하게 될 것이다. 이제 우리는 인간의 힘이 폭발적으로 증대되고 있는 우리 시대에 있어서 규범의 문제를 생각하게 될 것이다. 현대 유태철학자 요나스(Hans Jonas)의 최근 저작들을 살펴봄으로써, 우리는 신학적 질문이 책임윤리에도 수반된다는 것을 알게 될 것이다.

힘과 도덕적 책임

한스 요나스에게 있어서 현대 테크놀러지는 역사상 존재론적 사건이며 행위의 본성을 변경시켰다. 테크놀러지는 인간의 힘을 확장시켜 미래가 우리의 책임에 달려 있도록 만들었다. 이러한 발전은 인간의 행위를 그 실재에 있어서 인과적 세계에 있어서 또 하나의 사실로 환원시키고 말았다. 현대적 자기이해는 인간이 하나님의 형상으로 창조된 존재라는 사실을 부정한다. 요나스는 이렇게 말한다.

> 현대적 상황의 역설은 인간의 지위에 대한 이러한 환원이며, 인간의 형이상학적 자존심을 극단적으로 무력화시킨 것으로서 신과 유사한 특권과 능력의 단계에로 증진되고 있다. 그 강조점은 힘에 있다.[112]

테크놀러지는 하나님의 형상으로서의 인간의 본래적 가치를 힘을 사용하는 존재로 전환시켜 놓았다. 현대세계에서 종교적 담론은 더 이상 자기정체성에 기여하지 않기 때문에 규범이나 가치 그리고 제도에 반영되지 않는다는 주장은 그리 놀랄 만한 일이 아니다.[113] 종교적 신

---

[112] Hans Jonas, "Contemporary Problems in Ethics from a Jewish Perspective", in *Philosophical Essays*, p.172.

앙의 상실과 나란히 행위의 본성과 삶의 중심이 힘의 사용으로 변경된 점 등은 지구상의 삶을 위한 인간의 책임을 무제한적인 것으로 만들었다. 요나스가 보기에, 책임에 관한 질문이 윤리학의 중심이 되고 있다. 더 나아가 우리의 세계를 어떻게 이해할 것인가 하는 것이 책임윤리의 핵심이 되고 있다.

요나스는 테일러가 자기이해를 주장하는 것과는 달리 자유에 대한 주장과 함께 테크놀러지 시대를 위한 책임윤리를 전개한다. 도덕적 행위의 조건으로서의 자유는 죽음에 대항하여 삶의 긍정이라고 하는 것이 가장 바람직한 이해의 방식이다. 이러한 이유로 요나스는 모든 존재가 자기를 선언하는 것은 무화되는 것에 대항하여 스스로를 확언하는 것이라고 한다.114) 자유는 생태계에서도 나타난다. 인간은 그들의 환경으로부터 스스로를 차별화하며 어떻게 행위할 것인가를 선택한다. 인간의 자유는 목적성이라는 기초적인 사실의 고유한 표현이다. 자유는 이 세계를 복합적인 것이요 우연성이 점증하는 영역으로 말하면서도 삶의 긍정을 수반한다. 우리는 이 지구상에 생명을 멸종시킬 수 있는 힘을 가지고 있기 때문에 인간이 이 세계에 대해 도입시킨 행위의 우연성에 대해 책임을 지운다는 것은 지극히 중요하다. 이러한 요구를 위해서도 인간은 앞으로 계속 존속해야 한다.

이러한 논의를 토대로, 요나스는 우리 시대를 위한 책임의 명법을

---

113) Hans Jonas, "The Concept of God after Auschwitz: A Jewish Voice", *Journal of Religion* 67, No.1 (1987): pp.1-13.

114) Hans Jonas, *The Imperative of Responsibility*, p.81. 요나스의 형이상학에 대해서는 다음 책들을 참고할 것. Jonas, *The Phenomenon of Life*. Strachan Donnelley, "Whitehead and Hans Jonas: Organism, Causality, and Perception", *International Philosophical Quarterly* 19, No. 3 (1979): pp.301-315; T. A. Goudge, "Existentialism and Biology", *Dialogue: Canadian Philosophical Review* 5, No. 4 (1967): pp.603-608. 요나스의 윤리에 대한 비판은 다음 책을 참고할 것. Apel, *Diskurs und Verantwortung*.

제시한다. '지구상의 인간의 존속을 불명확하게 하는 일체의 조건과 타협하지 말라.'[115] 이것이 의미하는 것은 인간이 개별자들의 미래에 대해 책임이 있다는 것이 아니라 인간의 이데아의 미래에 대해 책임적이어야 한다는 것이다. 그리고 이것은 이 세계에서 구현되어야 할 인간의 현존에 대한 요구이다.[116] 인간의 이데아('사람'), 즉 인류라는 개념은 그 자체로 목적이 되는 것이며 행위지도의 원칙이 된다. 이 세계에서 무엇을 실현해야 하는지를 설명해주는 것이기 때문이다. 인간의 이데아는 존중되고 실현되어야 할 실재를 설명해준다. 만일 우리가 그 이데아를 제대로 파악한다면, 우리는 그 이데아가 실현되어야 한다는 것을 이해할 수 있을 것이다. 이것을 우리는 요나스의 인간이 존재해야 한다는 당위에 대한 존재론적 증명이라 할 수 있을 것이다. 만일 우리가 이 이데아를 이해한다면, 우리는 하나님의 존재증명에서처럼 바로 그 인류의 존재라는 사실을 알 수 없을 것이며 인간이 존재해야 한다는 것을 알 수 없을 것이다. 이 증명은 그 특성상 이론적이고 기술적이라기보다는 실천적이고 처방적이다. 이러한 증명은 인간의 행위를 위한 규범과 처방에 관련된다. 우리가 말할 수 있는 것은, 인간의 이데아는 모든 행위에서 존중되어야 할 목적, 즉 지구상에 인간의 삶이 지속되어야 한다는 필수조건을 설명해준다.

생태계에서 인간의 현존을 인정한다면, 현재에 파악되는 미래의 유한한 삶에 대해 우리들로 하여금 미래의 복지를 위해 현재의 이익을 희생하도록 이끌어주는 명법은 어떤 것인가? 다시 말해, 우리의 자기

---

115) Jonas, *The Imperative of Responsibility*, p.11.
116) Ibid., p.43. 그리고 다음 문헌도 참고할 것. J. Gustafson, *Theology and Ethics: An Interpretation of the Agenda*, Hans Jonas, "Response to James M. Gustafson", *Knowing and Valuing: The Search Common Roots*, ed. H. Tristain Engelhardt Jr. and Daniel Callahan(New York: The Hastings Center: Institute for Society, Ethics, and the Life Sciences, 1980), pp.181-217.

이해를 어떻게 변형시켜서 인류의 미래세대가 우리의 현재의 목적과 행위에 대해 주장할 수 있도록 할 것인가? 이것은 테일러가 직면하였던 문제와는 정반대의 것이다. 요나스는 존중해야할 것에 대한 관심에로 인간이 움직여져야 한다는 것을 어떻게 설명하는가?

  이 문제를 해결하기 위하여 요나스는 책임의 명법이 어떻게 알려지는가의 문제에서 시작한다. 그는 '하나의 명령은 명령하는 의지, 예를 들어 하나님, 또는 절대적 당신 등에 의해 나오는 것일 뿐 아니라 그 실현에 대한 선 그 자체의 내재적 주장에서도 나온다'고 말한다.[117] 존중되어야 할 목적, 선들이 있으며 그것들은 그 실현을 요청한다. 요나스에게 있어서, 이러한 목적은 어린아이의 얼굴에서 예증적으로 볼 수 있다. 모든 출산에 있어서 최소한 암묵적인 방식일지라도 인간은 그 존재의 지속을 긍정한다. 그러므로 책임의 명법은 인간에게 있어서 존재한다는 것은 선한 것이라는 통찰에 의존한다. 이것은 책임의 명법의 객관적 특성에 관한 지식을 가리킨다. 도덕적 명법은 인간의 이데아를 통하여 보편화된다. 개인이나 특정집단으로 세분화되지 않은 인간 그 자체가 실현되어야 한다.

  이러한 객관적인 규범은 행위에 대한 주관적 동기와 연관된다. 도덕 규범은 행위자가 자유롭게 그렇게 실천하기로 움직여지지 않는다면 그것은 관련성이 결여된 것이다. 요나스에 따르면, 행위자로 하여금 도덕적 명법에 따라 행위하도록 하기 위하여 존재 자체가 원인이 되어야 하고 존중의 대상이 되어야 한다. 우리는 도덕법칙에 따라 살도록 이끌어가는 존재의 선함에 대한 인정을 해야만 한다. 그러므로 요나스는 이렇게 말한다.

---

117) 같은 책, p.79.

이기심 또는 어리석음에 의해 어두워진 안목에 가리워지지 않은 자에게 존재는(또는 그 예항들) 존중받을 가치있는 것으로 나타날 것이다. 그리고 우리를 존재의 본래적 주장에 대해 명예롭게 생각하게 하는 도덕법칙의 도움을 받아 이러한 느낌을 갖게 될 것이다. 118)

요나스의 논점은 존재가 사라져버릴 수도 있다는 사실이 책임감의 대상이라는 것이다. 책임감은 존재에 대한 주장을 우리가 관심을 가지는 것이라는 관점에서 드러난다. 그러나 이러한 주장은 책임감의 차원에서 들리는 것이며, 행위자로 하여금 책임의 명법에 규정된 도덕법칙에 따라 행위하도록 이끌어 준다.

그러므로 요나스 윤리의 타당성은 존재가 사실상 경외심을 불러 일으키며 우리들로 하여금 도덕법칙을 따라 살도록 한다는 가정에 달려있다. 그리고 바로 그것이 난점이기도 하다. 실재론적 윤리는 행위자가 사실상 이기적이며 우리의 도덕적 지각은 심각하게 왜곡되었다고 주장해야 한다. 우리의 관심 대상이 되는 것과 우리가 존중해야 할 대상은 상충될 수 있다. 요나스는 이 문제를 부분적으로 인식하고 있었다. 그는 비록 이기심의 문제를 인정한다해도 인간이 두려움, 즉 상상된 악에 호소해야 한다는 것, 그리고 사람들로 하여금 미래에 대한 보살핌을 불러일으키기 위해 존재에 대한 경외심 또는 존중이 결정적인 것이라는 주장을 할 것이다. 소멸, 즉 무에의 위협은 생명의 긍정과 생명의 미래에 대한 보살핌을 불러 일으킨다. 도덕적 동기는 유한한 미래적 생명에 대한 위협의 두려움, 즉 자기보호 본능 때문에 비롯된다. 우리는 두려움으로부터 책임있게 행동한다. 우리의 도덕적 이해의 변형을 불러일으키는 두려움이란 포스트모던적 정신에 깊이 뿌리내린 두려움을 말한다.

---

118) 같은책 pp.89-90.

물론, 두려움을 도덕적 동기로 상정하는 것에 대한 의구심이 제기될 수도 있다. 그러나 그 출발점은 인간의 이데아(또는 요나스의 용어대로 한다면 인간)가 의지를 결정한다는 데 있다. 왜냐하면 인간의 이데아는 우리에게 실현되어야 할 당위에 대해 말해주며 이데아 그 자체는 도덕적 동기유발에 기초가 되는 존재에 대한 우리의 경외심을 무디게 하지 않기 때문이다. 테일러가 말한 것처럼, 이것은 '보시기에 좋았더라'고 평가하는 것(seeing-good)을 말한다. 그러나 필자가 보기에 인간의 이데아만으로는 그렇다고 할 수 없다. 만일 부정적인 것에 의해 위협받지 않는다면 과연 어떤 것에 대한 도덕적 능력을 야기할 수 있을지 의문이다. 도덕적 통찰은 인간의 이데아 이외의 개념, 상징, 사건, 칭호 등에 의해 매개되어야 하며 이러한 인간의 이데아는 존재에 대한 주장의 호소력을 뒷받침해 주는 것이기 때문이다. 그러므로 우리는 여기에서 논의의 또 다른 영역을 보게 된다. 그것은 우리가 스스로를 도덕적 존재로 인식하는 것은 어떻게 이루어지는지를 실존 그 자체의 가치와 선에 대한 통찰과 연관지어 생각해 보아야 한다는 것이다.

요컨대, 우리는 도덕적 맹목성에 대해, 그리고 요나스가 제대로 지적해 낸 힘이라고 하는 실재, 그리고 테일러가 말한 것으로 보이는 우리에게 중요한 것에 대한 미분화된 감각 등에 대한 책임이론을 진행해야 한다. 우리는 자기비판의 윤리를 필요로 하며 책임의 명법을 보편화할 수 있는 개념, 사건, 또는 실재에 대해 설명할 수 있어야 한다. 이러한 윤리는 실재의 가치인정을 행위의 명법으로 바꾸어 놓을 수 있어야 한다. 그렇게 함으로써, 단지 존중에 반대되는 두려움이라는 것에 호소하려는 시도나 도덕적 위탁의 이유를 중요한 것에 대한 미분화된 감각으로 설명하려는 관점들을 넘어설 수 있게 된다. 이러한 요소들을 고려하면서 다음 논의를 진행해 보자.

근본적 해석과 기독교 윤리

테일러의 책임윤리와 정체성 이론은 관심대상이라는 용어를 통해 도덕적 자율성의 문제를 새롭게 설명해 주었다. 이것은 도덕적 자유를 우리의 기본적 관심과 도덕전통 안에 있는 것으로 만들어 놓았다. 그리고 도덕적 전통은 도덕에 필요한 자율성의 정도에 대한 타협없이 도덕적 평가를 형성해 온 것으로서, 테일러는 자유를 이러한 틀안에 있는 것으로 상황화하였다. 요나스에게 있어서 힘을 지도하는 규범이 존중과 실현을 명령하는 목적에 대한 판단을 수반한다는 점을 생각해 보았다. 책임의 규범은 사회적으로 매개되지만 그 근거와 목적은 칭찬과 비난이라는 사회적 관행 안에만 있는 것은 아니다. 그 근거는 실재 그 자체에 있으며 미래에도 지속되어야 할 존재들에 있다. 이제 우리의 문제는 우리의 탐구가 지니고 있는 두 가지 측면, 즉 도덕적 행위자의 본성에 대한 분석과 도덕규범이론 사이의 연관성이 어떤 특성을 지니는 것인가 하는 점이다.

이 문제에 대한 답은 신학적 관점에서의 근본적 해석에 달려있다. 그 대답의 가능성은 테일러와 요나스의 이론에서 드러난 사실들로부터 찾을 수 있다. 우리들을 되돌아 보게하며 우리 자신에 대한 설명을 가능하게 하는 것, 즉 도덕적 자기비판과 변형을 가능하게 하는 것은 그 본래적 가치인 존재의 당위성에 대한 관심과 존중의 요청이다. 여기에 책임감이 자리한다. 이제까지 우리는 도덕적 정체성에 대한 성찰과 힘의 사용에 관한 규범 사이의 접촉점을 모색해 왔다. 그 접촉점은 삶의 가치를 증진시키고 그것을 존중할 필요성을 제기하는 삶의 통전성과 삶의 가치에 대한 통찰이다.

중요한 것은 책임감이라는 기본적인 체험에 대한 설명에서 살펴본 것처럼 각각의 사상가들이 명백하게 또는 암묵적으로 종교적이고 신학적인 주장을 수반하고 있다는 것이다. 테일러는 하나님이 피조물을 선하다고 긍정하였으며 이것이 정의와 선의의 요구에 대한 근거라고 하였다. 요나스 역시 창조의 개념이 불가침의 통전성에 대한 존중을 불러일으킨다고 주장한다.[119] 창조에 대한 하나님의 평가(테일러)나 창조의 개념(요나스)을 주장하는 것보다 필자는 차별성이 있고 더욱 더 근본적인 신학적 주장을 제안하고자 한다. 즉 근본적 해석에 대한 신학적 논의를 전개하게 될 것이다. 이를 위해 기독교의 전통, 이야기, 상징 그리고 은유 등의 풍부한 자원들을 활용하게 될 것이다. 도덕적 이해에 있어서 신학적 상징들, 특히 '하나님'에 대한 설명이 기본적인 역할을 수행할 것이다.

이를 통해 기독교 윤리는 책임이라는 기본적인 체험을 설명할 수 있으며, 이를 통해 우리가 검토했던 것보다 더 적절한 책임이론이 제공될 것이다. 이것이 가능하다면, 우리의 도덕적 실존은 다른 관점에서보다도 기독교 윤리에서 더욱 잘 이해될 수 있음이 입증되는 셈이다. 그리고 윤리학에서 신학적 관점의 타당성이 변증법적으로 입증될 것이며 다른 질문들과 경쟁적인 입장들이 여전히 설명될 필요가 있다.

근본적 해석행위, 즉 기독교에서 양심이라고 부르는 것은 도덕적 정체성의 일차적 행위이다. 이러한 이유로 근본적 해석은 타자와 세계에 대해 힘을 사용할 수 있는 행위자 또는 그 공동체의 자기이해를 구성한다. 근본적 해석은 도덕적 자유의 표현이다. 왜냐하면 그것은 우리의 존중을 간청하는 것에 응답하는 관점에서 가치 지향의 비판적 평가에 기초한 우리의 선택들을 알려주고 지시하기 때문이다. 이것은 우리들로 하여금 윤리학에서 있어서 도덕에 필요한 자율성의 정도를 긍정하게 한다. 우리는 가치정향을 시험하여 보아야 하며 또한 그렇게 할 수

---

[119] Jonas, "Contemporary Problems in Ethics from a Jewish Perspective", p.179.

있다. 또한 이러한 해석이라는 시험을 통과하는 것만을 승인할 수 있다. 이것이 바로 책임적이어야 한다는 것의 의미이다. 근본적 해석은 테일러가 주장한 것처럼 자기교정이라 할 수 있는 도덕적 변화를 윤리학의 인식론적 원칙이 되게 한다. 도덕적 지식은 타자에 대한 존중에서 우러나오는 자기이해의 변화과정이다. 그것은 타자를 선으로, 목적으로 보는 것이며 여기에는 타자와 우리 자신의 삶의 실현에 대한 요구가 수반된다. 도덕적 삶이란 이해, 관심 그리고 존중의 지속적인 변화 이상의 다른 것이 아니다. 이것이 바로 웨슬리(John Wesley)를 비롯한 신학자들이 말해온 완성 또는 성화의 개념이다.

그러나 우리가 도덕적 책임의 요구를 설명하기 위해서는 우리의 행위와 가치들을 일정한 개념들에 의해 평가해야만 한다. 그 개념들은 실존이 지니는 가치에 대한 인정을 행위의 명법이 되게 하는 개념이다. 근본적 해석은 우리로 하여금 도덕적 자기평가의 과정이 어떻게 진행되며 정체성 구성에 어떻게 영향을 주는지를 설명할 수 있게 한다. 그러나 이것은 그 자체로 그러한 개념이나 이미지를 제공하는 것은 아니다. 요나스가 주장하는 것처럼, 인류의 개념이 그것을 제공하는가? 또는 테일러가 말하는 인간의 결단인가? 하버마스(Jurgen Habernas)나 아펠(Karl-Otto Apel)이 말했던 이상적인 담론공동체의 개념일지도 모른다. 이러한 맥락에서 본다면, 기독교 윤리의 하나님과 이웃에 대한 사랑 역시 윤리적 의미를 지닌다고 할 수 있지 않을까?

기독교의 전통에 있어서 궁극적인 힘인 하나님은 유한한 존재들을 정의와 선의의 규범으로 인정하는 것과 관련하여 '하나님'이라고 규정된다. 하나님은 신적이고 궁극적인 힘이 창조의 선으로, 정의와 신실함의 계약의 요구로, 사랑이라는 구원의 능력으로 존중하고 인정하여 대함으로써 도덕적 실재로서의 힘을 창출해낸다. 이 이름 이외에 그리고 그에 수반되는 해석들 이외에 궁극적 실재의 의미는 측량할 수 없는 힘의 원천이라 할 수 있다. 하나님은 어떤 분이신가 하는 정체성의 문제는 기독교 전통에서 예수 그리스도의 특별한 가치와 규범 및 인격과 사역에서 나타난다. 하나님은 창조주, 지탱자 그리고 그리스도 안에서의 구원자로 동일시된다. 삼위일체적 신앙에서 '하나님'이라는 이름은 궁극적 힘에 대한 근본해석이다. 이 이름은 유한한 존재들의 선을 인정하고 거기에서 파생되는 정의와 선의에 대한 주장과 연관지어 힘에 대한 가치의 전환을 이루어 낸다. 이것이 바로 요한복음과 기독교 전통에서 하나님은 사랑이시라고 말해온 의미이다.

그러므로 하나님의 이름은 세상을 우리의 도덕적 공동체에까지 확장하는 특별한 해석을 수반한다. 이것이 의미하는 바는 인간을 도덕적 존재로 인정하는 것이야말로 인간에게 부여된 힘이 복지를 위해 사용되어야 한다는 사실에 대한 가장 첫째되고 확증적인 기초라 할 수 있다. 이것은 진정한 기독교적 사랑의 가능성과 요구이다. 서양사상에 있어서 이러한 가능성의 중요성은 쉽게 부정될 수 없다. 일반적으로 우리는 인간의 선이 단지 힘의 양도에서만 발견되는 것이 아니라 특별한 도덕규범을 존중하여 힘을 사용하는 데에서도 발견된다는 것을 알고 있다. 이러한 신념은 도덕이 종교성이 드러나든 혹은 그렇지 않든 간에 하나님의 성호가 그 도덕에 부과한 충격이 무엇인지를 보여준다.[120] 명백한 신앙은 삼위일체 하나님께 대한 신뢰와 충성이라는 것과 관련하여 실재와 우리 자신을 이해하는 이차적 위탁이다. 그러므로 기독교 윤리의 과제는 이 신앙이 어떻게 살아야 하는지를 우리에게 보

---

120) 인간의 선이 힘에 있다고 주장한 사람은 니체이다. 그는 기독교 윤리에 도전장을 내밀었다. 그리고 서양에 있어서 하나님의 칭호에 대한 이야기는 다음 책을 참고할 것. Karl Rahner, *Grace in Freedom* (New York: Herder & Herder, 1969), 특히 pp.183-203을 참고할 것.

여주는 바를 설명하는 것이다. 이것은 또한 도덕적 생활과 자기이해에서 우리를 관심과 존중의 관계로 되돌려 놓는다.

만일 우리가 하나님을 궁극적 힘의 근본해석으로 이해할 수 있다면, 우리는 무엇을 존중해야 하는지를 알 수 있을 뿐 아니라 유한한 실재들이 실현되어야 할 존재로 나타나는지의 이유도 알게 될 것이다. '하나님'이라는 상징을 도덕적 탐구 안에서 해석하는 것은 실재와 타자를 보시기에 좋았더라 하는 관점에서 어떻게 보아야 하는 것인지에 대한 통찰과 함께 도덕적 정체성을 어떻게 결정해야 하는지에 대한 통찰을 얻게 한다. 이러한 통찰은 두 가지 방식으로 설명될 수 있다. 첫째, 실천이성의 첫 번째 규칙, 즉 선을 행하고 악은 피하라고 하는 것이 무엇인지를 설명해 준다. 이것은 인간행위의 특징을 보여주며 우리가 관심을 가져야 할 대상이 무엇인지를 알게 한다. 기독교적으로 해석한다면, 책임적인 행위란 삶을 존중하고 그 가치를 함양하며 삶의 파괴를 방지해야 한다는 것으로 옮길 수 있겠다. 둘째, 보시기에 좋았더라는 원칙은 도덕적 통찰이 책임의 명법에 따라 설명될 수 있다. 모든 행위와 관계에 있어서 하나님 앞에서의 삶의 통전성을 존중하고 함양하라는 것이다. 그러므로 도덕적 특성과 행위의 원칙들은 우리와 타자와의 정의로운 관계의 인정 및 타자에 대한 선행의 인식이라 할 수 있다. 이것은 책임의 규범들이 도덕적 행위에 있어서 관심과 존중이라는 것에 대해 어떻게 연결되는지를 기독교적 관점에서 보여주는 것이라 하겠다.

이러한 논증은 테일러의 설명과는 차이가 있다. 그는 보다 구체적인 도덕규범의 근거를 하나님의 평가에서 찾지 않고 하나님의 이름으로 부여된 것을 도덕적 이해와 위탁에 나타난 규범들로 승인하였다. 신학적 관점에서 근본해석이란 하나님이 보시기에 좋았더라는 말의 의미를 궁극적 힘이 그 신성을 강조하기보다는 특수한 도덕규범에 그 능력을 연관짓고 있다는 것을 의미한다. 이러한 논증은 요나스의 것과도 차별성이 있다. 존재의 선에 대한 통찰은 긍정하면서도 도덕적 맹목성을 설명할 수 있는 수단을 제공하기 때문이다. 도덕적 통찰을 도덕적 이해가 되게 하는 것은 외경의 대상이 되어야 하는 것의 개념(창조, 인류)이 아니다. 오히려 힘을 유한한 존재의 지속을 긍정하는 관계에서 해석하는 데 있다. 다시 말해, 고전적인 기독교적 어투로 하자면, 이웃 사랑은 하나님의 성호에 대한 이해를 통하여 매개되며, 그 성호가 궁극적 힘에 대한 근본해석일 때 그렇게 되는 것이다. 하나님의 칭호는 도덕적 자기이해를 변경시키는 해석적 행위를 통하여 존중되고 함양되어야 할 것이 무엇인지에 대한 올바른 통찰을 제공한다.[121] 이것이 바로 하나님 안에서 자신과 이웃을 사랑한다는 것의 해석방법이다. 하나님에 대한 그 어떤 해석도 이러한 통찰이 윤리적 또는 신학적 정당성을 갖지 못한다고 말할 수는 없다. 이것이야말로 하나님의 성호가 궁극적 힘을 도덕규범과 동일시한다는 주장의 결론이다. 그 개념에 대한 신학적 담론은 윤리적 비판과 정당화에 종속된다고 하겠다.

이제까지의 논의는 신학적 관점에서 테크놀로지 시대의 힘의 사용을 위한 도덕적 정체성과 규범 사이의 접촉점을 설명한 것이라 하겠다. 책임의 기본적인 현상은 관심과 존중을 요청하는 우연적인 삶의 가치에 대한 응답이다. 이것은 삶의 통전성이 지니고 있는 본래적 가치에 대한 감각이다. 이 체험은 해석이라는 행위 안에서 드러나는 이차적 단순함이다. 도덕적 자아가 가치의 출발점이 되는 것이 아니다. 자아는 타자가 우리에게 부여하는 주장들에 대한 통찰에 의해 규정되는 행위를 통하여 구성되고 변경되는 존재이기 때문이다. 도덕적 책임의 기본 행위로서의 근본해석은 힘을 사용하는 행위자의 자기이해의 수단이

---

[121] 이해의 행위에 대한 설명은 Schweiker, *Mimetic Reflections*를 참고할 것.

된다. 책임윤리는 도덕적 삶에 기초가 되는 우리의 정체성 해석에 대한 고유한 자유가 중심이 되어야 한다는 주장에서조차도 실재론적이고 인식긍정론적이다. 근본해석은 도덕적 행위자에 대한 설명과 도덕규범이론을 상호연관짓는 것을 신학적으로 수행한 것이다. 근본해석은 행위자 또는 그 공동체가 관심 및 존중의 대상이 되는 것과 연관지어 자기이해에 접근하고 그것을 변경시킬 수 있는 수단을 제공한다. 이러한 평가와 변경을 부추기는 것은 궁극적인 응답에 대한 존재의 본래적 가치에의 통찰이다. 인간은 삶을 존중하고 함양해야 할 가치에 대한 창조적 응답자이다. 그러나 우리가 응답하는 선에 대한 통찰은 매개된 통찰이다. 이것은 하나님의 칭호를 통한 우리와 세계에 대한 해석으로 성취된다. 그러므로 우리는 자기해석적 응답자이며 이것은 도덕의 창조성과 자유를 설명해 준다. 하나님의 칭호를 통한 우리 자신과 세계에 대한 해석은 도덕공동체의 범위를 확장시키며 도덕적 정체성의 깊이를 더해준다. 이것은 우리 자신과 모든 것을 내포적 도덕공동체 안에서 이해하는 것이며, 그 공동체를 규정하는 원칙은 삶의 가치함양의 인정과 연관지어 힘의 가치전환을 시도하는 것이다. 이것이 바로 윤리학에 대한 신학적 주장을 제안하는 이유이다. 그러므로 근본해석은 타당한 신학적 담론을 위한 윤리적 기준과 이념들을 지탱해주며 윤리학에 대한 신학의 기여가 무엇인지를 설명해 주는 것이기도 하다.

결론

이 장에서 우리는 도덕 행위자와 인간의 힘의 사용을 위한 규범 사이의 질문과 관련하여 책임의 문제를 다루었다. 필자의 관점은 다른 이론가들의 중심적인 생각을 수용하면서도 차별성이 있는 이론을 제시하는 것이었다. 책임윤리를 제안하는 것은 기독교적 근본해석과 도덕적 정체성에 대한 설명 이상의 다른 것이 아니다. 이러한 기독교 윤리는 신앙을 존중과 관심을 통하여 도덕적 존재됨의 독특한 방식으로 설명하는 것임을 보여준다. 신학적 관점에서 볼 때, 도덕이란 힘을 정의와 선행의 규범에 묶어두는 것이며 이것은 하나님의 이름을 통하여 실존을 해석함으로써 생명력있는 삶을 육성하기 위한 것이다.

근본적 해석의 신학적 과제는 우리 자신의 현재의 모습과 미래에 대한 자유의 행사이다. 이것은 우리로 하여금 우리의 도덕전통 또는 생태계에의 참여에 의해서 뿐만 아니라 우리의 책임을 불러 일으키시며 가치를 부여하시는 하나님께 대한 응답에 의해 우리 자신을 이해하도록 이끌어 준다. 삶의 통전성을 위해 하나님 안에서 자신과 타자를 알고 가치를 평가하는 것은 자유이다.

제6장 책임과 비교윤리

다른 사람들의 도덕을 이해하는 데에는 큰 어려움이 따른다.[122] 우리는 이내 다른 사람들의 신념과 확신에 대해 편견과 의구심을 갖게 된다. 우리는 끊임없이 가치와 신념 및 삶의 방식에 대해 판단하며 그것들을 다른 것과 비교하여 더 좋다, 더 우월하다, 더 가치있다 등등의 판단을 내린다. 윤리적 탐구를 위해서는 우리 자신의 판단에 대한 합당한 이유를 가질 수 있어야 한다. 본 장은 비교윤리적 접근에 해당된다. 비교윤리의 가능조건은 무엇인가? 비교작업은 어떻게 생겨나는가? 이와 관련하여 우리는 다소 논란거리가 될 만한 사실을 인정하지 않을 수 없다. 이해의 형성에 대해 일치된 의견이 없기 때문에 여기에서는 일단 합리성이라는 것과 기독교 윤리와의 관계에 대한 가정을 가지고 논의를 시작하고자 한다. 비교이해에 대한 분석은 해석학적 윤리의 또 다른 단계에 해당할 것이다.

---

[122] 이 장의 내용은 다음 글을 일부 수정, 보완한 것임. "The Drama of Interpretation and the Philosophy of Religions: An Essay on Understanding in Comparative Religious Ethics", in *Discourse and Praxis*, ed. Reynolds and Tracy (New York: State University of New York Press, 1992), pp.263-294.

몇 가지 전제들

대부분 그러하듯, 필자에게도 몇 가지 전제가 있다. 그 기본적인 것은 별로 새로울 것이 없는 전제, 즉 이해는 해석을 통하여 이루어진다는 것이다. 사건이나 사태에 대한 명제적 언명과 관련해 볼 때, 해석자의 태도와 관점은 객관적 관찰자라기보다는 참여자의 입장이라고 할 수 있다. 해석자의 태도와 관점은 자신의 주장의 지위를 결정한다. 하버마스는 이렇게 말한다.

> 그러므로, 올바른 해석이란 사실 그대로를 반영하는 것이라 할 수 없다. 올바른 해석이란 해석자가 이해해야 할 해석의 의미에 적합하게 들어맞으며 그것을 설명해 줄 수 있는 것이라 하겠다.[123]

문제는 그 해석자가 해석 그 자체이자 그 실행형식이 이해라는 데 있다. 따라서 해석을 어떻게 구성하는가에 대한 고찰이 필요하다.

필자의 관점은 해석이 그 성격상 대화적이고 변증법적인 것이라고 주장하는 학자들과 같은 입장에 속한다. 우리 자신과 타자에 대한 이해는 논쟁과 대화를 통해 이루어진다. 이것은 해석학이 (1)인물 또는 사물이 내포하는 의미와 (2)해석자 및 말해진 것 사이의 상호작용에 달려 있으며 (3)말해진 것의 주제는 그 지시체와 연관되어 있다는 것을 의미한다. 이것은 앞서 4장에서 소개된 이해에 관한 이론을 수정할 필요가 있음을 보여준다. 4장에서 필자는 개념화 또는 지각을 진리의 발견 및 그 기준에 대한 설명의 단초로 상정했으며 이것은 (3)의 내용과 연관된다. 즉 이해에 있어서 관찰자의 관점과 태도가 중요하다는 것이

---

[123] Jurgen Habermas, *Moral Consciousness and Communicative Action*, translated by Christian Lenhardt and Shierry Weber Nicholsen, with an introduction by Thomas McCarthy (Cambridge: MIT Press, 1990), p.27.

다. 해석학은 근대철학이 제시한 인식론과 그 태도들에 대해 비판적 논쟁을 전개한다. 이해는 본성상 실천적이며 반성적이다. 인간은 자신의 세계에서 관찰자가 아니라 참여자이다. 이것은 일부 비판가들이 말하는 것처럼 해석자가 단순히 질문받은 것의 의미만을 구성한다는 뜻이 아니다. 해석자는 으사소통과정이라는 맥락 안에서만 이해될 수 있는 객관화 과정에 대하여 설명할 수 있어야 한다.[124] 여기에서 우리는 해석이라는 것에 관심을 가지고 있으며, 이를 위해 해석자의 참여를 필요로 한다.

대화적 해석을 통한 이해를 기본적인 가정으로 상정하는 것은 필자의 입장이 보다 넓은 의미의 현상학적 해석학의 범위에 든다는 것을 말해준다. 비교이해의 구조와 지향성이 번역 및 통찰로 설명된다는 점에서 본다면 일종의 해석학적 탐구에 속한다. 왜냐하면, 이해란 의미있는 표현들에 대한 해석을 통하여 도달하는 것이기 때문에 은유적으로는 상징, 문헌 등과 같은 언어적 형식으로 나타날 수는 있겠지만, 행위와 사건들을 내포하고 있기 때문이다. 그러므로 그 특징과 역동성, 그리고 그 안에 개시되는 것, 그리고 그것을 가능케 하는 것이 무엇인지를 설명하기 위하여, 바라기는 필자의 이러한 비교윤리적 방법이 좋은 결과들을 가져올 수 있기를 기대한다.

다른 해석학자들과의 일치점을 인정하면서 필자는 비교이해에 대한 별도의 이론을 제안하고자 한다. 비교윤리에 있어서 해석의 의의는 종교공동체의 제의적이고 연극적인 요소에 대한 유추를 통하여 쉽게 알 수 있을 것이다. 해석은 인간의 행위이며 하나의 실천이다. 다른 해석학적 입장들은 역사적 소외의 극복을 위한 시도에서 전통의 역동성에 관심을 갖기도 하며(가다머), 각기 다른 사회에서 나타나는 사회적 상호

---

[124] 같은 책, p.28.

작용에 관심을 갖기도 하고(하버마스), 자기이해의 해석학적 매개에 관심을 갖는 경우(리쾨르)도 있다. 필자가 제안하는 방법론은 공동체와 개인의 상징적 의미세계의 규정에 의해 구성되는 성찰의 과정에 관심을 가진다.[125] 행위와 행위자는 이해의 원천이다. 그리고 윤리학은 해석학의 성과들을 수용하는 분과학문이라 할 수 있다. 비교윤리를 이해하는 과정에서 이러한 가정들이 매우 유용할 것으로 기대된다.

이러한 맥락에서 필자는 모사(미메시스) 또는 모방의 개념에 함몰되어버린 원천들을 되찾아 내어야 한다고 생각한다. 모사는 보통 시학 또는 미학과 관계가 있고, 플라톤적 전통에서는 인식론 및 형이상학과도 연관된다. 이것은 제의 및 연극과 윤리학의 관계를 설명할 수 있는 원천이 될 수 있으며, 비교윤리의 가능근거라 할 수 있다. 모사는 또한 인식론, 미학 그리고 심지어는 형이상학과 연계되어 있기 때문에 상징 행위에 대한 설명에서 언어라고 하는 형식적 수단의 필요성을 요청한다. 모사는 제의적이고 연극적인 실천에 그 뿌리가 있다. 그것은 고전학자들에 의해 오랫동안 이해되어 왔으며 역사적, 철학적, 신학적 의의들을 담고 있다.[126] 바로 이러한 뿌리를 되찾는 것이야말로 우리 자신

---

125) 필자의 접근법은 그 특성상 숙고적인 것이지만, 독일 관념론에서 볼 수 있는 의식의 행위나 그 능력을 말하는 방식과 같은 것은 아니다. 필자는 참여자들의 상호작용으로서의 해석의 문제를 다루면서 이해라는 것이 그 특성상 사회적이고 언어적인 것임을 주장하고자 한다. 이 문제에 대한 참고자료들은 다음과 같다. H. Richard Niebuhr, *Faith on Earth*, Otto Poggeler, "Die ethische-politische Dimension der hermeneutischen Philosophie", in *Probleme der Ethik - zur Diskussiongestellt*, hg. Gerd-Gunther Grau (Freiburg/ Munchen: Karl Alber, 1972).

126) G. F. Else, "Imitation in the 5th Century", *Classical Philology* 53, No.2 (1958): pp.73-90; Herman Koller, *Die Mimesis in Antike: Nachahmung, Darstellung, Ausdruck* (Bern: A. Francke, 1954); Goram Sorbom, *Mimesis and Art: Studies in the Origin and Early Development of an Aesthetic Vocabulary* (Uppsala: Svenska, 1966). 철학분야의 자료들은 다음과 같다. Jacques Derrida, *Economimesis*, trans. R. Klein, Diacritics 11 (1981): pp.3-25;

과 타자의 도덕에 대한 비교이해의 과정들을 가능하게 하는 것이라 하겠다.

필자는 비교윤리가 이해의 형성과 역동성을 보여주는 것이라고 생각한다. 이것은 우리의 논의가 관찰자의 관점을 유지하면서도 몇 단계에 걸쳐 진행된다는 것을 말해준다. 그 첫째 단계에서 필자는 비교이해의 특성을 지닌 종교 윤리적 논쟁들을 살펴볼 필요가 있다. 우리는 이미 이러한 논쟁이 윤리학의 과제에 대한 상이한 관념들과 연관된 비교의 가능조건이 될 수 있음을 살펴 본 바 있다. 우리는 비교윤리를 진행하는 과정에서 해석학적 접근의 중요성을 인식하게 될 것이다. 둘째로, 필자는 해석을 모사적 실천으로 간주하고자 한다. 이는 윤리학의 방법, 주제 및 조건들을 설명하는 수단이라 할 수 있다. 그리고 책임이라는 특별한 도덕적 요구에 대해 적절한 해석을 제공할 수 있을 것으로 기대된다. 비교윤리는 이러한 내적 규칙을 따라 진행될 것이다.

비교윤리의 관점들

비교윤리는 그 자체로 도덕적 삶, 타자에 대한 평가의 가능성, 도덕의 타당성에 대한 주장 등 다양한 문제들에 직면한다. 하지만 주제와 비교방법에 관한 집중적인 논쟁이 제기된다는 것 자체로 그다지 놀랄

Hans-Georg Gadamer, *Die Aktualitat des Schonen Kunst als Spiel, Symbol und Fest*(Stuttgart: Philipp Recalm, 1977); Rene Hirard, *Violence and the Sacred*, trans. Patrick Gregory (Baltimore: The Johns Hopkins University Press, 1977); Karl Morrison, *The Mimetic Tradition of Reform in the West*(Princeton, N. J.: Princeton University Press, 1982); Paul Ricoeur, *Time and Narrative*, vol. I, trans. Kathleen McLaughlin and David Pellauer (Chicago: University of Chicago Press, 1984); Schweiker, *Mimetic Reflections*; Christoph Wulf, "Mimesis", in *Historische Anthopologie: Zum Problem der Humanwissenschaften heute oder Versuch einer Neubegrundung*, hg. Gunter Gebauer et al. (Hamburg: Rowohlt Taschenbuch Verlag, 1989), pp.83-128.

만한 일은 아니다. 이러한 논쟁에서 우리는 윤리학의 진보를 위한 기본적인 선택사항들을 볼 수 있다. 이를 위해 필자는 우리의 논제가 무엇이며 그것을 설명하는 방식은 어떤 것인지, 그리고 비교이해를 위한 조건은 무엇인지 생각해 보고자 한다. 이를 위해 그 각각의 유형들을 설명하고 전체적인 조망을 통해서도 드러나지 않는 것은 무엇인지 생각해 보고자 한다.

그 유형 중 극단적인 것은 그린(Ronald Green)이 말한 이른바 종교의 심층구조라는 것이다.[127] 그에 따르면 특수한 전통은 합리성의 보편적이고 공통적인 구조에서 나오는 하나의 표현으로서 인식되어야 한다. 특정한 공동체의 윤리는 일반적인 도덕개념의 규칙들을 적용한 것이라 할 수 있다. 비교라는 것은 그 특성상 형식적이고 선험적일 수밖에 없다. 즉, 비교는 이성의 형식적 구조를 분리시켜 생각하며, 특수한 전통에서 비롯된 도덕과 종교로부터 그 원동력을 얻는다. 말하자면, 이해가능성의 선험적 조건을 공급받는 것이다. 이러한 방식으로, 그린을 비롯한 사상가들은 비교윤리의 기준과 현실적 관행의 조건을 설명하기 위하여 실천을 넘어서는 담론에 관심을 가진다. 이것은 우리에게 이해의 문화초월적 조건, 타자에 대한 존중과 복지의무의 기원과 그 근거, 그리고 도덕적 흠결과 실패에 응답하기를 요구한다. 다른 공동체의 다른 도덕전통들을 검토함으로써 윤리학의 기본문제들에 대한 다양한 설명방식들을 배우게 되는 것이다.

---

127) 이에 관해서는 그린의 다음 글들을 참고할 것. Ronald Green, *Religious Reason* (New York: Oxford University Press, 1978), *Religion and Moral Reason* (New York: Oxford University Press, 1988). Ronald Green and Charles Reynolds, "Cosmogony and the'Question of Ethics", *Journal of Religious Ethics* 14, No.1 (l986): pp.139-56; David Little and Sumner B. Twiss, *Comparative Religious Ethics* (New York: Harper & Row, 1978); John P. Reeder Jr., *Source, Sanction, and Salvation: Religion and Morality in Christian Taditions* (Englewood Cliffs, N. J.: Prentice-Hall, 1988).

비교윤리는 도덕이 경험적 조건과 문화적 다양성을 어떻게 초월하는지를 칸트의 윤리학과는 다른 방식으로 설명한다. 즉 공동체의 의무와 규칙들에 대한 정당화를 시도한다. 이를 통해 도덕철학자 또는 신학자들은 비교윤리의 이론적 기틀을 마련할 수 있으리라 생각한다. 그리고 이것은 다시 사회적, 역사적, 인간학적 탐구를 통하여 풍요롭게 될 것이다. 그린의 관점은 그의 종교적 추론과 도덕과의 연관성에 대한 독특한 이해를 기초로 한다. 종교적 추론은 사변적 추론과 도덕적 추론 사이의 중요한 갈등에서 생겨나는 것으로서 정합성있는 결론을 이끌어내려는 이성 그 자체의 프로그램을 실현시키려는 노력을 대변하는 것이라 하겠다.128) 이성과 그 문제점들이 비교의 조건이 된다. 이제 우리는 비교이해의 이성적 구조의 문제를 다시 한 번 살펴볼 필요가 있다. 이는 해석에 있어서 그리고 이해에 있어서 중요한 요소이다. 하지만 우리는 비교윤리에 관련된 매우 명백한 질문들에 직면하게 된다. 비교윤리는 도덕공동체의 다양성 및 그 성찰의 역사적-언어적 특성을 인정하는가?

비교윤리학자들이 문화와 신념체계의 상대성에 관심을 갖는 것은 바로 이 질문에서 비롯된 것이다. 그들은 도덕의 심층구조라는 것은 존재하지 않으며 주어진 형식과 전통의 담론적 관행에 참여해야 한다고 생각한다.129) 그들은 도덕철학에서의 언어에로의 전환, 즉 해석학적 전환을 시도한다. 보통의 해석학자들과는 달리 그들은 언어 및 세계내 존재에 대한 존재론적 탐구에 관심이 덜하다. 반대로, 사회-언어적 사

---

128) Green, *Religious Reason*, p.4.
129) 이와는 다른 관점에서 다음 책들을 참고 할 수 있겠다. Charles Larmore, *Pattens of Moral Complexity* (Cambridge: Cambridge University Press, 1987); Stout, *Ethics after Babel; and Bernard Williams, Ethics and the Limits of Philosophy* (Cambridge: Harvard University Press, 1985).

상가들은 도덕언어의 특수성에 대한 설명을 시도한다. 그들은 스타우트(Jeffery Stout)가 도덕적 공용어(moral Esperanto)라고 부른 보편언어에 대해 회의적이며 도덕의 심층구조를 지배하는 존재론적 성찰에 대해 의심을 제기한다.130) 그들은 초언어적 구조를 통한 도덕의 완전한 설명을 시도하는 것은 문제가 있다고 주장한다. 타자의 신념에 대한 통찰의 가능성이 전혀 없다는 것을 말하는 것이 아니라 인간은 우리 자신의 언어적 공동체 안에 갇혀있는 존재가 아님을 말해 준다. 그들은 이성의 구조를 중심으로 하는 도덕원리로는 이것을 설명할 수 없다고 본다.

타자이해의 근거 또는 필요조건은 인간이 도덕적 언어의 다양성에도 불구하고 그것을 배우려 한다는 단순한 사실에 있다. 궁극적 도덕언어가 없는 한, 우리는 담론참여를 통해 우리들 스스로를 풍요롭게 할 것으로 기대한다. 이성의 구조에 대한 형식주의자들의 견해와 관련하여 필자는 사회-언어적 사상가들의 관점이 더 타당하다고 본다. 해석은 사회적이고 담론적인 실천이기 때문이다. 그러나 여기에서 다음과 같은 질문에 직면한다. 삶이란 타자의 삶과 세계에 대한 신념과 얽혀있다는 종교공동체의 주장과 다를 바가 무엇인가? 만일 그렇다면, 비교윤리를 위해 우리는 다른 사람들의 신념을 정밀하게 분석할 필요는 없을까? 이는 일종의 윤리학적 방법론에 대한 질문이라 할 수 있다.

여기에 비교윤리의 또 다른 접근방식이 제안될 수 있다. 심층구조를 추구하는 형식주의자들과 언어의 다양성을 설명하는 사회-언어적 철학자들 사이에 윤리적 자연주의의 수정론자들이 자리한다.131) 사회-언

---

130) Stout, *Ethics after Babel*, p.5.

131) Francis X. Clooney, "Finding One's Place in the Text: A Look at the Theological Treament of Caste in Traditional Indea", *Journal of Religious Ethics* 17, No.1 (1989): pp.1-29; Robin W. Lovin and Frank E. Reynolds,

어적 사상가들처럼, 신자연주의는 윤리적 형식주의에 나타나는 이성에 대한 기대를 거부한다. 그러나 도덕언어에 대한 집착을 반대하면서 신념체계를 전체적인 것으로 사물의 존재방식과 그 원인에 대한 설명과 도덕적 설명을 분리하지 말아야 한다고 주장한다.[132] 다시 말해, 개인과 공동체가 세계의 기원과 질서 및 목적, 그리고 수단과 목적의 관계 등등의 문제에 대해 상이한 관점들을 고려하면서 어떻게 살아야 할 것인가를 설명해야 한다는 것이다.

신자연주의는 도덕의 특수성과 다양성을 기꺼이 인정한다. 그럼에도 불구하고 그들은 공동체가 각각의 맥락에 따라 선택한 도덕을 지닌다고 주장한다. 다시 말해, 자연주의는 도덕실재론의 또 다른 형태라 하겠다. 그들에 의하면 비교이해는 담론능력의 유비나 이성의 심층구조를 통해 설명되는 것이 아니다. 그것은 실재에 대한 총체적 신념의 전제조건에 기초를 둔다. 타자의 도덕에 대한 설명에서 학자들은 이론이 아니라 신념체계 및 그 도덕적 함의에 대한 관찰과 묘사로부터 출발해야 한다는 것이다.

이러한 성찰은 의무, 목적 및 그 어떤 선천적 세트로부터 시작하지 않는다. 그들은 공동체가 세계에 대한 그들 나름의 확신에 의해 의무, 목표 및 목적을 설명하고 있는지에 관심을 가진다. 로빈(Robin Lovin)과 레이놀즈(Frank Reynolds)는 이렇게 말한다.

> 규범, 사실 그리고 목적 사이의 연관성의 가능 정도는 형식주의자들보다는 실재론자들의 관점에서 찾아 볼 수 있으며, 대안적 규범은 삶의

"In the Beginning", in *Cosmogony and Ethical Order: New Studies in Comparative Ethics*, ed. Robin W. Lovin and Frank E. Reynolds (Chicago: University of Chicago Press, 1985); Lovin and Reynolds, "Focus Introduction", *Journal of Religious Ethics* 14, No.1 (1986): pp.48-60.

132) Lovin and Reynolds, "In the Beginning", p.3.

전체방식에 있어서 그 개념들의 지위와 연관지어 판단해야 하며 여기에는 인간과 실재에 대한 신념들이 포함된다.[133]

이들 사상가들은 세계와 실존에 대한 설명이 공동체 또는 전통 안에서 인간의 삶을 어떻게 형성시키는가 하는 문제에 관심을 가진다. 이와 관련하여 필자의 입장을 설명할 수 있다면, 아마도 이렇게 말할 수 있겠다. 해석학적 논의를 진행하면서도 실재와 도덕의 연관성을 놓치지 않는 것, 그것이 바로 필자의 해석학적 실재론이다. 하지만 해석학적 성찰에서는 이해가 항상 의미를 부여한다고 주장한다. 인간은 의미 창조에 참여함으로써 부분적으로 세계를 발견한다는 것이다. 이것이 바로 도덕의 의미에 관한 신자연주의의 주장이다. 타자이해의 조건은 우리가 의미해석자로서 살아간다는 점에 있다.

비교윤리의 이러한 관점들은 서구사회에서 지난 몇 세기동안 진행되어 왔다. 형식주의자들이 도덕을 이성에 호소하여 설명하는 방식과는 달리 비교윤리는 비교작업에 대한 설명과정에서 기술주의자들을 함정에 빠드리기도 한다. 비교윤리는 자연주의와 비자연주의를 넘나든다. 그 이유는 간단하다. 비교윤리의 여러 관점들은 삶의 형식을 설명해주기는 하지만, 그 각각은 윤리학에 대한 상이한 추론의 설명과 상이한 관념들을 전제로 하기 때문이다. 지금 우리의 논변에서 요구되는 것 이상의 그 어떤 것도 사실 비교이해란 무엇인지를 생각해 보도록 요구한다. 따라서 우리는 해석학적 질문을 제기하게 된다. 우리가 타자를 이해할 때 어떤 일이 발생하는가?

지금 우리의 논변에 기여할 수 있는 것이라면, 그 어떤 것도 도덕적 합리성에 대한 설명을 제시해 줄 수 있어야 하며 공동체가 주장하는 도덕적 확신과 다른 신념들 사이의 관계를 세부적으로 설명할 수 있어

---

133) Lovin and Reynolds, "Focus Introduction", p.57.

야 한다. 이는 비교이해의 또 다른 가능조건을 말해준다. 이 문제들에 대한 답을 제안하면서 필자는 비교이해의 차원들에 관하여 현상학적인 성찰을 시행하고자 한다.

번역과 통찰

인간의 사고에 대한 설명은 이해의 의미에 대한 단초로서 은유, 유비, 행위, 또는 이미지를 사용하기도 한다. 해석학의 중심문제는 이해의 의미를 검토하기 위한 첫 단계로 어떤 이미지 또는 행위가 사용되어야 하는가에 있다. 여기에는 역설이 있다. 이해란 그것을 파악하기 위한 시도에서 발생되는 것이기 때문이다. 이해를 설명할 수 있는 유일한 방법은 이해를 위해 우리가 채택했거나 고안해낸 상징, 이미지, 또는 그림을 성찰하는 것이다.

서양에서 인간의 사고에 있어서 결정적인 것이라고 여겨온 하나의 은유로서, 보이는 것과 들리는 것을 진리의 기준으로 삼는 방식이 있다. 그들에 따르면, 이해란 그 경우에 해당하는 것이 무엇인지를 보는 것이며 사람 또는 사물의 의미에 대한 통찰을 말한다. 따라서, 진리란 지각과 개념, 사물과 그 표현, 실재와 정신 사이의 대응이라는 것이다. 이와 유사한 주장을 말하기와 듣기에 관한 은유에서도 볼 수 있다. 우리는 자신과 세계에 대해 말하는 사람, 문헌, 신념 및 사태에 관심을 가진다. 전통적 인식론에 따르면, 앎이란 무엇인가에 대한 보기 또는 듣기의 종합행위이다. 그 안에서 정신은 자신에게 주어진 것들을 인식한다. 이것은 두 가지 요소를 지닌다. 첫째, 지식이란 수용적이며 능동적인 것이다. 앎에는 감각지각처럼 무엇인가를 받아들여서 관념과 개념을 통하여 의미를 발생시킨다. 둘째로, 지식이란 이러한 수용적 차원과 능동적 차원의 관계에서 발생한다. 지식의 조건은 단순한 감각자료도 아니며 관념 및 개념의 구성물도 아니다. 종합행위 그 자체이다. 이것은 필자가 4장에서 '의미'를 해석학적으로 규정한 것과도 연관된다. 의미는 이해와 의미가 언어적 매개를 통하여 연결되는 사건이라는 것이다.

이러한 논의는 비해석학적 근거에서도 가능하다. 예를 들면, 칸트에서 피히테에 이르는 비판적 관념론에서는 지식의 조건을 선험적 자아의 종합행위 안에서 발견하였다. 즉 자아는 감각적 직관과 개념을 연결지음으로써 지식을 산출한다. 그러나 이것은 또한 자아의 내적 역동성으로서의 자아가 항상 그 자체의 모든 행위들 안에서 그 자체에로 매개된다는 것을 의미한다. 이렇게 본다면, 자아가 그 자신의 존재를 파악하고 있는 셈이다. 데카르트가 말한 것처럼 '나는 생각한다. 그러므로 나는 존재한다'는 것과 같다. 하지만, 자아의 직접성에 도전장을 내민 해석학에서는 언어와 대화적 해석행위라고 말한다. 해석학은 인식론의 협소한 관심으로부터 벗어나고자 하며 동시에 지식의 수용성과 능동성을 인정한다. 해석학은 항상 자기이해를 자아 아닌 타자와의 만남과 연결시키려 한다는 특징을 지닌다.

이렇게 본다면, 다음과 같은 질문이 생긴다. 비교이해에 대한 구성적 사상가들의 관점은 무엇인가? 아이러니칼하게도, 현대의 비교윤리학에서는 이 질문에 답이 없다. 이 경우는 이해가 유비적 통찰을 수반하며 번역이라는 행위를 통하여 달성될 수 있다는 주장을 제안하는 학자들 사이에 암묵적인 동의가 이루어졌다고 볼 수 있다. 이에 속하는 학자들의 관점을 채택하여, 필자는 번역과 통찰이란 무엇인지 설명하고자 한다. 번역에서는 시적인 것까지도 비교이해의 능동적 차원에 속하지만, 반면에 통찰은 수용적 측면에 해당하며 기본적으로 미학적 차원이라 할 수 있다. 이들의 관계는 해석을 통하여 드러난다. 해석이란 본성적으로 의사소통적이고 상호주관적이다.

서양문화에서 비교란 여행과 모험을 통해 생겨나며 다른 문화를 번역하는 행위에서 나왔다. 이것은 일종의 현상학적 특징을 지닌다. 3장에서 본 것처럼, 정보화시대의 인간에 관한 가정으로도 작용한다. 비교이해는 일종의 움직임을 수반한다. 번역이 그것이다. 번역은 언어체계에서 가장 잘 나타난다. 그리고 언어를 매개로 하여 문화권을 넘나든다. 이해란 자신과 타자의 의미세계를 넘나드는 문헌, 신념, 행위들의 번역을 통해 이루어진다. 가다머는 이렇게 말한다.

> 옮겨다님에 대해서 다음과 같은 것을 발견할 수 있을 것이다. 우리가 번역할 때, 죽은 사물을 바꾸어 놓을 때, 새로운 이해의 행위에서, 낯선 언어에서 우리 자신의 언어로 넘어 가는 경우에서만 현존하는 것에 내포된 것은 무엇인가? 번역과정은 세계와 사회적 의사소통의 전체비밀을 내포한다.[134]

이해의 비밀은 타자의 문헌, 신념, 관행 등의 주제에 의해 발생한다. 이것은 언어가 이해의 매개적 구조이기 때문에 그렇다. 따라서 번역에서 사물 또는 인격이 말하고자 하는 것과 관련된 언어적 매개와 이해의 변증법이 발견된다.

부분적으로, 타자에 대한 이해는 신념, 관행, 문헌, 상징 등을 해석자가 파악할 수 있는 언어로 번역하는 과정을 통하여 발생한다. 이는 헤르메스, 즉 두 세계 사이의 메신저가 작용하고 있음을 보여준다. 그러한 움직임은 종교공동체에 낯설지 않다. 터너(Victor Turner)가 말한 것처럼 제의적, 연극적 행위를 통하여 그들은 세계들 사이, 성과 속, 시간과 영원 사이 그리고 다양한 의식의 한계들을 넘나드는 움직임을 수반한

---

134) Gadamer, *Truth and Method*, p.497.

다.135) 이러한 행위에서 참여자는 언어와 행위에 의해 한 세계에서 다른 세계로 옮겨지고 번역된다. 단순한 관찰만으로는 뜻이 통하지 않는다. 번역은 일종의 은유적 과정이다. 의미를 언어적 행위로 옮겨 주는 것은 은유에 수반되는 움직임이다.136) 시학에서는 이것을 의미창조로 설명할 수 있을 것이다. 비교는 번역 안에서 그리고 번역을 통하여 은유적 행위가 된다. 이것이 비교이해의 능동적 차원이다.

번역의 은유성은 비교연구의 진정한 문제가 무엇인지 보여준다. 번역자는 무엇을 주장하는가? 해석자의 언어와 그 신념 사이의 충돌을 통하여 번역되고 창조되기도 하는 공동체의 신념을 가리키는 것인가? 만일 번역이 은유적 행위라고 한다면, 의미창조는 조절할 수 없을 것이며, 따라서 타자에 대한 현실적 신념에 관한 그 어떤 정확한 지식을 얻지도 못할 것이다. 이 문제는 지금 우리가 수행중인 과제의 뒤로 밀쳐져 있다. 우리는 지금 비교이해를 위한 형식적인 메타언어의 필요성과 그 가능성에 대해 논하고 있으며, 관찰자의 관점에서 성취되어야 할 것은 무엇인지 논하고 있다. 어떤 사람들은 온전한 번역이란 그 어떤 일상언어에서도 불가능하다고 주장한다. 다의성과 은유성으로 가득 차 있기 때문이다. 그러므로 철학에서는 비교가 수행될 수 있는 인공언어, 즉 그리피스(Paul Griffiths)가 말한 비자연화된 담론을 구성해야 한다.137) 이러한 담론은 은유로부터 자유롭고 따라서 일의성을 추구하는

---

135) Victor Turner, *Dramas, Fields, and Metaphors: Symbolic Action in Human Society* (Ithaca, N. Y.: Cornell University Press, 1974).
136) 은유에 대한 이해를 위해 다음 책을 참고할 것. Paul Ricoeur, *The Rule of Metaphor: Multi-Disciplinary Studies in the Creation of Meaning in Language*, trans. Robert Czerny, Kathleen McLaughlin, and John Costello (Toronto: University of Toronto Press, 1977), Janet Martin Soskice, *Metaphor and Religious Language* (Oxford: Oxford University Press, 1985).
137) Paul Griffiths, "Denaturalized Discourse", a paper presented to The Colloquium on Religion(s) in *History and Culture*, (University of Chicago,

노력에서 의미를 창조한다. 다른 철학자들은 이러한 시도를 하지 않는다. 구성된 담론은 현실적으로 이해를 추구하는 것에 대한 설명임을 확증할 수 없기 때문이다. 마찬가지로, 비교이해의 은유적 특징으로부터 벗어날 수도 없다. 이해 자체가 번역의 행위이기 때문이다.

이러한 논쟁이 우리게 시사해주는 것은 비교의 형식적 기준들, 예를 들어 타자의 신념과 행위를 그들이 그것을 이해하고 있다는 식으로 정확하게 표현하는 것 등은 언어분석만으로는 정당화될 수 없다. 번역이라는 행위 자체가 은유적인 것이기 때문이다. 이 문제를 해결하기 위해서, 그리고 이해되어야 할 것의 독립지위를 존중하기 위해서는 번역의 은유성으로부터 벗어나려 해서는 안된다. 그것은 자연적 담론의 필연성이거나 참여자의 태도가 문제이기 때문이다. 그 대신 번역이라는 행위 안에서 무엇이 발생하는지를 살펴보아야 한다. 이것은 번역이 이해의 또 다른 차원과 연관되어 있다는 뜻이다.

이렇게 볼 때, 비교윤리에 관한 논의들은 직관적 성격을 지닌다. 논쟁에 참여하는 사람들은 비교를 통하여 타자의 신념과 가치들에 대한 유비적 통찰을 얻게 된다는 점에 동의한다. 예를 들면 덕과 타자와의 관계에 대한 일련의 주장 등이 여기에 해당한다.[138] 사실, 철학자들은 은유능력과 의미교차능력에는 비록 은유적인 것이기는 해도 거기에서 나타나는 유사성이 이전에 이해되었던 것에 대한 새로운 통찰, 새로운 발견을 제공할 필요성이 있다는 점을 잘 알고 있다. 통찰은 번역행위 안에서 발생하는 비교이해의 수동적이고 심지어는 감각적인 차원이라 할 수 있다. 그러므로 리쾨르가 발명(번역)은 현실적으로 발견(통찰)이라

1989).

[138] Lee Yearly, "Aquinas and Mencius: Theories of Virtue and Conceptions of Courage", in *Towards a Comparative Philosophy of Religion(s)*, ed. David Tracy and Frank E. Reynolds (New York: SUNY Press, 1990).

고 한 것은 옳다.[139] 유비적 통찰이 번역이라는 발명적 행위 안에서 발생하는 것이기 때문에 이것이 타자는 삶을 어떻게 볼 것인가에 대한 일정한 진리를 줄 수 없음을 의미하지 않는다.

　번역과 통찰은 비교이해라는 핵심으로부터 볼 때 변증법적 특성을 지닌다. 우리는 비교를 통해 번역의 가능성과 한계를 은유적 행위로 찾아 낼 수 있다. 타자의 신념과 관행들을 우리의 담론이 되게 함으로써 새로운 의미를 창조하는 유사성을 충분히 찾아볼 수 있다. 그러나 무엇인가는 상실될 것이고 결코 정확하게 옮겨질 수 없는 것이 있게 마련이다. 이것은 번역이라는 은유적 행위가 지니고 있는 생산적 특성 때문이다. 이것은 비교이해에 내재된 해석학적 문제의식 보편성을 보여주는 것이며, 해석의 기초가 된다.

　필자는 비교이해가 곧 번역의 행위라고 본다. 번역을 통해 삶과 세계에 관한 상징, 신념, 신화 등의 수단으로 전통, 공동체, 사상가들 사이의 유사성과 차별성에 대한 통찰을 얻게 된다. 이것은 그다지 좋은 제안은 아닐 것이다. 이 제안은 비교연구의 공통적인 관행과 맞아 떨어진다. 지금 우리의 논의에서 설명되지 않은 것은 해석이라는 행위에서 번역과 통찰의 변증법을 통한 사고방식의 문제이다. 학자들은 번역과 통찰의 종합이라 할 수 있는 이해행위에 대한 해석을 추구하며 선험적 '자아'에게만 호소하지 않고 그 자체로 진정한 의미에서 비교적인 것을 추구한다. 이러한 관점에서 모방이 도움될 것이다. 이 문제를 설명하기 위해 필자는 비교에 어떤 문제들이 수반되는지 살펴보고자 한다.

---

139) Ricoeur, *Interpretation Theory*.

모방과 해석

모방이라는 말은 디오니소스 축제와 시실리아의 마임, 즉 제의와 연극에서 비롯되었다. 후대에 플라톤과 아리스토텔레스는 이것을 예술, 시, 도덕교육 및 형이상학에 사용한다. 플라톤 이전에 미메시스는 모방이라는 뜻으로 이해되었으나 플라톤에게서 모방이라는 뜻은 물론이고 '유사하게 만들다', '구현하다', '표현하다', '드러낸다'는 뜻으로도 읽혀지게 되었다.140) 미메시스를 제대로 알기 위해서는 상징행위가 인간행위의 표상성을 설명해주는 것임을 인식할 필요가 있다.

미메시스의 기원은 제의 및 연극에서만 아니라 아리스토텔레스의 철학에서 나왔다는 것이 현대사상가들의 관점이다.141) 미메시스 문제를 다루는 데에는 몇 가지 이유가 있다. 첫째, 연극행위에로의 관심전환은 문헌, 상징 또는 이미지의 의미가 작가 또는 그 모사대상이라는 것만으로는 충분하지 않기 때문이다. 이것은 예술이란 자연의 모방이거나 이데아적 형상의 모방이라는 고전적 관점에 도전장을 내민다. 이러한 노력은 비교연구에서 매우 중요하다. 작품의 기원 또는 작가하고 가정된 것보다는 해석의 문제에 관심을 기울이는 사람들을 자유롭게 해주기 때문이다. 리쾨르가 말한 것처럼, 해석학에서 우리는 문헌을 통하여 드러난 것이 세계 내 존재의 방식과 관계있다는 데 관심을 가진다.142) 윤리학자들에게 있어서 이러한 개시는 개인과 사회의 행위 및 성격에 영향을 준다.

둘째로, 미메시스에 대한 논의는 이해의 방식에 관하여 말해준다.

---

140) Koller, *Die Mimesis in Antike*.
141) 제의에 있어서 미머시스에 대해 설명해 준 두 사람이 있다. 가다머(Hans-Georg Gadamer)와 지라르(Rene Girard)이다. 그리고 데리다의 비판도 참고할만 하다.
142) Ricoeur, *Interpretation Theory*.

그것은 해석행위가 제의적이고 연극적인 형태의 행위라는 것을 보여준다. 또한 이해에 대한 설명을 개념과의 관계에서 지각적 은유, 즉 보기와 듣기라는 관점으로부터 행위와 실천으로 볼 수 있게 하며 참여자적 태도를 요청한다.143) 가다머 등이 말한 것처럼, 이해는 대화적 상호관계에서 발생된다. 대화는 그 성격상 모방적이다. 미메시스가 우리에게 줄 수 있는 것은 이해에 있어서 실천의 중요성, 실행적 행위의 특별함에 대한 통찰이다.144)

마지막으로, 미메시스에 대한 관심은 이해조건에 대한 논의거리를 제공한다. 미메시스는 해석에 있어서 행위와 언어의 연관성에서 발견된다. 모방적 실천은 반성적 과정으로서, 개인과 공동체가 다양한 삶의 해석에 접근할 수 있게 한다. 해석이 학자의 미메시스적 실천이라고 할 수 있다면, 다음 두 가지를 입증할 수 있을 것이다. 첫째, 종교공동체와 학자들의 미메시스적 행위를 유비적으로 연관지어 설명할 수 있다. 둘째로 비교종교연구에서 도덕적 요구가 다른 기준을 요구하는지를 설명할 수 있다. 이것은 비교작업 그 자체가 일종의 도덕적 과제로서, 거기에 수반되는 모든 위험과 책임을 감수하는 것임을 보여준다. 이제 필자는 비교종교 윤리에 있어서 해석의 중요성에 대해 살펴보고자 한다.

이해의 조건

이해에 대한 설명은 단순하면서도 곤혹스러운 문제로부터 시작하지

---

143) Turner, *Dramas, Fields, and Metaphors*, Mircea Eliade, *The Sacred and the Profane: The Nature of Religion*, trans. Willard R. Trask (New York: Harcourt Brace Jovanovich, 1959).

144) J. L. Austin, *How to Do Things with Words*, 2d ed., ed. J. O. Urmson and Marina Sbisa (Cambridge: Cambridge University Press, 1975).

않으면 안된다. 무엇인가를 이해한다는 것은 이해를 추구하는 자에게 미리 부여된 그 무엇과의 관계성을 요구하게 마련이다. 이러한 관계성이 없다면, 이해는 불가능할 것이며 타자의 생각과 삶에 대해 해석자의 관점에서 부과해주는 그 무엇에 불과할 것이다. 비교연구의 문제의식은 다음과 같다. 근본적으로 차별성있는 도덕과 종교이해의 조건은 무엇인가? 비교윤리학자들 사이에도 이 문제에 대한 동의가 이루어지지 않고 있다. 어떤 사람들은 이성의 심층구조를 말하기도 하고 다른 사람들은 도덕언어를 말할 수 있다는 최소조건을 주장하기도 하며, 비자연화된 메타언어를 비교작업의 조건이라고 말하는 사람들도 있다.

공연행위 또는 미메시스에 대한 관심은 이러한 맥락에서 새로운 관점을 제공한다. 비교연구의 조건은 행위를 통하여 우리 자신과 세계에 대한 느낌을 갖는 것이다. 요나스는 이렇게 말한다.

> 실재는 동일한 행위 안에서 개시된다. 그리고 개시가 곧 나의 실재이다. 이것은 자기행위에서 발생된다. 느낌을 통하여 우리는 내가 노력하고자 하는 그 무엇에 대한 나의 실재를 알게 되며 세계라는 실재를 느낄 수 있다. 그리고 나 아닌 타자와의 만남에 힘쓰게 된다.[145]

현상학을 정당화하는 것이 이 책의 목적은 아니다. 기껏해야 우리는 현상학의 발견법적 중요성을 설명하는 정도에 그치게 될 것이다. 요점적으로 말한다면, 이해의 조건은 행위에서 발견된다. 행위는 자아, 세계, 타자 사이의 관계를 개시해주는 지향적 구조를 지니기 때문이다. 그러나 행위와 그 실재의 개시에 대한 이러한 원초적 관찰은 이해의 조건을 완전히 설명할 수 있는 것은 아니다. 행위가 발생하는 공유된 지평에 대해 말해주지 못하거나 그 지평을 구성하는 자기행위를 가정

---

[145] Jonas, *The Phenomenon of Life*, p.148.

할 뿐이다. 만일 후자의 경우라면, 이해되는 것이 자아의 표현임을 어떻게 확신할 수 있을까? 보다 일반적인 용어로 쓰자면, 그것이 인식구조 또는 희망사항이라는 것을 어떻게 확신할 수 있는가?

앞서 우리는 해석이란 공연행위와 같다고 말했기 때문에, 공간과 시간이 이해의 지평이라는 점을 유추할 수 있다. 이 지평은 해석자의 행위를 통해 개시되는 것이지, 해석자에 의해 구성되는 것은 아니다. 요나스는 이렇게 말한다.

> 말하기에서처럼 모사적 표현에 있어서, 행위하는 공연자 자신의 몸은 상징성의 전달체이며 전달되는 행위 그 자체에 매여있다. 따라서 배우와 관객이 공유하는 시간과 공간에서 제정되는 이미지성은 발생하고 상호작용하며 지나쳐 가는 것들 안에서 공동의 인과 질서에 속하게 된다. 공동의 시간 속에서는 실재로 그 어떤 일도 일어나지 않는다. 그것은 사실상 반복이라 할 수 있으며 이것은 정체성이 실재적 사태의 고유성을 설명하는 표식이지만, 드러나기 위하여 반복되는 것이며 단지 산출되는 것일 뿐이다.[146]

미메시스적 행위는 상호행위의 신체적 특징을 통하여 공동의 질서에 참여하게 된다. 이러한 신체성은 문헌을 읽거나 제의행위에 참여하는 경우에서 나타난다. 미메시스적 행위의 참여적 특성은 비교이해를 가능하게 하는 조건을 어떻게 설명해야 하는지 보여준다. 해석이라는 행위를 시행함으로써 해석자는 공간적이고 시간적인 질서를 공유한다.

신념 및 삶의 방식의 유사성을 통찰할 수 있는 것은 해석에 있어서 공동의 질서가 작용하기 때문이다. 그러나 이것은 차별성을 인식하는 조건이 되기도 한다. 행위에서 개시되는 것은 타자라는 실재이며 상이한 해석자라고 하는 실재이기 때문이다. 해석자는 해석을 통하여 타자

---

146) 같은 책, p.163 주 3에서 재인용.

를 느끼게 된다. 요나스에 따르면, 해석에 있어서 이러한 '느낌'에는 인지적 차원이 내재한다. 질적 이해에 해당하는 것이기 때문이다. 예를 들어 우리는 불협화음에서 자아와 타자의 신념의 차이를 느낄 수 있으며, 혐오감에서 매혹에 이르는 영역에 대해 응답한다. 이러한 느낌들은 도덕적 이해에 대한 감각지각 및 경험적 지식의 관계와도 같다.[147] 그러므로 비교주의자들이 이해를 유비적 통찰이라는 특성의 것이라고 말하는 것은 그리 놀랄 만한 일은 아니다. 우리는 이제 기본적인 느낌의 단계에서조차도 항상 다른 것으로 남아있는 것에 대한 통찰을 얻게 된 셈이다.

    이것은 윤리적 성찰에 대해서도 의미있는 제안이다. 한편으로 해석 행위의 본래적 특성을 통하여 드러난 시간과 공간의 지평은 비교윤리에 있어서 자연주의자들이 좋아하는 배경이라 할 수 있다. 도덕은 실재의 구조와 역동성 안에서 발생한다. 그 실재가 비록 구성된 것이라 해도 마찬가지이다. 다른 한편으로, 타자의 불가환원성과 타자와의 관계에서 느끼는 우리 자신에 대한 느낌은 윤리학에 해석학적 접근이 필요하다는 사실을 보여준다. 도덕적 행위의 세계는 항상 해석된 것이게 마련이다. 요컨대, 이해라고 하는 사건은 이 세계에 대해 선험적인 것이 아니다. 이해는 행위의 공유된 인과질서와 연속성을 지니고 있는 의미의 출현에 상호작용을 통하여 참여한다. 바로 이것이 필자가 윤리학에 있어서 해석학적 실재론을 주장하는 이유이다. 그렇다면, 해석되는 것이란 무엇인가? 이것을 설명하기 위해 미메시스에 대한 전통적인 생각을 검토해 보자. 이것은 표상에 대한 것이라 할 수 있다.

---

147) Habermas, *Moral Consciousness and Communicative Action*.

미메시스와 표상

서구사상에 있어서 많은 경우에, 표상의 의미와 진정한 지위를 설명하기 위해 취해온 전술은 표상의 원인을 설명하는 것이었다. 이는 '표현이란 주체의 힘이며, 표현들은 사물들을 드러내어주며 본질적으로 드러날 수 있는 사물과 관련하여 우리들을 그 주체로 지칭하는 것'임을 가정한다.[148] 고전시대 뿐아니라 심지어는 19세기 낭만주의에서도 모방은 표상, 대상 그리고 표상의 원인(자연 또는 정신) 사이의 관계를 설명해주는 방식으로 간주되었다. 비교주의자들이 직면하는 문제는 종교공동체가 삶을 해석하고 인도하기 위해 사용하는 이미지, 상징, 신화가 주체의 표현으로 환원되기 어렵다는 점이다. 표현주의 미학은 복합적인 신화와 상징체계를 설명할 수 없다. 그렇다면 어떻게 이 체계들을 설명할 것인가? 이를 위해 두 가지를 고려해야 한다. (1)상징적 또는 언어적 표현의 일반적 문제와 (2)학자들이 설명하는 표현의 특정한 문제가 그것이다.

의미론적 효율성에 있어서 결정적인 것은 그 자체의 원인을 말소시키거나 변형시키는 언어적이고 상징적인 형태의 능력이다. 한 권의 저작은 하나의 문헌이라는 규정을 내리는 행위에 의해 저자의 의도에서 떨어져 나간다. 그 자체의 생을 시작하는 것이다. 개시되는 것은 인간 주체의 지향성이 아니다. 테일러는 이렇게 말한다.

> 넓은 의미에서 언어의 발전을 통하여 생겨나는 것은 표현력이다. 이 표현의 힘은 사물을 드러내 보여준다. 이것이 자기표현 또는 자기실현이라고 생각되어야 하는지는 분명하지 않다. 드러난 것은 배타적으로 또는 주된 방식으로 자아를 말하는 것이 아니라 세계이다.[149]

---

148) Charles Taylor, *Human Agency and Language, Philosophical Papers* I (Cambridge: Cambridge University Press, 1985), p.221.

현대해석학에서는 이것을 가리켜 해석자를 저작의 명시적 기원에 대한 탐구로부터 자유롭게 하는 것이라고 말한다. 그러나 이러한 작업에는 난점이 있다. 만일 저작성에 대한 질문을 괄호에 넣는다면 그 주제에 대하여, 그 작품이 언급하는 표상을 어떻게 이해하라는 것인가?

이 질문은 문헌, 상징, 행위에 관한 핵심문제이다. 그 답을 위해 우리는 청중과 주체에 대해 생각해 볼 필요가 있다. 이것은 문헌의 저자와는 별개의 것으로서, 문헌 안에 표현된 것과 표현되는 사물에 관한 청중의 관심을 생각해 보도록 이끌어 준다. 그리하여 윤리학의 중심문제가 종교적 실천에서 어떻게 드러나는지를 설명하기 위해서는 삶의 문제를 포함해야 함을 알게 된다. 비교는 공동체의 가정된 도덕적 담론에 제한될 수 없다. 이것은 마치 담론이 이 세상으로부터 공동체의 담론적이고 제의적인 행위에서 실천되는 세계로부터 매정하게 단절되는 것과 마찬가지다. 신자연주의자들이 주장하는 것처럼, 비교윤리는 인간의 삶에 대한 신념과 그들의 세계에 대한 신념 사이의 관계를 고려해야 한다.

그러나 자연주의는 해석학적으로 수정되어야 한다. 비교윤리는 개인과 공동체가 삶과 행동에 대한 의미부여방식을 검토할 필요가 있다. 윤리학자들은 이 문제에 접근할 때, 공동체가 연극적 행위를 통하여 그리고 삶의 특정한 방식에 대해 구별된 문헌을 해석하는 제의적 방법에 이르는 모든 것을 통하여 등장인물과 그 행위를 묘사할 때 사용하는 이미지들을 해석한다. 비교주의자들은 복합적인 실천의 공동체가 그들의 삶을 상징화한다고 주장한다. 이러한 실천의 대상은 특별한 삶의 양식으로 나타난다. 이것은 도덕으로 매우 분명한 의미를 지닌다. 윤리학의 기본질문은 어떻게 살 것인가의 문제이다. 이것은 다시 신념

---

149) 같은 책, p.238.

과 행위의 구체적 모범 사이의 현실적 또는 잠재적 상이성의 문제에 귀결된다. 공동체의 미메시스적 역동성에 대한 설명은 바로 이러한 문제들에 속하는 것이라 할 수 있다. 이것을 가능케 하는 것은 청중과 해석자가 언어의 주제에 대해 어떤 관계에 있느냐 하는 점에 달려있다. 그 주제는 신호체계 뿐 아니라 담론, 즉 행위자들 사이의 상호적이고 대화적인 행위의 매개체인 담론을 통하여 나타난다. 해석자들은 해석의 노력을 통해 이러한 대화의 영역으로 들어간다. 그들은 다른 공동체의 상징, 문헌 및 행위에 관여함으로써 비교주의자들은 의미의 공유라는 새로운 세계를 제시한다.

이제까지 우리는 두 가지 주장을 전개해 왔다. 첫째, 타자이해의 가능조건은 행위라는 점이다. 해석이라는 행위는 공동의 시간 및 공간적 질서를 요구하며 제시한다. 그것이 비록 해석자와 해석되는 것 사이의 차이를 발생시킴에도 불구하고 말이다. 그것은 종교적 실천에서 발생하는 것에 대한 유비이며 미메시스라는 개념을 수단으로 삼아 설명된다. 특히 미메시스가 연극과 제의로부터 나온다고 본다면 더욱 그렇다. 둘째, 비교윤리가 연구하는 것은 무엇이든 간에 공동체가 삶에 대한 지식을 제공하기 위하여 사용하는 이미지, 상징, 이야기들에 매어있다는 것이다. 이것은 삶의 방식을 제시하기 위하여 행위를 해석하는 것을 말한다. 다시 말해, 표현과 표상의 문제를 미메시스적 행위의 은유적 특성을 통하여 설명할 수 있다는 것이다. 미메시스는 비교주의자들이 다루고자 하는 이른바 특수한 표현에 대한 설명을 도와줄 수 있을까?

가다머는 상징, 이미지 또는 예술작품이 그 주제의 형상화에로 변형시켜줄 수 있는 것이라고 주장하였다. 인간의 행위는 이야기 속에서, 거룩성의 원천은 우주적 신화에서 등등. 이러한 변형에 있어서 주제는 그것이 어떻게 발생했든지 간에 담론 또는 특정한 제정, 제의와 연극에서 그 순간적인 외견을 넘어서는 일정한 이념성을 성취한다. 예를 들어 인간행위의 덧없고 변덕스러운 모습은 드라마에서 변형되어 나타나는 의미 안에서 더욱 즐거움을 가지게 된다. 형상화를 통하여, 즉 이야기를 통하여 생겨나는 것들의 우연성 뿐 아니라 그 이념성, 특성 및 의미에 대해서도 관심을 가지게 된다.

이것은 문헌, 상징 및 예술작품에 대한 근대적 성찰에 있어서 하나의 개념으로서의 미메시스가 사라진 이유를 설명해준다. 근대사상에는 안정된 자연 또는 본질의 개념이 사라지고 역사와 변화의 영역이 나타난다. 모방에 대한 비판은 대략 이렇다. 시학으로서의 미메시스는 실재론적 존재론을 요구한다. 시적 형상을 이루는 첫 단계는 자연에 있어서의 형상과의 접촉이다.150) 다시 말해 아리스토텔레스적 미메시스가 플롯에 의해 드러나는 것처럼 해석자는 인간행위의 본성에서 발견되는 이념성 또는 형상을 파악해야 한다는 것이다. 이렇게 본다면, 고전적 실재론에 대한 비판은 문제될 것이 없다. 삶의 공동체적 특징을 해석함으로 파악되는 이념성은 인간의 본성이나 형상을 말하는 것이 아니다. 엄밀하게 말하여 공동체가 닮아가려고 노력하는 것이며, 삶의 특수하고 역사적인 우연성을 알려준다. 이러한 이념성은 당위에 대한 비전을 제시하여 인간됨의 방식을 설명하게 된다. 공동체의 특정한 이미지, 상징, 신화는 삶에 대한 비전을 형상화하며 이것은 공동체와 그 구성원의 에토스 및 행위에 달려있다.

미메시스의 연극적 기원을 회상함으로써 우리는 특정한 상징적 형상과 행위를 통하여 의미를 창출하고 수용하게 된다. 근대의 표현주의자들과는 달리 비교주의자들의 해석은 삶의 방식을 보여준다. 이처럼

---

150) John D. Boyd, *The Function of Mimesis and Its Decline* (Cambridge: Harvard University Press, 1968), p.54.

그림이 의미를 가지게 되는 미메시스적 실천에 주의를 기울인다는 것은 우리가 그것들을 자연의 실재론적 모방, 조야한 상상적 창조물, 또는 집단 및 개인의식의 단순한 투사로 간주하지 않는다는 것을 의미한다. 그것들은 상징적 상호작용 안에서 설명되어야 한다. 공동체의 상징적 세계의 총체성은 미메시스적 실천과 관계되며 이것은 삶의 방식에 대한 정보를 준다. 특정한 형상은 공동체적 해석이라는 전체성에 위치한다.

이를 위해 우리는 이해의 조건에 관한 논의로 돌아갈 필요가 있다. 해석자는 공동체의 특정한 이미지, 상징, 신화들을 어떻게 이해하는가? 우리가 주의해야 할 것은 바로 이러한 이해의 능동적 특성에서 수용적 특성에로의 전이, 미메시스적 행위의 시적 측면으로부터 미학적 측면에로의 전이이다. 우리는 청중에 대해 생각해야 하고 종교공동체의 해석자에 대해서도 생각해 보아야 한다.

청중과 해석자

형상화에로의 변형을 통하여 타자의 상징, 이미지 그리고 행위들은 그 관찰자들에게 보여지는 자신을 넘어서 모든 해석자에게로 확산된다. 삶의 방식은 형상화를 통하여 일정한 이념성을 얻으며, 이는 청중 또는 독자라고 할 수 있는 어떤 사람을 위한 것으로 드러난다. 여기에서 이해가 발생한다. 형상화는 지향성을 지니고 있다. 형상화는 해석자로 하여금 그 완전한 의미를 이해하도록 요청한다. 청중은 해석작업에 관여함으로써 상징, 문헌, 이미지의 의미에 결정적 요소가 된다. 참여자적 관점은 이해추구에 기초적이다. 상징적 행위가 기호체계의 한계를 넘어서는 것은 바로 청중 또는 해석자의 삶에서이다.

이러한 관찰은 우리들을 이해의 수동적 차원에로 이끌어 준다. 우리는 관찰자가 고대 제의행사의 청중들이었다는 사실을 기억할 필요가 있다. 비교윤리에서 해석자의 '이론적' 관점은 플라톤이 주장하는 것처럼 보이는 것에 관여하지 않는다는 뜻이 아니다. 그것은 관찰자적 관점을 요구하지 않는다. 이것은 마치 비교주의자의 주장이 사건 또는 상태에 관한 명제적 진술에 환원될 수 있는 것과도 같다. 이론적 관점이라는 것은 해석에서 요구되는 이해를 위한 타자와의 상호관계라 할 수 있다. 가다머가 말한 것처럼, 이해는 경청함에서 시작된다. 그는 미메시스와 표현(Darstellung)이 단순한 복제된 반복이 아니라 본질의 인정이라고 주장한다. 그것들은 단순한 반복이 아니라 무엇인가를 야기시키는 것이기 때문에 관찰자는 그것들 안에 포함되어버린다.[151]

이러한 인정 또는 통찰은 복합적인 현상이다. 아리스토텔레스에서 리쾨르에 이르기까지 사상가들은 해석적 상호작용에서 다양한 느낌들, 즉 경건함에서 두려움에 이르는 감정들이 발생한다고 주장한다. 그리고 이것은 청중으로 하여금 상징적 작품들에 의해 개시된 것을 감상할 수 있도록 한다는 것이다. 우리는 그것에 대한 정서적 응답을 통하여 우리 자신을 해석하게 된다고 한다. 느낌은 해석행위에서 생겨나는 것이기 때문에 인지적 특성을 지닌다. 그것은 감각자료에 대한 도덕적 유비이다. 여기에서 해석은 도덕적 자기이해가 자신의 행위에 대한 느낌을 통하여 타자에 대한 이해와 연계되도록 한다. 행위에 대한 현상학적 관찰의 의의는 이렇다. 자아와 타자는 행위의 특성의 노력과 느낌 안에서 개시된다.

자아와 타자의 관계에 대한 인정은 맥킨타이어가 말한 것처럼 해석행위에 대해 내적인 선이다.[152] 통찰의 선함은 상징, 신화 그리고 제의

---

151) Gadamer, *Truth and Method*, p.103.
152) MacItyre, *After Virtue*.

가 이해의 사태에 들어오기를 원하는 청중과 관찰자를 향하고 있기 때문에 가능하다. 해석자는 해석되어지는 것으로부터 궁극적으로는 자유로울 수 없다. 비록 이해되는 것이 그 드러남을 위하여 해석자를 요구한다고 해도 말이다. 해석자와 주체의 관계는 해석행위 안에서 발생하는 이해라고 하는 사태에서 체험되는 동시성을 설명해 준다. 예를 들어 우리는 고대문헌에 대한 주장을 이해할 수 있고 그것이 현대에도 존속한다는 것을 알 수 있다. 이것이 가능한 것은 이해의 시간-공간적 조건이 행위 안에서 개시되기 때문이다. 가다머에 따르면, 통찰의 독특성을 구분짓는 이른바 지평의 융합(Horizontverschmelzung)이 있다. 해석자의 의미의 지평, 즉 의미있는 행위의 시간-공간적 조건에 대한 설정은 해석에 의해 변형되고 얽히게 된다. 비록 그것이 해석자의 연극적 행위에 의해 새로운 것이라고 말해지는 것이라고 해도 마찬가지이다.

청중의 내함성, 그리고 이에 따른 해석자의 상징적 의미에의 내함성은 비교윤리의 주목할 만한 의의이다. 공동체의 형상화를 해석한다는 것은 특정한 사람들이 어떻게 살고 있는지가 미메시스적 실천 안에 들어온다는 것이며 그 안에 드러나는 것과 유사하게 된다는 것을 이해하는 일이다. 의미를 번역 또는 전달함에 의하여 해석자는 문제의 대상인 신념들 사이의 유사성과 차별성을 구하는 사태 안에 들어가게 된다. 이러한 통찰은 그림이나 신념에 그 근거를 가진 것이 아니며 또한 그렇게 옮겨지는 것도 아니다. 그와같은 옮겨짐은 완전할 수 없기 때문이다. 통찰이란 해석이라는 미메시스적 행위의 하나의 목적, 선이다. 그것은 인간의 선이 합리적 행위와의 관계에서 어떻게 존재하는 것인지를 보여준다. 통찰은 노력과 만남에서 비롯된 능동적 반응에 의해 조건화된 이해의 한 형식이다. 해석이라는 실천에 대해 내적 연관성을 지닌 선으로서, 통찰은 해석과 미메시스적 행위 사이의 유비적 관계를 그 공동체가 어떻게 살아야 하는지에 대한 해석을 형성하고 그 적절성을 조절하는 것을 통해 나타난다.

미메시스를 비교이해의 설명에 활용함으로써 우리는 해석이란 비교철학자의 미메시스적 실천이라는 것을 알 수 있다. 통찰은 그 해석의 선한 열매이다. 이것이 의미하는 것은 삶을 알려주는 것이 비교윤리가 설명하는 것의 부분이라는 전통을 형상화해준다. 전통을 해석한다는 것은 그러나 레이놀즈가 제안하는 것처럼 비교라고 하는 이론적 과제를 풍요롭게 하는 단순한 도구에 지나지 않는 것이 아니다.153) 이러한 형상화에 관여하지 않고서는 비교할 만한 것이 아무 것도 없다.

이해와 책임

그렇다면, 특별히 윤리적 용어를 통해 이해되는 것은 무엇이며 이것은 해석기준과 어떤 관계에 있는가? 이것은 미메시스적 실천의 마지막 차원이다. 분명히 우리가 연구하려는 것은 공동체가 그 세계와 그 사람들의 삶의 규범과 관련된 신념, 이미지, 이야기 및 여타의 형상화에 관한 것이다. 그리고 해석의 형식적인 기준은 공동체의 특징과 삶의 정확한 표상을 그것을 이해하는 도구로 상정하는 것이다. 이것이 형식적이라고 하는 것은 정확한 표상이라는 것을 설명해야만 하기 때문이다. 그러나 우리의 신념과 이미지에 대한 공동체의 이해를 어떻게 파악할 수 있다는 것인가? 그리고 결국에는 우리의 자기이해가 종교적 신념과 실천에 대한 해석의 적절성을 판별하는 데 유용하게 포함될 수 있는지가 문제이다.

우리는 이러한 형식적 기준과 그 세칙에 정당하게 들어맞는 해석의 내적 근거를 찾아야 한다. 이러한 근거는 해석에 대해 내재적이다. 왜

---

153) Green and Reynolds, "Cosmogony and the 'Question of Ethics'", pp.139-45.

냐하면 우리는 윤리학에 대한 이성적 탐구에 관심을 가지고 있기 때문이다. 미메시스적 해석학은 비교에 있어서 이성의 형상으로 나타난다. 이제 타당한 해석의 기준을 설정하기 위해 그 근거를 생각해 보자. 몇몇 철학자들에게서 보이는 아니러니가 있다. 그것은 도덕적 요구가 학자들의 인식론적 주장보다도 더 협소한 맥락을 형성한다는 것이다. 그 이유는 간단하다. 이해가 해석행위의 의사소통적 행위에 참여하기를 요구한다면, 참여와 행위의 요구는 명제적 주장의 특정한 기준을 선행한다.

비교이해의 단초가 되는 미메시스적 실천에 대해 다시 한 번 이야기함으로써 이 부분을 설명해보자. 첫째, 우리는 종교공동체의 제의행위가 삶의 결정적인 일들, 예를 들어 출생, 죽음 등등으로 둘러싸여 있으며 삶의 중단과 연속에 대한 응답이 된다는 것이다.154) 미메시스적 행위는 힘에 대한 응답, 즉 심리적, 사회적, 신체적, 우주적 힘에 대한 응답이며 이 힘들은 인간이 경험하는 것들이다. 미메시스적 실천은 이중적 의미로 책임의 형태를 띠고 있다. 그것은 그 누구 또는 그 무엇에 대한 응답을 수반하며 의도되고, 수행되며 현실화된 행위들에 대한 설명가능성을 요구한다.155)

비교윤리가 설명해야만 하는 것은 미메시스적 실천을 통하여 표현된 상이한 공동체의 책임의 문제이다. 이것은 힘의 의미와 관계에 대한 응답에 기초가 된다. 이것은 세계의 문제들에 대한 응답이며 실존의 기본문제들에 대한 응답이다.156) 이 문제들은 그 특성상 존재론적

---

154) William Schweiker, "Sacrifice, Interpretation, and the Sacred: The Import of Gadamer and Girard for Religious Studies", *Journal of the American Academy of Religion* 55, No. 4 (1987): pp.791-810.
155) H. Richard Niebuhr, *The Responsible Self*, Hans Jonas, *The Imperative of Responsibility*.
156) 예를 들어 다음 책을 참고할 것. Peter L. Berger, *The Sacred Canopy:*

인 것들로서 세계에 대한 평가적이고 정서적인 응답에 관심을 가진다. 따라서 책임의 문제는 개인과 공동체가 어떻게 그들의 삶을 바라보고 있는가하는 문제와 연관되어 있다. 신념과 상징에 대해, 그리고 삶의 방식에 대해 어떤 관심을 가지고 있는가 하는 문제이다. 이렇게 본다면, 책임이란 단순히 법률적 요구로 제한될 수도 없으며, 협동해서 해결해야 될 문제들에 대한 설명에로 제한될 수도 없다.157)

이것은 비교윤리가 선험적인 것이나 도덕의 심층구조의 문제에서 시작하는 것이 아니라는 의미는 아니다. 오히려 인간의 힘을 책임의 문제에 적합하도록 변형시키는 방식에 관심을 가지고 있다.158) 상이한 공동체들은 힘에 대해 제의, 상징, 예언적 담론 등을 통하여 상이한 해석을 제안할 것이다. 그 결과 다양한 형태의 책임이 설정될 수 있으며 인간됨의 다양한 방식들이 제안될 것이다. 비교윤리를 통해서 우리가 알 수 있는 것은 이 모든 세계관이 미메시스적 행위를 통하여 세계의 문제에 응답하고 참여하게 된다는 것이다. 종교는 이러한 능동적인 참여를 상실하게 될 때, 그 미메시스적 기능에 실패한 것과 다름 없다.

이것을 인정한다면, 해석의 형식적 기준에 머무는 것이 왜 정당화되는지를 알 수 있을 것이다. 해석은 문헌해석자의 미메시스적 실천이며 그것을 통해 책임을 형성한다. 해석은 자신의 행동이 타자와의 관계에서 요구하는 응답성으로 이루어진 세계를 제안해 준다. 해석의 형식이라는 것은 이러한 응답성과 설명가능성을 결정하는 방식이 어떤 것인지를 설명해준다. 문헌해석자들은 이러한 기준에 기꺼이 따르게 될 것

Elements of a Sociological Theory of Religion (New York: Douboeday and Co., 1967).

157) Little and Twiss, *Comparative Religious Ethics*, p.28.
158) 이와 관련하여 다음 책을 참고 할 것. Mitchell, *Morality: Religious and Secular*.

이다. 그 근거는 그들의 해석행위를 형성하는 것이기 때문이다. 그것은 이질적인 것이 아니다. 이해라고 하는 자유의 행사이다. 이와 동일한 이유에 의해, 해석의 기준은 해석자의 주관적 목적에 따라 나오는 것이 아니라는 것을 알게 된다. 말하자면, 헤르메스는 해석의 의미를 바르게 해석하는 경우에 그 정당성을 확보하게 되는 것이다.[159] 이제까지 우리는 이러한 해석의 적절성에 대한 논의를 진행해 온 셈이다.

해석학의 미메시스적 특성은 존중의 요구를 정당화한다. 해석은 문헌해석자의 미메시스적 실천이다. 다른 세계들을 넘나들면서 우리 삶에 대한 통찰을 주는 것이기 때문이다. 또한 해석은 행위와 담론을 공유하고 참여하도록 이끌어 준다. 이렇게 본다면, 이해의 조건은 자아와 타자의 관계가 드러나는 행위 안에서 발견된다.

비교윤리를 위한 제언

도덕적 합리성과 비교윤리의 의의는 무엇인가? 기본적으로 비교윤리에서는 실천에 대한 생각이 상이한 공동체들 사이의 미메시스적 행위에 관심을 가진다. 이러한 구조는 상호행위라는 말로 가장 잘 설명된다. 규범적 성찰에 있어서 근본적 상대주의에 대한 질문을 제기하는 것이 비교연구의 조건이다. 문화와 종교는 성격과 행위를 규정하는 상이한 세계들을 설정한다. 도덕상대주의가 허위라고 입증해 주는 것은 우리 모두에게 공유된 사실들을 통해서이다. 종교간의 차이는 통약불가능한 것이 아니다. 왜냐하면, 만약 내 의견이 유효하다면, 비교해석이 그 자체로 공동의 의미세계의 설정이기 때문이다. 그러나 해석을 통하여 의미를 공유하게 되고 그 외의 차별성을 이해할 수 있게 된다.

이해에 대한 접근은 비교윤리에서 형식주의자들과 기술주의자들의

---

159) Habermas, *Moral Consciousness and Communicative Action*, p.27.

논변을 극복하게 한다. 이것은 공동체의 도덕을 형성하는 상징, 신념 등에 대한 논의를 통해 이루어진다. 비교이해의 특징이라 할 수 있는 변증법적 의미 옮기기와 통찰은 비교윤리에 있어서 비판적 분석과 해석적 관여를 요구한다. 다시 말해 비교윤리에서 이성을 사용하는 것은 그것이 순수한 형식이거나 단순히 기술적인 것이기 때문에 그렇게 하는 것이 아니다. 이성이 특징상 해석적인 것이기 때문에 사용하는 것일 뿐이다.

필자는 비교윤리에 관한 자연주의-비자연주의 논쟁을 우회하는 방식을 취하고 있다. 이것은 비교윤리가 도덕에 관련된 것이어야 한다는 것을 주장하는 동시에 세계에 대한 질문이 삶의 방식과 실재에 대한 공동체적 상징형식에 따라 다루어져야 한다는 의미이다. 여기에는 인간의 기본적 욕구와 실재에 관한 기술적이고 규범적인 탐구가 요청된다. 물론, 도덕 및 종교에 대한 논의가 되어야만 한다는 전제를 가진 것은 아니다. 비교윤리는 전통에 대해 조심스럽게 접근하고 비교하며 평가해야 할 것이며, 문화와 전통에 자리잡은 행위의 지도와 관련된 미메시스적 요소에 대한 접근을 수행해야 한다. 비교윤리에서는 종교란 삶의 방식을 설정하는 미메시스적 실천이라는 점을 보여줄 수 있어야 한다. 이것은 비교윤리학자들에게 있어서 도덕적 확신과 여타의 신념들 사이의 연관성에 대한 자연주의자들의 주장을 심각하게 고려해야 할 필요성을 제기하는 것인 동시에 도덕에 대한 주장을 이야기, 상징, 실천이라는 요소들 안에서 찾아낼 것을 제안하는 것이다.

연극적 행위에 대한 관심을 가져야 한다는 것은 비교윤리의 가장 논쟁적인 문제, 즉 비교연구의 가능조건에 대한 답을 제시할 수 있을 것이다. 그 조건은 이성의 심층구조나 비자연화된 메타언어일 수 없다. 이성의 구조에 대한 접근은 결국 해석작업에 해당하는 것이며 메타언어를 해독하는 것은 자연언어의 굴레를 벗어날 수 없는 것이기 때문이다. 마찬가지로, 이해의 조건은 사회-언어학자들이 주장하는 담론능력이라고 할 수도 없다. 인간은 그 언어적 행위에 있어서 일정한 지평을 벗어날 수 없는 존재이기 때문이다. 더구나 행위의 체험은 언어게임 그 자체가 이미 행위의 형식을 띠고 있다는 점에서 그 자체를 넘어서는 것이라 하겠다. 또한 공동체가 지니고 있는 신화, 상징, 실천만을 비교의 가능조건이라 할 수도 없다. 이러한 신화와 상징 등은 반드시 해석되고 이해되어야 하는 것들이기 때문이다.

요컨대, 비교윤리는 해석행위의 조건을 결여하는 데에서 그 해답을 찾게 된다. 미메시스의 특징에 관한 설명을 통하여 우리는 이해의 조건이 무엇인지 생각해 보았다. 그것은 공유된 시간-공간적 지평이라는 것이었다. 이해의 공유란 결국 타자에 대한 그 무엇을 알아내기 위해 은유된 영역이라 할 수 있다. 이러한 공유된 세계를 비교의 형식적 기준에 따라 설명하자면, 도덕적 요구, 즉 책임의 요구에 따라 선에 대한 통찰을 타자의 세계에로 그 의미를 옮겨놓는 작업을 통하여 해석이라는 실천을 가능하게 하는 것이라 하겠다.

비교윤리의 과제는 도덕전통의 다양성에 대한 탐구가 아니다. 비교윤리작업을 통하여 모든 인간이 책임이라는 과제를 공유하고 있다는 점을 알아내고자 하는 데 목적이 있다. 이렇게 할 때, 우리는 해석의 독단을 회피하여 해석자의 관점에 모든 것을 종속시키는 오류를 저지르지 않게 될 것이다. 책임이라는 문제를 제기하는 것은 비교주의자들이 그 자신의 비교행위에 대해 설명가능성을 가져야 한다는 뜻도 된다. 해석의 형식과 내용은 이러한 도덕적 요구에 달려있다. 이러한 결론을 가지고 우리는 비교종교연구가 주장하려는 것이 어떤 것이어야 하는지를 알 수 있다. 그것은 인간이 인간됨의 의미와 목적과 가치에 따라 살아갈 때, 다양한 형태로 그것을 실행에 옮기고 있다는 사실을 보여주는 데 있다. 나아가 이것은 공유된 의미와 책임의 영역에서 타자와의 만남이라는 목적을 향하고 있다.

결론

비교윤리는 다른 공동체의 도덕적 신념과 문화 및 종교를 이해하려 한다. 이 장에서 논의된 것을 우리의 전체 주제와 무관한 것이라고 생각하는 것은 오해이다. 우리가 심각하게 문제삼는 것은 결국 서구사회의 지역과 시대에 따른 다양한 신화와 상징과 이미지들에 관한 것이 아닐까? 우리는 테크놀러지의 시대에 과연 어떤 이미지와 상징을 추구하고 있는가? 우리는 지금 책임의 규범을 결여하고 있다. 왜냐하면, 삶과 예술, 실재와 외견 사이의 구분이 불가능한 시대에 살고 있으며, 삶은 외견의 세계를 원형으로 삼아가고 있기 때문이다.[160] 이러한 상황에 대한 응답으로서 필자는 해석이란 미메시스적 행위임을 주장하였다. 이것은 우리가 직면한 문제, 실재와 타자에 대한 이해에 대한 응답의 방식이다. 타자에 대한 관심을 연관시키면서 해석자는 어떻게 살아야 할 것인가에 관심을 가지게 된다. 이러한 이해는 책임에 대한 실천적 요구에서 이루어진다.

---

160) Wulf, *Mimesis*, p.119.

제3부
도덕실재론과 기독교

이 책의 마지막 부분은 종교와 도덕의 관계에 관한 것이며 서양윤리학사에 나타난 세 가지 실재론의 소개로 이루어질 것이다. 7장에서는 본회퍼의 윤리를 소개함으로써 실재와 도덕에 관하여 논하고 포스트모던적 상황에서의 도덕에 대해 말하게 될 것이다. 8장은 서양윤리학에 잘 알려진 도덕실재론에 대해 설명한다. 신명령론적 윤리, 즉 도덕적으로 옳은 것이란 하나님께서 명령하신 것이라는 주장은 도덕실재론의 형식일 뿐 아니라 힘과 가치의 관계에 대한 논의를 위해서도 중요하다. 마지막 9장에서는 기독교적 도덕실재론의 철학적 파트너라 할 수 있는 플라톤의 윤리를 주로 소개하게 될 것이다. 여기에서는 기독교 윤리의 관점에서 플라톤과 일치되는 내용들을 설명하고 이 책 전체의 논의를 진전시키게 될 것이다.

3부는 해석학적 실재론을 옹호하고 책임윤리를 제안하고 있다. 이를 통해 이 책 전체의 주제를 재확인하고 그 결말을 짓게 될 것이다. 7장의 실재론에 대한 이해는 1장에서 말했던 우리 시대의 도덕적 상황과 연계된다. 8장의 신명령론의 관점에서의 가치와 힘의 관계에 대해 논의는 2장에서 말했던 세계이해와 5장에서 말한 근본적 해석의 개념과 연관된다. 마지막 9장에서는 7장의 실재론에 관한 논의와 8장의 힘에 관한 논의를 하나님의 선하심과 연관지어 설명하고 힘의 가치전환에 대해 논하게 될 것이다. 도덕과 실재에 관한 논의는 3장에서 말한 회의론과 비교윤리에 관한 6장의 논의와 연관된다. 따라서 3부는 실재, 힘 그리고 하나님의 선하심에 대한 논의로 구성될 것이며, 이것은 하나님과 인간의 관계를 논하는 과정을 통하여 이 책 전체 각장의 구조와 맞아 떨어지게 될 것이다.

제7장 기독론적 실재론과 힘의 가치

　오늘의 세계는 지구적 위험에 직면하여 있으나 새로운 형태의 사상과 삶이 등장할 가능성도 있다.161) 오늘날 거의 모든 도덕이론과 국가 정책들이 이 문제에 응답하고 있으며 환경 및 경제문제에 대해서는 국제적이고 문화초월적인 협력이 요청된다. 동시에 우리 시대는 이제까지의 정치 및 이데올로기적 해법이 민족과 문화 및 도덕적 다원성의 문제를 해결하는데 실패했다는 점을 잘 알고 있다. 이러한 실패는 인종주의적 전설과 공산주의 국가들의 시장경제로의 진입, 그리고 제국주의 등을 통해 이미 확인되었다. 종교에 관해 생각하는 사람들에게 있어서 세계 종교들의 전통이 오랜 적대성을 넘어 미래의 만남에 어느 정도나 그 원천을 제공할 수 있을지 문제가 아닐 수 없다. 1장에서 본 것처럼, 우리 시대의 상황은 지구적 문제들에 직면하여 나타나고 있는 문화적 다양성 중의 하나이다.

---

161) 이 장의 내용은 다음 회의에서 읽은 글을 일부 수정, 보완한 것임. American Academy of Religion Annual meeting for the Bonhoeffer Social Responsibility and Public Policy Group held in Chicago, November 19, 1994.

책임과 실재론

많은 사상가들이 지구적 책임의 문제를 추구하고 있다는 것은 놀랄 만한 일이 아니다. 신학자 한스 큉(Hans Küng)과 다양한 종교의 지도자들은 이른바 지구촌 윤리(global ethics)를 위한 세계종교평의회를 시카고에서 개최한 바 있다.162) 그리고 요나스, 아펠을 비롯한 철학자들은 비록 그들 사이에 윤리학에 대한 의견 차이는 다소 있기는 하지만, 지구를 위한 도덕적 비젼의 필요성을 주장하고 있다.163) 여성신학자, 공동체주의자를 비롯한 많은 사람들이 이른바 계몽주의적 기획(Enlightenment project)의 쇠퇴 및 독특한 도덕적 정체성에 관한 현대적 인식과 관련하여 보편윤리의 가능성에 대해 말하고 있다.164) 이러한 보편윤리 또는 지구촌 윤리의 가능성에 관한 논의는 책임을 둘러싼 문제들이다. 책임윤리는 가치와 사회적 관계라고 하는 복합적인 영역에서 행위자의 힘의 사용의 문제를 설명한다. 이러한 윤리는 행위자가 실재를 어떻게 창조하고 형성하며 응답해야 하는지 그 방향설정에 관심을 가진다. 다시 말해 책임윤리는 우리 시대의 기초에 관한 논의라 하겠다.

이 책은 이러한 책임윤리에 기여하기 위한 논의이다. 필자는 직접적으로 공공정책을 문제삼거나 도덕적 다원성의 세계에서 보편윤리의 가능성을 말하거나 철학 및 신학에서 주의를 기울이는 문제들을 직접적으로 다루고 싶지 않다. 오히려 책임의 문제와 관련하여 실재론을 좀더 깊이 생각해 보고자 한다. 그 이유는 간단하다. 힘이 주도하는 시대에 있어서, 우리는 다양성과 복합성에 내재된 실재를 어떻게 존중하고 그 가치를 함향시킬 것인가에 관심을 가져야 한다. 앞서 말한 것처

---

162) 예를 들어 Küng, *Global Responsibility*를 참고할 것.
163) Jonas, *The Imperative of Responsibility*, Apel, *Diskurs und Verantwortung*.
164) *Prospects for a Common Morality*, ed. Outka and Reeder.

럼, 우리 시대의 도덕적 문제는 삶의 통전성에 관한 것이어야 한다. 이것이 생명옹호적 공공정책이나 행위의 과정 또는 사회조직의 기초라는 점을 알아차리지 못하면, 미래의 지구에 생명이 존속할 것이라고 장담할 수 없다. 필자는 이러한 논의를 위해 기독교적 관점을 제안하고 검토하려는 것이다.

이 문제는 책임의 개념과 실재에 대한 신념 사이의 연관성에 대한 검토로부터 시작되어야 한다. 이것은 1장의 내용과도 연관된다. 다시 한 번 그 질문을 생각해 보자. 힘에 대한 다양한 설명들은 실재에 대한 생각들에 어떤 영향을 주는가? 여기에서는 특히 약한 자를 강하게 하시는 예수 그리스도의 선포를 중심적으로 고찰할 것이다. 8장과 9장에서도 이러한 논의가 계속될 것이지만, 8장은 신명령론, 9장은 플라톤철학과 연관지어 논의가 진행된다는 점에서 차이가 있다. 하지만 이 세 장의 논의가 규합되어 혜석학적 실재론을 비롯한 다양한 실재론적 접근을 소개하며 하나님과의 관계를 설명하는데 도움이 될 것으로 생각된다. 이것은 무엇인가를 배우는데 만족하지 않고 각각의 실재론에 대해 일정한 제언을 주게 될 것이다.

이 장에서 우리는 다음과 같은 몇 가지 성찰을 진행하려 한다. 첫째, 현대적 책임이론의 특징에 대해 살펴보게 될 것이다. 이를 통해 우리는 근대 윤리학 이후 두드러진 이른바 존재와 당위의 엄격한 분리와 관련하여 실재에 대한 접근의 중요성을 논하게 될 것이다. 둘째로 본회퍼(Dietrich Bonhoeffer)의 기독론을 중심으로 실재와 도덕적 책임의 문제를 살펴보고자 한다. 이것은 책임의 문제를 기독론적 윤리의 관점에서 설명할 단초가 된다. 본회퍼를 이렇게 해석하는 것은 다소 논쟁거리가 될 수 있다. 본회퍼를 연구하는 학자들은 아마도 비판적 시각을 보일 것이며, 일부 윤리학자들은 존재론적 문제에 대한 신학적 접근 자체를 거부할지도 모른다. 하지만 기독교 윤리는 현재 당면한 문제들의 해결을 위해 다양한 주장들을 참고할 수 있어야 한다는 것이 필자의 소신이다.

셋째, 기독론적 실재론을 통하여 삶의 통전성에 관한 나름대로의 이론을 전개하게 될 것이다. 필자는 기본적으로 책임의 문제가 실재에 대한 신념에 따라 그 힘과 가치에 대한 생각들이 달라질 수 있는 것임을 염두에 두고 있다. 엄밀히 말한다면, 이 문제는 다양한 주장들 사이의 변증법적 논의를 통해 해법을 제시해야 하는 것 아닐까.

윤리학에 있어서 실재의 의의

오늘 우리의 상황은 도덕적 실재론이 과연 어떤 의의가 있는 것인지를 윤리학적으로 재검토할 필요성을 제기하고 있다. 그리고 현대윤리학에서는 도덕적 가치 및 규범이 실재로부터 분리되는 것이라고 주장하기도 한다. 예를 들어, 이 세계가 목적없이 출현된 과정이라는 관점에서 보는 것과 하나님에 의해 창조된 것이라는 관점에서 보는 것은 윤리적 실재론에 대해 확연하게 다른 생각을 갖게 할 것이다. 실재에 대한 상이한 주장들은 도덕적 다원성의 기초가 된다. 그러나 이것은 실재에 대한 신념이란 삶의 맥락에 따라 다르게 나타나는 것이라고 주장하는 것과 다를 바 없다. 이처럼 실재관은 해석의 대상이며 도덕적 평가의 대상이 된다. 현대기독교 윤리의 의의를 구별해내고 설명하는 것은 윤리학의 중요한 과제의 하나이다. 이것은 실재와 인간에 대한 다양한 관점이 가치 및 도덕의 원천에 대한 중요한 신념을 수반한다는 것을 의미한다.

실재론에 대한 윤리학적 해석이 이른바 도덕실재론이다. 이것은 도덕 및 가치가 인간과 사회의 발명이 아니라는 주장이다. 도덕실재론들은 선과 옳음이 발명의 대상이 아니라 발견되는 것이라고 주장한다. 엄격한 실재론은 삶의 이상이 실재의 구조에 각인되어 있으며 개인의 욕구와 이성의 틀 안에 있는 것이라고 한다. 인간이 이상적 삶을 선택하는 것이 아니라 이상적 삶을 따라 살거나 그것을 거부하거나 둘 중의 하나를 선택하는 것이라고 주장한다.[165] 이렇게 본다면, 도덕실재론은 모든 기독교 윤리학에 필요하다. 왜냐하면 기독교에 있어서 하나님은 신앙, 상상, 이해에 선행하는 실재이시기 때문이다. 따라서 신앙인은 삶의 방식과 의무에 대한 설명에서 하나님이 그들에게 요구하시는 것이 무엇인지를 이해하고 분별하며 발견해야 한다. 그리스도인에게 있어서 예수 그리스도는 우리가 하나님의 실재와 그 뜻을 발견할 수 있는 길이 되신다.

그러나, 윤리학적 추론과 도덕행위는 새로운 상황과 문화적 조망에 대한 응답이라는 의미에서 창조적인 것이라는 주장 또한 옳다. 우리가 도덕적으로 옳은 것을 발명하고 우리의 삶을 만들어 간다는 것도 중요한 의미를 지닌다. 책임윤리가 이러한 관점을 수용한다는 것은, 인간의 유한성과 가능성, 그리고 도덕적 창조성을 강조한다는 것을 의미한다. 개인과 공동체는 근본적 체험이라는 기초에서 세계를 해석한다. 인간은 자신이 처한 상황에서 어떻게 하는 것이 도덕적 진리인지를 파악하기 위하여 이념, 은유, 그리고 상징 등을 사용한다. 이러한 관점을 인정하는 것이 바로 해석학적 실재론이다. 우리는 그 예를 살펴보게 될 것이다.[166]

그러므로, 우리는 책임윤리가 인간의 행위창조성을 주장하는 것이

---

165) Robin W. Lovin, "The Limits of Freedom and the Possibility of Politics: A Christian Realist Account of Political Responsibility", *Journal of Religion* 73, No. 4, 1993,: pp.559-72. Sayre-McCord, ed., *Essays on Moral Realism*.

166) Schweiker, *Responsibility and Christian Ethics*.

어야 하며 도덕실재론을 제안하는 것이어야 함에 주목할 필요가 있다. 책임윤리가 필요로 하는 실재론은 실재에 대한 이해를 바탕으로 힘과 가치의 상호관계를 제대로 설명할 수 있는 것이어야 한다. 이것은 철학의 문제일 뿐 아니라 기독교 윤리학의 주제이다. 이를 위해 다음과 같은 사항들을 유념해야 한다.

자연법 이론에서처럼 고전적 실재론에서는 '실재' 또는 '자연'이 인간의 목적과 목표를 다양한 방식으로 보여준다고 생각했다. 따라서 도덕적 삶의 목표는 자연에의 순응이었다. 이것은 특히 성(性)윤리에서 두드러졌다. 우리가 지금 살펴보려는 도덕실재론은 자연의 명령에 순응하는 형태의 것이 아니라 실재와 힘을 연관짓는 데 초점을 맞춘다. 미래에도 지구상에 생명체가 존속할 수 있으리라는 기대는 현재라는 시점에서 인간의 힘의 사용에 달려있다. 자연의 가르침으로부터 자연의 유약성에로의 관심전환은 자연이라는 실재를 존중하고 그 가치를 함양해야 할 이유가 무엇인지를 설명해 준다. 존재가 선이라는 생각이 다시 윤리학의 기초가 되고 있는 것이다. 선에 대한 이러한 주장이 반드시 슈바이쳐의 생명에의 외경으로 이어질 필요는 없다.167) 생명이라는 선이 그 자체로 신비하고 신성한 신적 존재인 것은 아니다. 우리는 힘의 사용을 통한 생명체에 대한 공격을 유용성의 극대화라는 관점에서 정당화할 수는 없다는 정도의 의미로 수용하고자 한다.

이것을 좀 더 설명해보자. 힘은 생명이라는 선에 대해 어떤 관계에 있는가? 이 질문을 통해 우리는 테크놀러지적 사회에서의 도덕의 문제와 함께 힘의 가치론을 고려하는 기독교 윤리에 대해 살펴보게 될 것이다. 그 각각은 힘의 가치에 관해 다른 설명을 제시한다. 이 두 가지

---

167) Albert Schweiker, *Out of My Life and Thought* (New York: Mentor, 1953). James A. Nash, *Loving Nature: Ecological Integrity and Christian Responsibility* (Nashville: Abingdon Press, 1991).

도덕이론은 유한자의 가치원천 또는 기원을 힘이라고 주장하면서도 그 힘의 원천을 하나님이라고 생각하는지 또는 인간이라고 생각하는지에 따라 달라진다. 실재가 왜 선한 것인가, 유한자는 왜 힘의 사용을 절제해야 하는가 등의 질문은 힘이 실재를 구성해 주거나 형성시켜 주는 것인가 하는 질문으로 변경된다. 이것은 심오한 신학적, 종교적 질문이다. 이것은 인간이 삶의 전 영역을 통해 응답해야 할 대상은 누구인가 하는 질문이기도 하다.

많은 사람들은 기독교 신학이 모든 가치를 하나님의 주권이라는 중심적인 힘으로 너무도 쉽게 환원하는 데 문제가 있다고 주장한다. 다시 말해 예수 그리스도 안에서의 무력함으로 귀결짓는 태도가 문제라는 것이다. 분명 기독교는 힘에 대한 가치평가를 시행한다. 그러나 그것은 가치란 곧 힘이라고 주장하거나 힘의 부정(그리스도의 비워주심의 이미지)을 강조하는 둘 중의 어떤 것을 선택할 것인가에 대한 비판적 논의이다. 이러한 선택이 윤리학에 대한 도전에 적절한 답을 줄 수 있을지는 의문이다. 따라서, 기독교 윤리는 힘에 관한 모호한 부분들을 바로 잡아야 한다. 이를 위해 우리는 본회퍼의 관점을 살펴보고자 한다.

우리는 지금 책임윤리가 우리 시대의 기본적인 특성을 설명할 수 있어야 함을 논하고 있다. 이를 위해 첫째, 책임윤리는 힘이라는 실재와 도덕적 가치의 연관성에 대한 신념을 설명할 수 있어야 한다. 둘째, 책임윤리는 인간의 행위와 그 상호작용의 대상인 동시에 지구상의 생명체들이 의존하여 살아가는 생태계 문제의 연관성을 설명할 수 있어야 한다. 이 두 가지는 서로 깊숙이 연관되어 있다. 인간의 힘이 증대되어 감에 따라 우리는 생태계와 인류의 미래를 정복할 수 있는 능력을 구비하게 되었다. 따라서 이러한 새로운 힘의 사용을 규제하고 그 방향을 설정할 수 있는 것이 무엇인지를 결정하는 것은 극히 중요한 문제라 하겠다. 힘의 도덕적 차원에 관한 논의는 책임을 어떻게 설명해야 하며 실재의 도덕적 의의를 어떻게 말해야 하는지의 문제를 재론하게 한다.

힘, 가치 그리고 실재

우리 시대의 도덕적 책임에 관한 논의들은 그 탐구에 있어서 상이하면서도 서로 연관되는 질문에 관여할 필요가 있다. 이것은 가치, 힘 그리고 실재에 관한 질문이다. 이 모두를 함께 고려하여 본다면, 우리 시대의 도덕상황에 대한 분석과 책임윤리의 필요성을 절감하게 된다.

'가치'의 문제와 연관지어 본다면, 책임윤리에 속한다고 볼 수 있는 윤리학자들은 우리 시대의 삶의 특징이라 할 두 가지 사실에 관심을 가진다. 첫째, 전지구적 책임윤리를 두드러지게 강조하는 사람들은 인간존엄과 자유, 그리고 자율성을 긍정하려는 근대적 기획이 결실을 맺지 못하고 있다는 생각으로, 그 기획을 계속 추진해야 함을 주장한다. 예를 들어 카이로에서 열린 UN환경회의에서 대부분의 참여국들은 여성의 권익신장에 동의했다. 이것은 인간존엄과 자유의 신장을 의도하는 근대적 기획의 유산을 보여주는 좋은 예라 하겠다. 새로운 천년을 맞이하면서도 지구상의 많은 사람들이 기아에 허덕이고 있으며 자신들의 신체적, 정치적, 경제적, 영적 삶을 이끌어 갈 능력을 거의 구비하지 못한 상태이다. 특별히 여성과 어린이들이 이러한 곤경에 빠져있다. 지구촌 윤리는 이 문제를 소홀히 해서는 안된다. 이를 위해 지구촌 윤리는 모든 사람의 존엄성을 도덕의 기초로 삼아야 하며 모든 사람으로 하여금 역사적 행위주체가 될 수 있도록 힘을 부여해 주어야 한다. 인권의 문제는 그 많은 난제에도 불구하고 여전히 책임의 국제적 영역 및 그 담론에 있어서 중요한 요소이다.

  근대적 기획을 유지하면서 인간존엄과 자유를 긍정하는 것은 새로운 책임윤리의 관점에서 볼 때, 만족스럽지 못하다. 이것은 인간의 삶이 위험에 처한 유약한 지구생태계에 의존하고 있다는 사실에서 알 수 있다. 따라서, 책임에 관한 설명에서 '가치'의 문제에 대해 생각해야만 하는 두 번째 관심은 근대 윤리학의 인간중심주의의 극복, 즉 도덕적 가치는 인간에게만 집중되어 있다는 의식을 극복해야 하는 과제를 안고 있다. 후버(Wolfgang Huber)가 말한 것처럼, 문제는 '인간만이 특별한 존엄성을 부여받은 존재인지 또는 인간은 비록 특별한 존재방식을 가지고 있기는 해도 근본적으로는 모든 피조물의 존엄성에 참여하는 존재인지' 하는 것이다.[168] 지구촌 윤리는 인간의 복지와 존엄의 가능성뿐만 아니라 미래에 지구상의 생명체가 사라질 수도 있다는 사실에 대해서도 주목하여야 한다.

  지구상의 생명에 대한 윤리적 문제제기는 비인격적 존재의 도덕적 지위에 대한 관심이자 미래에도 인간이 존재해야 한다는 당위에 대한 관심이다. 현대사회는 도덕의 영역을 칸트가 말한 것처럼 목적왕국의 시민으로서의 이성적 존재들의 세계, 또는 공리주의자들의 주장처럼 유정자(有情者)의 세계로 한정하고 있다. 도덕의 영역을 이처럼 제한한다면, 그 아무리 관대한 입장이라도 과연 유약한 미래의 생명을 위한 의무를 근거지울 수 있을지 확신할 수 없다. 비인격적 존재의 도덕적 지위에 대한 질문은 유정자들에 관한 것 뿐만 아니라 미래적 생명까지도 포함해야 한다. 근대의 인간학은 모든 도덕가치를 와해시켜 인간의 영역으로 국한시키고 미래란 인간의 기획을 완수하는 빈 공간이라고 해석하고 있다. 심지어 20세기의 철학, 문학 및 예술에서 표방된 절망

---

168) Huber, "Toward an Ethics of Responsebility", p.577. *Konflikt und Konsens: Studien zur Verantwortung* (Munich: Kaiser, 1990).

과 허무마저도 이것을 긍정하고 있다.169) 실존주의자들과 대중예술가들은 인간이란 죽음에 직면한 존재로서 실존의 본래성을 날조하는 무의미하고 허무한 공간에 던져진 존재라고 말한다. 자연과 미래에 대한 이러한 가치절하는 근대 인간중심주의의 결과이며 세계이해에 있어서 인간의 힘의 승리를 과시하는 것이라 하겠다.

우리의 고민은 이러한 두 가지 가치론적 관심이 상충적일 수 있으며 또한 실제로 상충하고 있다는 것이다. 미래의 생명존속을 위한 요구가 인간의 이익의 팽창에 한계를 설정하게 된다면, 인간존엄과 자율의 가치는 어떻게 긍정될 수 있다는 말인가? 하지만 가치의 상충에 관한 이러한 질문만으로는 충분치 못하다. 책임에서 고려해야 할 또 다른 요소는 힘을 중심으로 하는 접근에서 발생될 수 있다. 책임윤리에서는 힘의 문제가 기초가 된다.170) 우리는 힘이 점증하는 시대에 살고 있으며 이것은 책임을 윤리학의 중심이 되게 한다. 윤리학의 문제는 결국 힘의 사용에 대해 그 방향을 어떻게 설정할 것이며 힘에 대해 어떤 평가를 내릴 것인가 하는 데 있다.

이와 관련하여, 기독교 윤리학자들과 철학자들은 힘에 대한 평가의 원리들을 설정함에 있어서 심각한 문제에 봉착한다. 현대의 테크놀러지 문화를 바라보는 사람이라면, 그 기본가정이 오로지 힘의 극대화에 있음을 볼 수 있다. 요나스의 말을 기억해보자. '현대적 조건의 역설은 인간의 지위가 형이상학적 오만에 대한 극도의 겸허함의 표현으로 나타나 하나님과 유사한 특권과 힘을 지닌 존재로 표현된다는 것이며,

---

169) Murdoch, *Metaphysics as a Guide to Morals*.
170) 이것은 책임과 자유가 본질적으로 연계된 것이라는 사실을 단순히 말해주려는 것이 아니다. 물론 자유의지와 결정론에 관한 많은 논의가 있었던 것은 사실이다. 자유 보다는 힘에 대해 말하는 것은 자유라고 불리우는 인간의 힘을 부정하는 것이 아니다. 이것은 우리에게 다른 유형의 힘에 대해 논할 수 있는 단초가 된다.

그 강조점은 힘에 있다.'171) 그러나 전통적인 기독교 사상에 있어서 힘이란 하나님의 창조행위의 존재론적 기초가 되는 것이거나 종의 형체를 입으신 그리스도의 자기를 비우심에 나타난 가치의 포기이거나 둘 중의 하나이다. 현대 윤리는 힘의 가치에 대한 기독교적 가르침에 나타난 모호한 설명 중에서 유독 테크놀러지 문화에 의한 힘에의 의지라는 축제를 즐길 방도만 찾으려 애쓰고 있다. 책임윤리를 전개할 때, 실재론을 다루어야 하는 이유가 바로 여기에 있다.

근대 윤리학은 가치와 사실, 존재와 당위를 엄격하게 구분하였다. 그 결과, 도덕이란 발명해내는 것이지 발견하는 것이 아니라는 생각이 자리잡게 되었다. 더구나 고전적 도덕실재론에서 주장했던 인간다운 삶의 유형을 설명하는 관점을 찾아 볼 수 없게 되었다. 근대 윤리학은 '당위', '선'과 같은 용어가 사용되는 경우, 그것은 이 세상에 존재하는 그 무엇을 지칭하는 것이 아니라고 주장한다. 그 용어들은 실재에 대한 그 무엇을 말해주는 것이 아니라 하나의 행위 또는 그것의 승인을 말하는 것 이상의 다른 의미는 없다고 한다. 도덕에 대한 이러한 관점은 결국 도덕적 가치란 이 세계의 구성요소가 아니라는 주장에 이른다. 즉 도덕이란 존재론적 지위를 가지지 않는다는 것이다.172) 이러한 주장은 자유를 강조하는 과정에서 나온 듯 싶다. 실재 또는 자연에 대한 호소는 모든 종류의 독선으로부터 인간을 해방시키기 위한 것이라고 하기 때문이다.

가치와 사실의 엄격한 구분에 대한 반론이 나타나기 시작했다. 윤리학자들이 가치의 존재론적 지위를 재론하기 시작한 것이다.173) 이것은

---

171) Jonas, *Philosophical Essays*, p.172.
172) Mackie, *Ethics: Inventing Right and Wrong*.
173) 이에 대한 다른 표현은 다음 책들에서 볼 수 있다. James M. Gustafson, *Ethics from a Theocontric Perspective*, 2 vols. (Chicago: University of Chicago

부분적으로 생태계 문제에 대한 도덕적 각성 및 근대의 인간중심주의에 대한 도전에서 비롯되었다. 또한 도덕이란 단지 도덕적 조망을 찾아내기 위한 것이 아니라 올바른 판단을 위한 것이라는 관점에서 나온 것이기도 하다. 실재가 우리의 상식으로 하여금 도덕적 직관에 이르게 한 것처럼 보인다. 코악(Erazim Kohak)이 말한 것처럼 자연에 대한 도덕감을 말하는 것은 이상한 것도 아니며 직관에 반하는 것도 아니다.174) 이것은 자연에 대한 현대 또는 고전적 이념을 방해하는 것은 아니다. 삶이란 가치의 맥락에서 생겨나는 것이며 이러한 사실을 이해하고 거기에 응답해야 함을 말해준다. 지금 우리가 다루고 있는 책임의 개념에서 본다면, 도덕적 삶을 위해 우리가 응답해야 할 실재는 무엇인가를 묻는 것이라 하겠다.

현대의 책임윤리는 힘이 증대되는 시대에 있어서 인간존엄과 비인격적 존재들의 도덕적 지위, 그리고 실재에 대한 해석과 도덕적 가치에 대한 확신과의 관계를 설명해야 한다. 책임에 대한 논변은 근대 윤리학이 주장해 왔던 인간중심주의, 가치와 사실의 분리, 그리고 인간존엄의 함양을 위한 논의들을 윤리학의 중심문제로 상정하고 있는 것이다. 그러나 이제까지도 한편으로는 개인의 가치에 대한 가치론적 관심과 생태계의 도덕적 지위의 문제가, 그리고 다른 한편으로는 미래와 힘이라는 실재의 본질적 연관성이 확실하게 드러나지 않았다. 힘과 가치는 어떤 관계인가? 인간의 본성에 관한 근대적 설명과 전통종교의 신념에서 힘에 관한 질문을 실재해석의 중심으로 상정했음에도 불구하고 이 질문이 미결인 채로 남아있다는 것은 이상한 일이다. 여기에는

Press, 1981, 1984); Franklin I. Gamwell, *The Divine Good: Modern Moral Theory and the Necessity of God* (San Francisco: Harper Collins, 1990); Schweiker, *Mimetic Reflections*.

174) Kohák, *The Embers and the Stars*를 참고할 것.

힘에 대한 가치론적 접근이 수반된다. 이 문제를 해결하는 것이야말로 책임에 관한 논의를 진전시키는 데 있어서 본질적인 요소라 하겠다.

힘의 가치론에 대한 이해를 위해 몇 가지 기본적인 개념들을 살펴볼 필요가 있다. '가치'라는 용어는 개인이나 공동체가 실재와의 상호작용에서 중요한 것으로 또는 유용한 것으로 평가하거나 욕구하는 것을 말한다. 가치는 주관적 희망사항으로 환원될 수 없다. 가치는 또한 색상 등의 자연적 속성을 말하는 것도 아니다. '가치'는 욕구하는 행위자와 칭송하는 행위자 사이의 관계성을 보여준다. 가치에는 일반적으로 두 가지 유형이 있다. (1)본래적 가치란 목적 그 자체로 존중되고 배려되어야 하는 사물, 인격 또는 실천을 의미한다. (2)수단적 가치란 다른 목적 또는 목표를 성취하기 위하여 사용될 수 있는 것을 말한다. 가치의 구분은 유동적이다. 어떤 경우에는 본래적 가치를 지니던 것이 다른 목적을 위한 수단적 가치가 될 수도 있다. 그 허용조건은 사물 또는 인격이 여전히 목적 그 자체로 인정되는 경우로 제한된다. 가치는 또한 상호관계에 나타나는 존재의 질이다. 즉 존중되고 함양되어야 할 것으로 그 질적 특성이 규정되는 경우에 그것을 가치라고 할 수 있다. 리차드 니버를 비롯한 기독교 윤리학자들은 이것을 상관적 가치론(relational theory of value)이라고 부른다.[175] 이렇게 본다면, 책임이란 가치의 차원에서, 관계의 유형에서 인간이 올바로 살고 올바로 행동하는 방식이라 하겠다.

그러나 개인이나 공동체가 실재에 응답하고 영향을 주고 형성시키는 능력을 결여한다면, 책임에 관한 논변은 의미가 없다. 바로 이것이 힘의 기본적 의미이다. 푸코(Michel Foucault)를 비롯한 학자들은 힘이란 단지 명백한 지배력을 말하는 것이 아니라고 한다.[176] 우리가 실재를

---

[175] H. Richard Niebuhr, "The Center of Value", pp.100-13. Gustafson, *A Sense of the Divine*.

사회적 구조 또는 행위자에게 쉽게 자리잡을 수 있는 것이라고 생각한다면, 이것은 힘이라는 실재를 오해한 것이다. 힘은 강제력으로 작용할 수도 있지만 설득과 협력 및 협동을 통해서도 작용한다. 그러나 힘 그 자체는 실재에 응답하고 영향을 주고 형성시키는 능력이다. 인격 및 제도와 마찬가지로 관념들은 일정한 실재를 구성하는 것이 되는 경우에는 힘을 가지고 있다. 따라서 책임이란 힘에 대한 평가와 그 사용의 방향을 설정하는 방식을 말한다.

현대 테크놀러지 사회의 도덕적 조망의 심층구조를 다시 한 번 검토해보자. 현대문화의 가장 기본적인 전제는 힘, 즉 실재에 응답하고 영향을 주며 형성시키는 능력이 도덕의 기원이자 원천이며, 힘이란 존재들 사이의 질적 관계를 형성시켜주기 때문에 가장 기본적인 가치라는 생각이다. 실재에 응답하고 영향을 주며 형성시키는 능력을 제외하고서는 가치에 대해 말할 수 없다. 따라서 최고의 힘, 즉 실재에 대해 가장 광범위하고 강력하고 심층적으로 응답하며 영향을 주며 형성시켜 온 것이 진정한 가치로 간주된다. 도덕의 기원에 대한 이러한 주장은 현대적 세계이해의 분수령이다. 힘이란 궁극적 중요성으로서 욕구되는 것이며 여타의 존재들에게 가치를 부여하는 것이라는 세계관이 여기에서 나온다. 테크놀러지 시대는 이러한 가치론에 의해 움직여지는 시대이며, 시간과 공간에 대해, 즉 미래와 생태계에 그 힘을 작용하는 시대이다. 이러한 세계관의 기초에 실재에 대한 근대적 해석이 전제되어 있으며 가치의 근거를 존재에서 힘으로, 실재에서 인간의 자유로 전환시키는 사고방식이 깔려 있다. 실재의 도덕적 의미는 인간이 그 환경과 상호작용하는 방식, 즉 자유에로 환원될 수 없다.

---

176) 이 문제에 대한 최근의 논의는 다음 책에 잘 소개되어 있다. Thomas E. Wartenberg, *The Forms of Power: From Domination to Transformation* (Philadelphia: Temple University Press, 1990).

현대사회의 힘의 가치론이 윤리학에 대한 근본적 도전이 되는 이유는 인간행위의 근거가 되기 때문이다. 인간에 대한 그 어떤 설명에 따르더라도 인간은 세계와 상호작용하는 행위자이다. 말하자면 인간은 세상을 선하게 보려하지도 않으며 선에 대해 응답하려 하지도 않는다. 행위자로서 인간은 의미와 가치의 세계에 일정한 목적성을 도입하고자 한다. 인간은 항상 세계형성과 문화의 형성이라는 과제에 관여한다. 그러나 이러한 문화적 세계를 도입하려 할 때, 인간은 항상 가치를 힘에 환원시킬 위험성을 가지고 있다.

문화창조에 있어서 가치와 힘을 연계시키는 것이야말로 윤리학의 관심거리이다. 행위를 통한 가치창조능력을 부정하는 것은 인간의 가장 기본적인 존엄성을 부정하는 것이나 다름없다. 이러한 이유로, 카이로에서 여성의 권익신장을 위한 요구가 제안되었다는 것은 매우 중요한 일이며 인구문제에 대한 희망적 응답을 만들어내는 데 본질적으로 필요한 것이라 하겠다. 이렇게 본다면, 도덕의 기원이요 인간의 자기이해의 원천이 되는 것은 존재가 아니라 자유라고 할 수 있다. 이처럼 힘의 가치론은 가치가 결여된 실재 안에서 의미있는 세계를 구성하기 위한 인간의 능력과 그 범위에 초점을 맞춘다.

우리 시대에 있어서 책임윤리에 대한 도전은 힘이 사용될 때 선을 유일한 내용으로 삼지 않고 인간을 위한 가치를 창조한다는 데 있다. 이렇게 본다면, 근대 서양사회는 우리를 도덕 없는 존재로 남겨둔 것이다. 인격의 존엄성은 강조되었지만 힘과 가치의 상충을 야기하였고 자연과 가치의 시대를 박탈해버린 셈이다. 다시 말해 현대 윤리학에서 가능한 오직 하나의 실재론은 힘과 힘의 격돌이라는 관점 뿐이다. 이것은 일종의 정치적 실재론, 즉 현실주의라 할 수 있다.[177] 대부분의

---

[177] 윤리적, 신학적 실재론과 정치적 실재론에 대한 논의는 다음 책을 참고할 것. Lovin, *Reinhold Niebuhr and Christian Realism*.

윤리학자들이 종교적 전통을 제거하려고 하지만, 우리는 이 책에서 우리 시대의 문제와 관련하여 종교적 전통의 의의에 대해 고찰하고자 한다. 이를 위해 본회퍼의 책임윤리를 살펴보려는 것이다.

그리스도, 힘 그리고 책임

우리는 지금 도덕의 기원에 대한 실재론적 이해를 통하여 지구상의 유약한 생명을 위한 책임을 주장하고 있다. 필자가 보기에, 본회퍼의 초점은 행위자로서의 인간의 책임, 도덕적 지식의 성격 그리고 실재에 맞추어져 있다. 그는 『윤리학, *Ethics*』에서 다음과 같이 말한다.

> 선과 악에 대한 지식의 가능성에 관하여 기독교 윤리는 이미 그 기원으로부터의 타락이라는 방식을 식별해 내었다. 인간은 그 기원에 있어서 오직 한 가지, 즉 하나님만을 알고 있었다. 인간이 다른 인간, 사물 그리고 자신을 알 수 있는 것은 오직 하나님에 대한 지식과의 연합을 통해서만 가능하다. 그는 하나님 안에서 모든 것을 인식하였고, 모든 것에서 하나님을 인식하였다. 선악의 지식은 그가 더 이상 그의 기원에 충실하게 있지 못하다는 것을 보여준다.[178]

본회퍼는 현대의 윤리가 하나님과의 일치로부터 인간과 인간의 일체로 그 관심을 전환하고 있다고 주장한다. 이것은 하나님 안에서 자아와 세계에 관한 지식을 추구하지 않고 인간에 의해 구성되는 가치를 추구하려는 것이라 할 수 있다. 도덕이란 이제 만물이 인간에 대한 관계에서만 이해되고 평가되는 상황에 처하여 있다.

본회퍼가 보기에, 기독교 윤리에 대한 가장 심각한 도전은 도덕의 발견이 아니라 발명이라고 하는 주장에 있다. 창조주 하나님, 그리고

---

178) Dietrich Bonhoeffer, *Ethics*, ed. Eberhard Bethge (New York: Collier Books, 1986), p.17.

하나님의 명령이라는 개념을 제거함으로써 인간은 가치의 창조자로 자처하게 된 것이다. 인간을 도덕적 존재라고 말해주는 최초 행위는 하나님 안에 있어야 할 진정한 기원으로부터의 타락인 것이다. 이 타락에서 행위의 천박한 가능성, 천박한 행위능력을 가진 인간이 선악에 대한 지식의 원천이 되어버린 것이다. 선의 기원은 하나님의 존재하심으로부터 인간의 가능성과 행위에로, 궁극적 실재로부터 인간의 가능성이라는 무(無)에로 옮겨간 것이다. 본회퍼는 현대인이 선악의 기원에 있어서 근본적 전환이라는 흔적 안에서 움직이는 것으로 보았다.

  이것은 본회퍼 윤리학의 윤곽을 보여준다. 그는 기독교 윤리에 있어서 선악의 지식은 예수 그리스도와 관련되어야 한다고 주장한다. 선악의 지식은 하나님의 존재와 선택이며 그리스도 안에서 나타난 하나님의 선택이다. 생명 그 자체로서의 그리스도에 대한 주장을 통하여 본회퍼는 선악을 인간의 자기지식에 환원하려는 시도에 도전하였으며 실재에 초점을 다시 맞추고자 하였다. 예수 그리스도의 계시는 자기지식이 아니라 실재에 대한 질문을 윤리학의 중심문제가 되게 한다. 그의 학위논문, 「행위와 존재」에서 이미 그는 '계시란 전제조건없이 그 자체의 증여자이며 계시만이 실재에 대한 생각을 야기하며, 신학의 길은 실재에서 하나님에게로가 아니라 하나님에게서 실재에로 나아간다'고 하였다.179) 그리스도 안에 나타난 하나님의 계시, 즉 하나님과 인간의 일치가 실재의 증여이다. 실재는 인격이다. 이것이 의미하는 바는 '기독교 윤리의 문제란 하나님의 피조물들 중에서 그리스도 안에서 하나님의 실재의 계시를 실현하는 것이다.'180) 실재의 궁극적 원리는 자아나 자연이 아니라 그리스도이시다. 예수 그리스도의 계시는 기독교

---

179) Dietrich Bonhoeffer, *Act and Being*, trans. Bernard Noble (New York: Octagon Books, 1983), p.89.
180) Bonhoeffer, *Ethics*, p.190.

윤리에 있어서 자아와 세계에 대한 근본적 해석의 배경이자 가능근거이다.

그렇다면 책임적 삶을 규정하는 것은 무엇인가? 본회퍼에 따르면, 책임이란 대리행위이다. 그리스도께서 하신 것처럼 타자를 위하여, 타자의 편에 서서 행위하는 것이다. 그리스도는 실재이실 뿐 아니라 그리스도의 행위는 올바른 행위의 모본이다. 그리스도인은 그리스도의 행위를 따라 살아야 한다. 본회퍼는 윤리학이란 형성이라고 주장한다. 즉, 윤리학이란 그리스도께서 인간의 삶을 어떻게 만드셨는가에 관한 것이다. 우리는 이것을 윤리학에 있어서 기독론적 실재론이라 부를 수 있다. 이것은 본회퍼가 인간에 관한 근대적 신념에 맞서고 있음을 보여준다. 첫째, 본회퍼는 인간을 예수 그리스도 안에서 하나님과 연합이라는 관점에서 본다. 이는 인간의 하나님 형상됨을 부정하는 근대적 사고방식에 맞서는 것이다. 둘째로 책임을 대리행위로 규정함으로써 본회퍼 역시 도덕적 정체성이 타자와의 구체적인 관계에 의해 구성된다는 것을 주장한다. 자아는 타자를 위한, 그리고 타자의 이익을 위한 행위라고 하는 기독론적이고 상징적인 틀에서 이해된다. 이것은 근대적 인간이해가 사유하고 느끼며 의지하는 능력만으로 설명하던 것을 거슬러 자아와 타자와의 연관성을 주장하는 데로 나아간다. 책임이란 그리스도라는 실재와 일치하는 행위를 하는 것이며 구체적이고 상관적인 인간본성에 일치하도록 행위하는 것을 말한다.

힘이란 무엇인가? 본회퍼는 힘에 대해 도덕의 기원에 관한 역동적 유비를 별도로 설명한다. 테크놀러지 시대에 있어서 힘이란 사유의 법칙과 자연의 법칙 사이의 신비한 상응관계에 그 뿌리를 두고 있다. 이성이 그 기원이신 하나님에게서 스스로를 해방시키고 오로지 자신을 통해서만 자아와 세계를 이해한다면, 이성은 더 이상 광범위한 목적을 위해 봉사할 수 없다. 본회퍼는 이렇게 말한다. '근대서양의 과학기술은 그 어떠한 종속의 형태로부터도 자신을 해방시킨다. 그것의 본질은 봉사하는 것이 아니라 주인이 되려는 것, 즉 자연에 대한 주인이 되려는 것이다……이것은 실험적 인간의 사고방식에 깔려있는 본성의 강요된 복종의 정신이다.'[181] 기술의 힘은 선악의 기원과 동일한 구조를 지닌다. 인간이 자아를 통하여 실재를 설명한 것이 바로 범죄의 시작이다. 이것은 기술시대의 이성에서 본다면, 인간의 목적에 자연이 종속되어야 한다는 것을 뜻한다.

책임이란 실재이신 예수 그리스도에게 응답하는 능력이다. 그리고 책임은 대리행위의 문제이다. 이것은 책임에 제한되는 것처럼 보인다. 본회퍼는 말하기를 '책임은 그 직면하는 타자의 책임에 대한 설명이다. 책임은 타자를 행위자로 인정한다는 점에서 폭력과 착취와는 다르다. 책임은 타자로 하여금 그 자신의 책임을 인식하게 한다.'[182]

이처럼 본회퍼의 윤리는 그리스도의 계시, 즉 실재이신 자신을 내어주는 계시 안에서 하나님과 인간의 연합에 초점을 맞춘다. 이러한 윤리에서는 현대세계에서 발견되는 것과 전혀 다른 기독교적 힘의 가치론을 보게 된다. 본회퍼에게 있어서 책임적 실존이란 힘을 선의 구성요소로 규정하는 것일 수 없다. 인간은 타자를 위해, 타자의 편에서 행위해야 한다. 책임이란 실재에 법칙을 부과하는 것이 아니라 실재와 일치하여 행위하는 것이다. 이것은 인격을 중심으로 하는 기독론적 실재론에 근거를 둔다. 힘에 대한 이러한 기독교적 관점은 매우 독특한 것이라 하겠다. 예수 그리스도를 통해 볼 때, 힘이란 실재를 구성하고 증여하는 것으로서, 타자를 위한 봉사의 모범으로 평가된다. 그리고 가

---

181) 같은 책, p.98.
182) 같은 책, p.234.

치는 계시라고 하는 신적 능력을 따라 규정된다. 실재에 응답하며 영향을 주고 형성하는 것이 바로 힘이기 때문이다. 본회퍼가 다른 모든 피조물들처럼 세계는 목적으로서의 그리스도를 통하여 그리고 그리스도와 함께, 또한 그리스도 안에서만 존재하는 것이라고 말하는 이유가 이것이다.[183] 실재를 구성하는 자기개시의 능력인 계시는 가치론적 기초가 된다. 계시의 사건은 실재에 있어서 힘과 가치의 합류점이다. 그리스도는 하나님의 계시이다. 왜냐하면, 그리스도의 존재는 힘과 가치의 일치이기 때문이다. 이것이 본회퍼의 실재론이다.

본회퍼의 윤리는 선악에 대한 질문을 인간의 자기 이해로부터 예수 그리스도 안에서 하나님의 존재의 계시에로 전환시킴으로써 근대의 도덕적 관점과는 구분되며 동시에 근대의 윤리학에 답을 준다. 이것은 가치의 문제를 오직 인간의 힘으로만 설명하는 관점을 격퇴시킨다. 본회퍼는 기독교에서 발견되는 힘에 대한 모호한 설명에 중요한 응답을 주었다. 그의 사상에 나타난 이러한 측면들 배후에는 기독론적 실재론이 자리하고 있다. 이러한 해석이 가능하다면, 우리는 본회퍼의 관점이 그가 말하는 네 가지 명령과 관련하여 어떤 의미를 지니는지 논의할 수 있을 것이다. 본회퍼의 윤리가 책임윤리의 토양을 만들고 육성해주는 것이라고 할 수 있다.

하나님, 실재 그리고 힘

이제까지 우리는 다양한 단계를 거쳐 논의를 진행했다. 이제까지 다루어 온 것은 힘과 가치의 관계의 문제이다. 첫째, 테크놀러지 시대가 표방하는 도덕개념에는 인간에 대한 독특한 설명이 수반되며 인간의 힘에 근거하는 가치이론을 제시한다. 그러나 이러한 도덕관으로는 힘

---

183) 같은 책, p.207.

의 극대화에 관한 설명만 있을 뿐, 힘의 사용에 관한 도덕적 규범, 즉 힘에 대한 견제가 불분명하다. 다만 정치적 현실주의라고 불리우는 실재론만이 가능할 뿐이다. 테크놀러지의 시대에 유용성이라는 규범을 넘어선 다른 규범에 호소하는 이유가 바로 이것이다. 인권 또는 인간을 행위자 되게 하는 힘에 관한 주장이 시장논리가 주도하는 지구촌 경제라는 맥락에서 이내 상실되어버리는 이유도 여기에 있다. 베버(Max Weber) 이래로 설명되어 온 사회의 합리화라는 개념은 힘에 대한 근대적 가치론을 제도화시킨 것이다.

두 번째 단계에서는 선에 대한 실재론적 설명을 가능케 하는 가치론을 모색함으로써 인간의 힘이 지니고 있는 방종적 요소에 한계를 설정할 수 있는 방법을 생각했다. 본회퍼의 윤리에서, 우리는 그 가능성을 보았고 기독교에 나타난 힘에 대한 설명의 모호성을 해소할 수 있는 답을 찾았다. 본회퍼는 가치의 기원을 하나님의 자기계시능력으로 설명하고 있으며, 우리는 그의 주장을 통해 책임이란 그 계시에 일치되도록 힘을 사용하는 것이라는 암시를 얻을 수 있었다. 본회퍼에 따르면, 기독교 윤리에서는 이 세계가 하나님의 실재를 통해서만 존재할 수 있는 실재임을 주장하고 있으며 예수 그리스도 안에서 하나님은 세계라는 실재 안으로 들어오신다는 점을 볼 수 있었다.[184] 이것이 바로 기독론적 실재론이다. 이것은 근대 윤리학의 인간중심주의를 인격주의적 실재론으로 바꾸어 놓는다.

이러한 근거에서 우리는 세 번째 논의를 진행할 수 있다. 여기에 해석학적 질문이 요청된다. 우리는 지금 현대 테크놀러지 사회에서 실재에 대한 도덕적 이해에 대하여 논하고 있다. 우리에게 필요한 것은 유한한 실재의 도덕적 지위에 대한 평가와 행위의 방향설정에 핵심이 되

---

184) 같은 책, p.194.

는 실재론이다. 도덕은 힘에 대한 테크놀러지적 가치론의 영향을 받아야 하는가? 도덕적 지침을 위한 기독교적 비젼이 공급되어야 하는 것은 아닐까?

보다 심층적으로 말한다면, 우리는 힘과 가치의 연관성에 대한 상충적인 설명들을 통하여 실존해석의 능력을 가진다는 것이 어떤 의미인지를 검토해야만 한다. 실재에 대해 응답하고 영향을 주며 형성시켜주는 인간의 힘은 과연 이해라는 행위에 매어 있는 것인가? 이 질문은 이 책 전체를 관통하는 문제이기도 하다.

선과 존재 사이의 연관성이 우리 자신과 세계이해를 추구하는 행위자됨의 체험에 기초가 되어야 한다. 신학자들은 본회퍼가 염려했던 것처럼 선에 관한 질문이 단지 자기이해의 구조로 환원될 뿐만 아니라 선에 대한 이해의 단초로서 행위자됨의 체험을 부정하지 않고서는 그렇게 될 수 없다고 한다. 만일 해석학적 실재론이 옳다면, 행위능력만이 인간의 복지를 위한 유일한 가치일 수 없음이 드러날 것이다. 다시 말해 본회퍼 윤리의 고유한 계시주의를 배제하는 관점, 즉 도덕이란 발명된 것이라는 환원주의를 회피할 수 있게 된다. 이것을 가능하게 하는 것은 무엇인가?

행위가 결과를 만들어낸다는 것은 무에 대한 존재의 긍정이라 했던 5장의 내용을 기억해 보자. 내가 행위할 때, 세계는 변경된다. 이것은 선을 암묵적으로 긍정하는 것이다. 행위한다는 것은 선과 존재의 관계를 행위자로서의 자기이해의 기초로 인정하는 것이다. 우리는 이것을 행위자됨의 의식에 내재된 책임감이라고 부를 수 있다. 모든 행위와 관계에서 우리는 행위의 지속가능성을 긍정해야 하며 그렇게 함으로써 인간의 책임을 긍정할 수 있어야 한다. 이것은 일종의 도덕적 격률이다. 이것은 행위자와 행위의 결과, 즉 행위에 의해 초래된 상태 또는 사태 사이의 연관성에서 비롯되는 것이기 때문이다. 행위에 대한 체험에서 이러한 관점이 신학적 주장 없이도 가능한가? 무에 대한 존재의 긍정, 해체에 대한 실재의 긍정은 실재에 대한 도덕적 요구에 각인된 것인가?

다시 말해, 행위자됨의 의식에 고유한 존재의 선은 무조건적 선, 즉 하나님이라는 실재에 대한 인정 없이도 가능한가? 그렇지 않다면, 가치의 원천이 의식하는 행위 이외의 의미부여 작업 이외의 다른 것임을 말할 수 없다. 인간의 아이러니는 모든 행위의 순간에, 실재를 변경시키는 힘을 자유롭게 행사하는 모든 순간에 의심의 여지 없이, 인간은 그 힘에로 환원될 수 없는 고차원의 원천에 의해 생명력을 얻고 있다는 사실을 느낀다는 데 있다. 행위자의 자기이해에 내재적이라 할 수 있는 책임감, 즉 행위능력에서 드러나는 선과 존재의 동일시는 실재에 대한 암시적 증언이다. 결과를 산출하는 모든 행위, 존재를 부정하는 가공할 만한 결과를 산출하는 것을 포함하여 행위가 결과를 산출하는 것인 한, 행위능력의 조건이 되는 실재를 긍정하고 있는 셈이다. 그러나 이러한 실재는 유한한 실존이 그 유한성을 존중해야 할 가치가 있는 한에서 실재이다. 실재에 대해 가장 잘 알 수 있는 것은 어떤 경우인가?

기독교에서 하나님은 능력과 가치가 동일하신 분이시다. 하나님은 궁극적 힘으로서 감사와 존경을 받을 만한 존재이시며 유한자들의 가치를 존중하고 함양하신다. 하나님은 힘에 대한 자기해석적 존재이시며 따라서 힘은 우연한 실재들과의 관계에서 변형되어 나타난다. 하나님은 사랑이시다. 본회퍼가 말한 실재의 계시로서의 그리스도라는 말이 바로 이런 뜻이 아닐까? 이것이 바로 기독교 윤리의 의의가 아닐까? 기독교는 독특한 힘의 가치론을 제안한다. 기독교에 있어서 상징이란 시간적 삶이라는 맥락에서 행위자로서의 인간해석을 위한 수단이다. 인간과 세계에 대한 신학적 해석을 통하여 우리는 가장 기초적인 윤리적 주장을 설명할 수 있다. 가치는 힘에로 환원될 수 없으며 행위능력은 삶의 통전성을 존중하고 함양하는 방향으로 설정되어야 할 인간의 기본적 선이다.

하나님의 임재하심에 대한 의견이 다를지라도 인간의 모든 행위는 존재의 부정과 와해에 대항하여 존재를 긍정함으로써 하나님을 긍정한다. 만일 우리가 하나님의 정체성을 그 다양한 성호들에서 찾는다면, 행위자됨의 의식에서 하나님에 대한 긍정을 찾아 볼 수도 있을 것이다. 기독교에 있어서 하나님은 도덕적 책임의 무조건적 원천이시며 가능성의 상징이시다. 이것은 책임의 명법이 하나님 중심적으로 설정되어야 함을 말해준다. 하나님 앞에서 모든 생명을 존중하고 그 가치를 함양하라. 이 명법을 따라 행위하는 것은 하나님의 존재를 긍정하는 것이며 모든 행위의 조건들을 긍정하는 것이다. 책임의 명법은 이처럼 행위의 방향성에 대한 것이라 하겠다.

이것은 우리로 하여금 하나님 앞에서 모든 생명의 가치를 존중하고 함양하라는 명법의 뜻이 무엇인지 보여준다. 우리의 모든 행위와 관계에서 책임적 존재됨의 조건을 긍정하라는 뜻이다. 하나님이 모든 실존의 조건이시라고 하는 것은 책임윤리의 해석학적 기초가 된다. 하나님의 정체성, 즉 궁극적 힘으로 해석되는 하나님에 대한 신념을 통하여 삶을 해석하는 것은 인간이 행위자로서의 실존이라는 도덕적 진리를 보여준다. 책임의 명법을 이렇게 이해하는 것은 인간의 선이 세상적 삶으로 흘러가는 존재가 아니라 존재라는 선에 응답을 주는 도덕적 기획 안에 있음으로 보여준다.

기독교 책임윤리에 대한 도전은 도덕적 행위자로서의 인간의 자기이해에 대한 거부이다. 삶과 세계에 대한 신학적 해석은 책임을 도덕적 정체성의 원칙으로 인정한다. 이 장에서 우리는 신학적 책임윤리가 테크놀러지 시대의 도전에 대한 응답이 될 수 있다는 것을 살펴 보았다. 다시 말해 힘이 왜 도덕의 결정적 요소가 아니라 도덕의 기초로 상정되어야 하는지를 생각해 본 것이다. 기독교 윤리는 힘에 대한 근대적 가치론에 함몰되지 않으면서 행위와 인간존엄 사이의 연관성을 주장한다.

본회퍼의 기독론적 실재론을 살펴본 이유는 무엇인가? 그 대답은 간단하다. 첫째, 기독론적 실재론은 힘에 대한 근대적 가치론으로부터 벗어나 있다. 나아가 인격주의적 관점에서 비인격적 존재들의 가치에 대한 주장을 할 수 있는 근거를 주고 있다. 힘의 가치전환을 주제로 삼는 것은 가치에 대한 인격주의적 관점을 반드시 요구하지는 않는다.[185] 이것은 우리 시대의 윤리를 위해 중요하다. 우리는 인격주의적 관점 이외의 방식으로 생태계의 도덕적 지위에 대해 말할 수 있어야 한다. 둘째로, 힘의 사용의 대상이 되는 인간의 유약성이 문제의 중심이 되어야 한다. 죄와 구속은 실재의 의미를 설명하는 단초가 되지 않는다. 죄와 구속은 인간이 실재 안에서 어떻게 발생되어 나왔는지에 관심을 갖는다. 기독교 윤리는 그리스도 안에서 인간과 하나님의 연합이라는 의미에서만 모든 생명을 존중하고 함양해야 할 실재임을 뜻한다. 힘, 가치 및 실재에 대한 하나님 중심적 사고의 필요성은 기독교 신앙의 대상인 하나님이 유한한 실재들에 대하여 힘의 가치전환을 시도하시는 분이시기 때문이다. 이 모든 것이 책임윤리의 기초이다.

---

[185] 필자가 보기에 이것은 일종의 인격주의적 설명으로서, 책임의 문제를 자아와 타자와의 만남을 중심으로 설명하는 방식이다. 최근의 이론으로서는 레비나스(Immanuel Levinas)의 *Totality and Infinity*를 참고할 수 있겠다.

결론

책임윤리는 가치와 사회적 관계라는 복합적인 영역에서 행위자가 힘을 사용하는 문제에 대해 설명한다. 책임윤리는 행위자가 실재에 대해 어떻게 응답하고 영향을 주며 형성시킬 것인가에 관심을 가진다. 인간의 힘이 중심이 되어버린 시대에, 우리는 실재의 다양성과 복합성을 알아야 하며 그것이 왜 존중되고 함양되어야 하는지를 인식해야 한다. 만일 우리가 이것이 생명육성적 공공정책과 행위 및 사회조직에 기초가 되어야 함을 파악하지 못한다면, 지구상에 인류의 미래가 있을지 불분명하다. 이 장에서 우리는 진정한 지구촌 윤리의 문제해결을 위한 기독교적 전통, 즉 기독론적 실재론에 대해 생각해 본 셈이다.

제8장 신명령론적 윤리와 하나님의 타자성

　도덕규범과 도덕의 원천에 대한 기독교적 접근은 하나님의 명령이라는 용어로 이해되곤 한다.186) 이것은 십계명에서 가장 잘 드러난다. 신약성서에서 볼 수 있는 그리스도의 가르침 중에서 특히 사랑의 교훈과 성화를 위한 원칙과 계명 및 권면 등은 하나님의 뜻의 표현이다. 기독교 윤리의 요체는 하나님 사랑과 이웃 사랑이라는 상호연관된 계명 안에 잘 드러난다. 도덕을 하나님의 명령으로 간주하는 것은 신뢰와 충성 및 인간의 선에 대한 최고의 초점이 하나님이어야 한다는 종교적 요구를 충족시킨다. 따라서 신학자들이 기독교 전통 안에서 인간과 하나님에 대하여 사유하려면, 이러한 신명령론적 윤리(divine command ethics)와 관련된 논의를 진행시켜야 한다.

　이 장에서는 행위자로서의 우리의 삶에 대한 신명령론적 의미를 살펴보려 한다. 필자는 신명령론이 기독교 윤리 전체를 대변하는 것이라

---

186) 본 장의 내용은 다음 글을 일부 수정, 보완한 것이다. "The Otherness of God", held at the University of Virginia, April 7-10, 1994. 이 발표문은 다음 책에 포함되어 간행되었다. *The Otherness of God*, ed. Orrin F. Summerell (Charlottesville: University Press of Virginia, 1998).

고는 생각하지 않는다. 이 문제가 도덕적 이해에 어떤 기여를 할 수 있는지 하는 것이다. 그 대답은 결과적으로 인간의 문제와 관련지어 생각할 때 하나님의 초월성 문제에 수렴될 것이다. 신명령론적 윤리에서는 하나님의 타자성, 즉 초월성이 도덕적 핵심이라고 주장하며 도덕의 요체라고 한다. 중요한 것은 이러한 윤리가 전능하심이라는 관점에서 하나님과 인간의 관계를 설명하고 있다는 점이다. 하나님의 뜻은 선 그 자체에 얽매여 있지도 않으며 선을 넘어서는 그 무엇에 의해 움직여지는 것도 아니다. 그러므로, 우리가 관심을 가져야 할 것은 절대적 권능이 하나님의 초월성에 대해 어떤 이미지를 제공하는가 하는 점이다. 다시 말해, 힘의 관점에서 하나님의 초월성은 어떤 의미인가? 이제 우리는 이 문제를 보다 심도있게 다루고자 한다.

질문의 목적

이 장에서는 자아와 타자 및 세계와 공동체를 평가하는 데 하나님의 초월성은 어떤 기능을 하는지 살펴볼 것이다. 그리고 선을 규정함에 있어서 힘을 영화롭게 하는 것에 대항하여 신명령론의 의미를 음미하고자 한다. 신명령론은 너무도 자주, 그리고 너무도 쉽게 인간의 헌신의 형태와 동일시되어 왔다.[187] 테크놀러지의 힘의 시대에 있어서 우

---

[187] 윤리학은 도덕적 존재로서의 인간에 대한 성찰이다. 그 목적은 어떻게 살아야 하는가를 결정해주는 데 있다. 윤리적 성찰은 행위자가 어떻게 살아야 하는가의 문제에서 항상 타자와의 관계 속에 놓여있다는 점에서 비롯된다. 나아가 도덕적 실존에 대한 설명에서 자신의 삶의 방향설정과 관계가 있다. 다시 말해 도덕적 성찰이란 이 세상에서 어떻게 살 것인가의 실존적 문제로부터 벗어날 수 없다. 기독교 윤리는 특히 하나님과의 관계에서 어떻게 살아야 하는지를 강조한다. 그러나 이것은 도덕적 탐구의 틀에서 벗어나지 않으며, 필자가 보기에 도덕철학과 기독교 윤리는 그 차별성에 대한 주장보다는 이해와 협력을 요구하는 관계라 하겠다.

리가 직면하고 있는 광범위한 인종갈등, 폭력의 문제, 생태계 위기를 비롯한 임박한 도전들은 인간이해에 있어서 힘과 유한한 존재 사이의 연계성에 대한 설명을 필요로 한다. 이를 통해 포스트모던적 특징인 생명공동체에 대한 위협을 극복할 수 있을 것이다.

우리는 두 가지 문제를 다루고자 한다. 첫째, 신명령론 그 자체로는 우리가 관심을 갖는 문제들에 적절한 답을 주기 어렵다. 신명령론을 힘의 우상화의 문제와 연관지어 논하기 위해서는 하나님의 선하심과 사랑을 강조하는 형태로 변형되어야 한다. 엄밀히 말해, 이것은 신명령론의 원래 모습으로는 설명되지 않는다. 신명령론은 또 다른 성찰에 의존하고 있다. 윤리학은 가치와 행위의 원칙을 내포한다.188) 둘째로 신명령론은 우리의 관심사에 결정적인 통찰을 준다. 그 발전과정을 살펴본다면, 신명령론은 전능하심에 대한 찬양, 즉 인간의 마음에서 솟아나는 힘에 대한 막연한 숭상을 강조하는 것이 아님을 알 수 있다. 이는 유한자에 대한 존중 및 가치함양과 관련하여 힘의 문제를 설명해 준다. 하나님은 유한자들의 가치를 존중하시는 권능의 하나님이시다. 기독교 전통에서 이러한 힘에 대한 재해석은 도덕에 대한 이해에 결정적인 의의를 지닌다.

도덕적 이해와 연관지어 볼 때, 신명령론은 일종의 비판적 차별화의 계기로 작용한다. 이는 이미 5장에서 말했던 이론들을 더 심화시킨다. '도덕적 이해'라는 말은 도덕에 대한 해석의 도식을 의미한다.189) 여기에서 삶은 그 가치형성방식에 관한 질문의 전제조건인 자연적이고 사

---

188) 이에 관한 최근의 논의는 다음 책에서 볼 수 있다. Gamwell, *The Divine Good*; Gustafson, *Ethics from a Theocentric Perspective*; Schweiker, *Responsibility and Christian Ethics*.

189) 기독교 윤리의 해석학적 특징에 관해서는 다음 글을 참고할 것. William Schweiker, "Hermeneutics, Ethics, and the Theology of Culture: Concluding Reflections", in *Meanings in Texts and Actions*, pp.292-313.

회적인 가치들의 영역에 있다. 인간이 행위자인 한, 도덕에 대한 해석은 모든 생명을 존중하고 그 가치를 함양하기 위해 힘의 사용에 대한 비판적 평가를 포함해야만 한다. 비판적 평가는 실천되어야 할 가치에 대해 질문했을 때, 삶의 당위를 해석해 줄 수 있어야 한다. 결국 도덕해석학은 도덕적 이해를 재구성하여 가치와 힘에 대한 비판의 이면에 놓인 가치를 발견하게 한다. 이처럼 해석학은 삶에 대한 지식의 제공이라는 목적을 달성한다. 개인과 공동체가 추구하는 가치는 옳음에 대한 요구를 통하여 재해석되지만, 이것은 생명의 융성을 목적으로 삼는 보다 고차원의 도덕적 선에 기여하는 것이어야 한다. 도덕의 목적은 모든 행위와 관계에서 삶의 통전성을 존중하고 그 가치를 함양하는 데 있다.

신명령론은 과연 힘에 대한 근본적 해석에 사용될 수 있는가? 신명령론은 도덕적 이해의 재구성에 기여할 수 있을 것이라는 기대를 가지고, 그릇됨에 대한 이론, 즉 의무론을 보다 광범위하고 복합적인 가치론의 관점에서 해석할 필요가 있다. 의무론적 윤리에 대한 고찰을 통해 신명령론의 변형가능성을 타진해 볼 수 있을 것이기 때문이다. 하나님의 타자성을 주장하는 윤리는 도덕과 삶에 대한 해석에서 하나님 이외의 다른 것, 즉 유한자의 가치, 하나님 이외의 존재들의 가치를 신중하게 고려하는 것으로 나타나야 할 것이다. 기독교 윤리는 타자성에 관심을 가진다.[190] 기독교 윤리는 신명령론에 국한되지 않는다.

이제 우리는 전통적인 신명령론에 대해 몇 가지 비판을 진행하고자 한다. 여기에는 현대신학자들과 철학자들의 신명령론적 주장도 포함된다. 특히 우리 시대의 신명령론자인 바르트(K. Barth)의 논의를 중심으로 그것이 현대 윤리의 문제들과 대면하기 위해 어떻게 변형되어야 하

---

190) 다른말로 하자면, 기독교 윤리는 신명령론과 도덕적 자연주의 및 주의론적 사고방식에서 벗어날 필요가 있다는 것이다.

는지 살펴 보고자 한다.

신명령론적 윤리

신명령론에 따르면 도덕적 옳고 그름은 하나님의 명령에 일치하는가 혹은 불일치하는가에 달려있다. 극단적 형태의 신명령론에서는 무고한 사람들에 대한 학대 등 부도덕해 보이는 일도 하나님의 명령이라고 여겨진다면, 그 명령에 불복종하는 것은 옳지 않다고 한다. 하나님의 명령이라는 해석만 있다면 살인행위도 용인할 만한 것으로 보아야 한다는 것이다. 이것은 극단적 형태의 신명령론이 하나님은 그분 자신의 의지에 의해서만 결정하시는 분이심을 인정하고 있음을 보여준다. 그들에 따르면, 하나님의 뜻과 인간의 뜻은 다르다. 하나님은 도덕에 얽매이시지 않는다. 오히려 하나님은 도덕의 원천이시다. 중세신학자들은 하나님을 부동의 원동자라는 표현을 사용하여 이 점을 설명했고 그것만이 하나님에 대한 진정한 관념이며, 하나님의 뜻은 정의롭다고 하였다.

이러한 극단적 형태는 옥캄(William Ockham)에게서 볼 수 있으며, 그의 제자 비엘(Gabriel Biel)은 후대에 옥캄의 주장이 아주 적절한 것이라고 평가했다.[191] 중요한 것은 이 이론의 창시자가 누구인가 하는 것이 아니다. 그들에 따르면, 하나님은 스스로의 목적을 위하여 잔학한 일을 명령하지 않으시는 분이시다. 이는 계시에 기초한 신조에 나타나고 있다. 그러나 도덕이론의 관점에서 본다면, 하나님께서 정의로운 목적으로 잔인한 일을 명령하시는 것이 논리적으로 불가능하지는 않다. 도덕이 하나님의 뜻에 의존한다는 점을 인정한다면, 옳고 그름은 단지 하

---

[191] Janine Marie Idziak, "In Search of 'Good Positive Reasons' for an Ethics of Divine Commands: A Catalogue of Arguments", *Faith and Philosophy* 6, No.1 1989, pp.47-64

나님의 명령에 따르는 것일 뿐이다. 하나님의 완전성은 그 의지 이외의 다른 선이나 규칙에 영향받지 않는다. 이 점에서 신명령론은 규범 윤리에 속한다. 무엇을 해야 하는지 말해준다. 신명령론은 또한 메타윤리에도 속한다. 도덕적 언명의 의미와 도덕의 진리에 대한 이론이기 때문이다.

윤리학에 있어서 신명령론이 과연 타당한 것인가 하는 질문은 플라톤의 대화편에서 이미 제기되었다. 에우티프론은 자신의 아버지가 노예를 죽인 일을 말하면서 그것이 신의 명령이었다고 말한다. 에우티프론의 대답을 들은 소크라테스는 그에게 신은 가족의 의무를 훼손하도록 명령하지 않을 것이라고 말한다. 그리고 신들이 명령하는 것은, 그것이 경건하기 때문인가 혹은 명령을 받았기 때문에 경건한 것인가 하고 질문한다. 소크라테스의 주장은 신들의 의지를 넘어서는 선의 원리가 별도로 있음을 의미한다. 신명령론자들은 이러한 결론을 수용할 수 없을 것이다. 하나님은 하나님이시기 때문에 우리는 하나님의 명령에 순종해야 한다고 주장할 것이다. 소크라테스 이래로 선이란 신이 우리의 복종을 받을 만한 가치가 있는지 아닌지를 결정하기 위해 필요했다. 이것이 사실이라면, 신명령론은 윤리학 이론으로서는 실패작이다.

이 오래된 논변에서 신학자들과 철학자들은 신명령론이 다른 경쟁적 도덕이론에 비해 두 가지 장점이 있다고 주장한다.[192] 첫째, 신명령론은 도덕과 규범의 객관성을 보여준다. 신명령론은 일종의 실재론으로 반실재론자들의 주장에 맞선다. 반실재론자들은 도덕을 발명의 대상이라고 말하며, 이모우티비즘에서는 도덕적 언명이 우리의 기호를 나타내는 것이거나 행위를 추천하는 정도에 지나지 않는다고 한다. 그러나 도덕을 구성주의적 관점이나 이모우티비즘을 따라 설명하면 의

---

[192] Philip Quinn, "The Recent Revival of Divine Command Ethics", in *Philosophy and Phenomenological Researh* 50, supplement (fall 1990): pp.345-65.

무에 대한 설명 자체가 불가능해진다. 중세의 이작(Janine Idziak)은 법의 구속력이 그 기원인 하나님의 의지에 달려있다고 했다. 토마스 아퀴나스는 법이란 통치자의 의지에서 유출된 것이라고 했다. 그는 하나님은 영원법으로 만물을 다스리시는 분이시며, 법은 이러한 하나님께 의존하는 것이라고 했다.193)

칸트 등에게서 볼 수 있는 또 다른 형태의 객관주의에 신명령론적 의무에 대한 설명의 단초가 발견된다. 신명령론자들은 어떻게 순수한 실천이성이 신명령론을 판단하는 도덕적 의무의 원천이 될 수 있느냐고 물을 것이다. 칸트는 『도덕형이상학의 근거, Groundwork for the Metaphysics of Morals』에서 이렇게 질문한다. 선험적 이성이 도덕적 존중감을 불러일으킬 수 있는가? 존재에 대한 주장에서 도덕적 가치와 규범의 근거를 찾으려 한다면, 존재가 도덕적 의무의 근거가 될 수 있는가? 최근 요나스는 '명령이란 명령하는 의지, 예를 들어 인격적인 하나님이나 당신 등으로부터 발생할 뿐만 아니라 그 실현에 대한 선 그 자체의 내재적 주장에서도 발생된다'고 말한다.194) 그러나 이 주장은 과연 타당한 것일까? 신명령론은 칸트의 실천이성이나 요나스의 도덕의 형이상학적 근거 이외의 방식으로 도덕의 객관성을 확언하고 있는 것 같다.

둘째로, 신명령론은 비자연주의적 윤리이다. 윤리학에 있어서 비자연주의란 선이 물리학이나 생명과학과 같은 자연적 사태의 상태를 기술하는 담론형식으로 규정될 수 없다는 주장이다. 선이란 물리적인 쾌락을 주는 것과 동일시되지 않는다. 신명령론은 3장에서 논의했던 도덕감 문제에 답을 준다. 하나님의 명령은 도덕적 옳음과 그름이 발견

---

193) Thomas Aquinas, *Summa Theologiae* I/II pp.90-91.
194) Hans Jonas, *The Imperative of Responsibility*, p.79.

되는 영역이다. 따라서 신명령론은 제한적 의미의 도덕, 즉 의무의 차원에서 쾌락이라는 선이나 사랑과 친절이라는 덕성을 비도덕적인 선과 덕의 문제와 어떤 관계가 있는지를 설명해야만 한다.

도덕적 옳고 그름과 가치와의 관계는 비자연주의 윤리의 문제이기도 하다. 신명령론자들은 비자연주의의 관점, 즉 무어(G.E.Moore)나 플라톤의 직관주의에 관심을 가질 것이다. 선에 대한 직관이란 무엇인가? 선을 알아차린다는 것은 무엇인가?[195] 신명령론은 환원주의자들의 논의를 회피하고 비자연주의에 관심을 기울인다. 그러나 이러한 논의로서는 신명령론을 검증해주지 못하며 개연성을 가질 뿐이다.

일종의 규범윤리이자 메타윤리로서의 신명령론은 실재론적이고 객관주의적이며 비자연주의적 입장에 속한다. 이것은 도덕적 의무의 근거와 의미에 관한 이론이다. 그리고 이것은 도덕에 대한 비환원주의적 설명에서 도덕적 의무의 정언명법적 특성과 연관된다. 동시에 신명령론의 핵심적인 단점이기도 하다. 그 반론으로, 성서시대의 족장들의 부도덕성을 문제삼는 관점을 고려할 수 있겠다. 몇 가지 성서의 기사들을 살펴보자. (1)창22장에서 아브라함에게 이삭을 번제로 바치라는 명령이 내린다. (2)출12장에서 이스라엘 사람들에게 출애굽에 즈음하여 애굽인들로부터 물건을 훔치도록 명령이 주어진 듯하다. (3)호세아에게는 창녀와 결혼하라는 명령이 내린다. (4)삼손은 자살했다. (5)족장들의 다처제 문제, 그리고 (6)야곱이 그의 아버지를 속인 일 등이 여기에 속한다. 신학자들은 하나님의 명령이 살인, 도둑질, 간음 등을 조장하는 것처럼 보이는 부분에 대해 고민해 왔다. 이 문제에 대해서는 몇 가지 방식으로 답을 줄 수 있다. 그 중 몇 가지만 찾아서 신명령론과 연관지어 보자.

---

195) 다음 책을 참고할 것. Murdoch, *Metaphysics as a Guide to Morals*.

첫 번째 응답은 이러한 일들은 극단적 형태의 신명령론에 해당된다고 설명하는 방법이다. 이에 속하는 신학자들에 따르면, 행위의 옳고 그름은 하나님의 명령에 달려 있다. 아브라함이 그의 아들을 죽이도록 명령받았을 때, 그가 하나님의 명령에 순종한다는 것만으로도 그는 옳았다고 한다. 이러한 설명법은 얼핏 보기에 부끄러워 보일 정도로 싱거운 대답일 수 있다. 요컨대, 하나님의 명령은 살인 등 우리의 일상적인 도덕적 가치판단의 범주를 벗어날 수 있으며, 하나님의 명령이라는 빛 아래에서 해석되어야 한다는 것이다. 신명령론은 행위에 대한 정당화를 시도한다. 덕스러움과 악덕의 판단, 그리고 선과 악의 판별에 하나님의 명령은 매우 중요한 의의를 지닌다. 하나님의 명령은 독특한 의미를 지닌다. 하나님의 뜻, 하나님의 능력은 도덕적 지시나 행위결과에 대한 분석에 제한되지 않는다. 제한되는 경우가 있다면, 하나님의 뜻은 도덕적으로 옳고 그름을 규정하는 원천이 되지 못한다. 신명령론자들에 따르면, 하나님은 도덕적 가치에 밀접히 관여하신다. 제일 원인으로서의 하나님의 권능은 오직 그 자체로 평가되어야 하기 때문이다.

둘째로, 토마스 아퀴나스 같은 신학자는 도덕적인 옳고 그름이 하나님의 뜻과는 무관하며 더구나 하나님은 언제나 그 신적 본성에 의해 공의로운 분이라고 한다. 토마스의 윤리는 하나님의 뜻보다는 하나님의 본성에 중심을 두었으며 하나님께서 그 본성에 반대되는 것을 명령하시지 않을 것이라고 보았다. 영원법은 하나님의 본성을 보여주는 것으로서, 그것은 다시 자연법으로 선포되며 인간의 이성은 영원법에 참여한다고 하였다. 토마스 아퀴나스는 족장들의 부도덕성에 관한 난제를 이러한 맥락에서 다음과 같이 설명한다. 『신학대전』 *Summa Theologia*(Ⅰ/Ⅱq.94, a.5, ad.2)에서 그는 모든 인간은 원죄로 인해 죽을 수 밖에 없는 존재이며 결혼은 하나님의 법에서 유출된 것이고 모든 것은 궁극적으로 창조주 하나님께 속한 것이라고 했다. 살인, 간통 또는 소유주의 마음에 거스리는 일 등은 그것이 비록 하나님의 명령이라 해도 궁극적으로는 그릇된 것이라는 관점이다. 그리고 하나님의 특수한 명령들은 영원법 또는 하나님의 본성에 기초하며 만물과 하나님과의 관계에 기초하고 있다. 그러므로 이러한 명령들은 신적 본성을 위반하지 않을 것이라고 한다.

현대적인 예를 들어보자. 키엘케고르는 『두려움과 전율』 *Fear and Trembling*에서 아브라함 이야기를 다룬다.[196] 아브라함에게 그 아들 이삭을 희생시키라는 명령은 신학적 의심의 대상이 되어야 한다. 이 일은 그 내용상 하나님과 인간의 관계에서 보편적 도덕원리를 넘어서는 고차원의 일에 해당한다. 도덕적으로 볼 때, 아브라함의 행위는 살인이다. 도덕에 위배되는 것이기 때문이다. 그러나 하나님의 명령은 윤리그 이상의 선을 요구하신다. 그 명령은 본래적 목적을 변경시키지 않은 채 부수적으로 추가된 것이 아니다. 아브라함은 하나님 안에서의 신앙을 그 실존적 정체성으로 삼는다. 신앙의 위기는 윤리적 회의가 아니라 도덕과 보편적 의무를 넘어 하나님과의 관계에서 요구되는 선에 관한 것이다. 이것은 삶을 결정하는 통상적인 도식을 무너뜨리는 것이며, 객관적으로 불확실해 보이는 신앙적 요구에 대해 실존을 내어맡긴 것으로 보아야 한다는 것이다.

신명령론은 현대 윤리와는 거리가 멀다. 첫째, 이 논증들은 일종의 도덕적 타율성을 긍정하는 것으로 보인다. 인간은 도덕적으로 그 자신의 의지나 마음에 의해 결정을 내리는 존재가 아니라는 것이다. 문제는 왜 이러한 의지와 마음에 복종해야 하는가에 있다. 둘째, 전통적인 논증들은 도덕에서 증진시키고 유지하려 하는 가치들을 와해시키는

---

[196] Soren Kierkegaard, *Fear and Trembling*, trans. Walter Lowrie (Garden City, N.Y.: Doubleday, 1954).

것처럼 보인다. 신명령론을 옹호하는 논증들은 인간이 지키려는 성, 사유재산, 생명과 같은 인간관계에 제도들에 대한 사회의 기본적인 필요를 자의적 의지 또는 신의 본성 혹은 신앙의 위기라는 것에 종속시킴으로써 그것들을 와해시키는 것처럼 보인다. 신명령론의 객관성과 비자연주의적 특성은 타율성을 따르게 하는 것처럼 보이며 도덕을 자의적인 것이 되게 하는 것처럼 보인다. 그렇다면, 신명령론은 가치론적 의미를 유지하기 어려울 것이다.

우리는 신명령론의 장점과 단점에 대해 생각해 보았다. 이를 통해 우리는 신명령론의 개연성이 옳고 그름에 관한 주장에 있지 않고 하나님이라는 존재에 대한 주장에 달려있다는 것이 분명해졌다. 하나님이 선이시며 사랑이신 한, (1)여타의 힘에 대한 숭배 이외에 하나님의 명령에 복종할 근거가 드러나며, (2)자의성과 타율성의 요소를 극복할 수 있게 되며, (3)하나님의 개별적 명령들은 도덕적으로 정당성을 지닌 것임을 정리할 수 있겠다. 현대의 신명령론자들은 특히 이러한 하나님의 선하심에 대해 논하고 있다.

사랑의 하나님과 수정된 신명령론

극단적 형태의 신명령론은 하나님의 뜻이 도덕적으로 옳고 그름을 위한 행위의 필요충분조건이라고 한다. 최근의 논의에 따르면, 신명령론은 수정이 필요하며, 옳고 그름의 충분조건이라 할 수 없다.[197] 신명령론의 해설자들은 그 이론을 수정하였고 하나님의 본성과 하나님의 전능하심의 주장을 분리하고자 한다. 이것은 가장 극단적 형태의 신명령론에 대한 결정적인 반론이라고 볼 수 있다.

---

197) John Chandler, "Divine Command Theories and the Appeal to Love", *American Philosophical Quarterly* 22, No. 3, 1985, pp.231-39.

아담스(Robert M. Adams)는 수정된 신명령론을 제안한다.198) 그의 이 론은 윤리적 그릇됨의 의미에 초점을 맞춘다. 아담스는 이렇게 말한다.

수정된 이론에 따르면, 'X를 행하는 것은 그릇된 것이다'라고 말할 때, 여기에서 의미하는 것은 그것은 X를 행하라는 하나님의 명령과는 반대되는 것이다. 'X를 행하는 것은 그릇된 것이다'라는 말은 'X를 행하라는 하나님의 명령에 반대되는 것이다'는 뜻을 내포한다. 그러나 'X를 행하라는 하나님의 명령에 반대되는 것이다' 라는 것은 하나님이 그 피조물을 사랑하시는 존재인 한, 'X를 행하는 것은 그릇된 것이다'라는 뜻을 내포한다. 만일 하나님이 진정으로 우리의 목표를 잔해하는 명령을 주신다면, 하나님은 우리를 사랑하시는 분이 아니시며 그에게 복종하지 않는 것은 그릇된 것이라고 말할 수 없을 것이다.199)

아담스의 논의의 장점은 사랑의 하나님이 아니시라면, 그 명령은 윤리적으로 그릇된 것이며 의무적인 것도 아니며 허용될 만한 것도 아니다.200) 아담스는 하나님이 삶의 목표를 잔해하는 명령을 할 수 있다는

---

198) 이들은 모든 사람이 도덕을 유신론적 관점에서 이해할 수 있는 것은 아니라고 주장한다. 이것은 특정한 전통과 공동체에 대한 담론이기도 하다. 그러나 도덕적 담론은 공동체와 전통에 관계된 것이기 때문에 신명령론을 옹호하는 것은 메타윤리적 의의를 고려하지 않는 것과 같다고 하겠다.
199) Robert M. Adams, "A Modified Divine Command Ethics", in *The Virtue of Faith and Other Essays in Philosophical Theology* (New York: Oxford University Press, 1987), 100. e Edward Wierenga, "A Defensible Divine Command Theory," *Nous* 17(1983): pp.387-407; William E. Mann, "Modality, Morality, and God," *Nous* 23 (1989): pp.83-99; Richard J. Mouw, *The God Who Command* (Notre Dame, Ind.: University of Notre Dame Press, 1990).
200) Robert M. Adams, "Divine Command Metaethics Modified Again", in *The Virtue of Faith*, pp.128-43. 그리고 이 문제에 대한 보다 심층적인 논의는 다음 책을 참고할 것. *Divine Command Morality: Historical and Contemporary Readings*, ed. Janine Marie Idziak (New York: Edwin Mellen, 1980).

것이 논리적으로는 가능할지 모르나, 이것은 신앙인들에게 옳고 그름의 혼란을 초래할 것이다. 예를 들어, 신앙인들이 증오와 잔인함을 거부하는 반면에 친절함과 기쁨을 선호하는 것은 굳이 하나님의 명령을 개입시켜 설명할 필요가 없다. 도덕적 옳음과 그름의 규범은 가치있는 것과 가치없는 것의 총합이다. 아담스는 '신명령론의 수용가능성은 부분적으로 하나님이 명령하신 것이라고 믿어지는 사물들에 대한 독립적인 긍정적 가치평가에 의존한다.'[201] 그러나 따지고 보면, 이러한 입장들은 신명령론의 포기를 요청하는 것이나 다름없다. 옳고 그름의 개념의 타당성이 비신학적 가치평가에 의존하는 것으로 변질되고 말았기 때문이다.

아담스는 신명령론을 포기할 필요까지는 없다고 한다. 그에 따르면, '신명령론은 그 수정된 형태의 이론들을 포함하여, 가치의 개념을 유지할 필요없이 또는 도덕적 가치를 유지할 필요도 없이, 하나님의 명령이라는 관점에서 이해해야 한다.'[202] 신명령론은 비도덕적 가치와 도덕적 가치를 구분하게 하며, 또한 그렇게 해야만 하기 때문이다. 수정된 신명령론은 행위에 대한 옳고 그름에 대한 평가와 관련된 의무, 그리고 그와는 무관한 비도덕적 가치를 구분해야 한다고 말한다. 예를 들어 행복이 무엇인지 그 가치를 평가할 수 있지만, 개인적인 행복을 추구하는 것이 항상 옳다고 볼 수는 없다. 개인주의는 개인의 행복을 궁극적 가치로 평가하지만, 개인주의적으로 행동한다는 것이 반드시 윤리적이라고는 할 수 없기 때문이다. 이처럼 수정된 신명령론은 행위의 도덕적 의미를 설명할 때, 비자연주의적 특성을 보인다. 옳고 그름이 인간의 선에 관련된 가치들이라는 관점에서만 규정될 수 없다는 것

---

201) Adams, *A Modified Divine Command Ethics*, p.108.
202) 같은 책, p.109.

이다.

수정된 신명령론은 세 가지 상호연관된 주장을 제안한다. 첫째, 신앙인들이 주장하는 하나님의 성품 또는 본성에 대한 신념을 옹호한다. 하나님은 사랑의 하나님이시며 인간에게 잔학한 일을 행하시는 분이 아니라고 믿는다. 하나님은 명령을 내리시는 분이시며, 동시에 그 명령은 하나님의 성품과 일치하는 것이라는 생각이다. 둘째로, 수정된 신명령론은 도덕 이상의 가치와 도덕적 가치를 구별한다. 하나님의 명령이 윤리적이라고 하는 것은 이러한 맥락에서 이해되어야 한다. 셋째, 옳고 그름은 행위의 속성이며 행위에 대한 평가는 윤리학의 임무이다. 하나님의 성품, 추정되는 인격성은 윤리학의 주제가 아니라는 것은 놀랄 만한 일이 아니다. 엄밀히 말해 성품과 행위, 하나님의 존재하심과 하나님의 명령 사이의 연계성은 신명령론이 설명해야만 하는 것들이다. 신명령론의 약점은 하나님의 존재하심과 행위와의 연계성을 고려하지 못한다는 점이다.

수정된 신명령론은 하나님이 사랑의 하나님이시며 선하신 하나님이심을 입증해야 하며, 판단에 있어서 도덕적인 것과 비도덕적인 것을 구분한다. 그러나 수정된 신명령론도 극단적 신명령론에 적용된 비판을 완전히 모면할 수 있다는 것은 아니며, 도덕이 추구하는 선과 덕에 대한 옳고 그름의 규범의 관계들을 설명할 수 없는 난점이 남아있다. 수정된 신명령론은 하나님의 성품에 관한 논의를 하나님의 권능에 대한 논의에로 전환시킨다. 도덕적인 것과 비도덕적인 것 혹은 도덕을 넘어서는 것 사이의 구분은 결국 윤리학의 고유한 영역에 속하지 않는다. 이러한 맥락에서 신명령론은 그 타당성을 입증할 수 없는 이론이라 하겠다. 하나님의 선하심과 행위에 대한 판단의 관계는 열린 문제로 남겨져 있다. 이와 관련하여 우리는 바르트(K.Barth)의 윤리를 생각해 볼 필요가 있다. 바르트는 옳음과 선의 근거로서 하나님의 존재하심과 역사하심을 강조한다. 그는 전통적 신명령론을 넘어선다. 물론 바르트의 대답이 완벽한 것은 아니다. 앞질러 말한자면, 기독교 윤리는 신명령론 이외의 다른 길을 찾아야하며, 그것이 바로 책임윤리이다.

하나님의 명령과 말씀

바르트의 윤리는 신명령론의 규범윤리적 차원과 메타윤리적 차원 모두를 포함한다. 그는 윤리학이 교리신학에서 배제되어서는 안된다고 생각하였다. 윤리학은 하나님과 선하심에 대한 논의를 다루는 것이기 때문이다. 바르트의 장점은 하나님의 하나님 되심의 행위가 신명령론의 필요충분조건이라고 생각하는 것이다. 옳음과 선은 신학적 관점에서 규정된다.

바르트는 인간이 할 일은 하나님의 명령에 대한 복종이라고 한다. 하나님의 명령은 모든 결단의 상황에서 도덕적 행위자에게 내려지며, 여기에서 인간의 도덕성이 결정된다. 바르트는 그 이유를 이렇게 말한다. '윤리학의 문제는 인간의 행위가 어떤 것인지에 대한 비판적 질문이지만, 이것은 전적으로 유한한 실존의 문제이다.'[203] 분명히, 그리스도인은 하나님의 말씀이 설교되는 데 참여함으로써 명령을 듣기 위한 더 좋은 자리에 이를 수 있다. 바르트는 인간의 도덕을 이끌어줄 삶의 다양한 영역이 있다고 한다. 이러한 영역들은 창조주, 구원자, 화해자 하나님의 행위와 연관된다. 예를 들어 창조에 있어서 질서있는 관계들, 예를 들어 남자와 여자가 그 가장 기본적인 것이며 이것은 하나님의 명령을 들을 수 있는 영역이다. 하나님의 명령은 남성에 대한 여성의

---

[203] Karl Barth, "Das Problem der Ethik in der Gegenwart"(1922), in Barth, *Vortrage und Kleinere Arbeiten*(1922-1925), hg. Holger Finze (Zurich: Theologischer Verlag, 1990), p.102.

복종을 결혼의 계약을 통해 요구한다.

바르트에게 있어서 인간은 하나님의 명령에 복종하는 한에서 바르게 행동한다고 말할 수 있다. 그는 이렇게 말한다.

> 하나님이 인간을 그의 명령 앞에 세울 때, 그가 의지하는 것은 순전히 부수적인 행위일 뿐이며 역사적으로 그 필연성에 나타난 우연적인 것에 불과하다. 복종의 행위는 특별한 방식으로 수행되어야 하며 순수한 결단은 토론의 대상이 되지 않는다. 그것은 고차원적인 법을 말하는 것이 아니라 하나님께서 스스로의 길을 결정하시며 인간의 결단은 이러한 하나님의 결단에 순종하거나 불순종하거나에 해당되기 때문이다.204)

하나님의 명령은 그 타당성을 입증하는 고차원의 법, 원칙 또는 선에 대해 말하지 않는다. 명령에 대한 유일한 가능한 응답은 그 타당성에 대한 평가작업이 아니라 순종 또는 불순종이며, 이것은 행위의 옳고 그름과 한 사람의 실존을 설명해 준다. 그리스도인들은 예수 그리스도라는 선을 인정하며 칭송하며 순응한다. 바르트에게 있어서 기본적인 명령은 실재적으로 허락함이다. 이것은 삶, 타자, 복종에의 자유이며 우리의 존재함이라는 선에 대한 불안으로부터 자유로운 삶을 살게 하는 허락이다.

바르트에게 있어서 기본적인 도덕적 개념은 하나님의 명령을 통하여 규정된다. 그는 그의 『교의학 Church Dogmatics』 제2권에서 윤리학의 문제란 모든 선의 문제들을 넘어서 인간이 존재한다는 것의 선함에 관한 문제라고 하였다. 인간의 행위에 있어서 가장 중요한 윤리적 문제는 인간의 존재함에 관한 것이다. 선은 올바른 행위와의 관계에서 규정된다. 행위와 존재에 관한 주장에서, 바르트는 가치있는 것과 옳은

---

204) Karl Barth, *Church Dogmatics* II/2, ed. G. W. Bromiley and T. F Torrance (Edinburgh: T &T Clark, 1957), p.674.

것을 상충시킨다. 바르트는 수정된 신명령론자들이 주장하는 선과 옳음 사이의 구분을 용납하지 않는다. 가치론적 주장은 하나님의 명령이라는 한계 내에서 설명되어야 한다. 바르트가 존재하는 것은 선한 것이라고 말하는 이유가 바로 여기에 있다. 요컨대, 올바른 행위란 인간이 존재할 수 있도록 하는 것을 말한다.

그렇다면, 인간의 존재함의 선이란 무엇인가? 그것은 예수 그리스도, 하나님의 말씀, 하나님의 행위하심이다. 하나님의 존재하심은 그 권능의 사용에서가 아니라 하나님의 은총에 의한 선택의 행위이다. 하나님의 본질과 하나님의 기능 또는 행위는 동일한 하나의 본성이다. 바르트는 말하기를, '하나님은 그의 계시에서 자신을 인간에게 모두 내어주셨다. 그러나 인간에 대한 죄수로서 자신을 그러한 방식으로 주시지는 않으신다. 그는 그의 일하심에 있어서 그의 자신을 주심에 있어서 자유로우시다.'205) 바르트는 예수 그리스도의 자유는 '불복종가능성이라는 무의미한 개념에 대응하는 것이 아니라 하나님의 자유와 전능하심이라 할 복종가능성에 대응한다. 하나님처럼, 그는 자신이 법이시다.206) 바르트는 말한다. '하나님을 위한 결단은 그 특징상 힘으로서의 힘에 대한 복종이 아니다'207) 따라서 바르트에게 있어서 '하나님은 우리를 부르시며 우리에게 질서를 주시며 예수 그리스도 안에서 우리에게 은혜를 주심으로써 그의 요구를 보여주신다.'208) 하나님의 자유, 하나님의 신비는 하나님이 우리를 위한 하나님되심에서 드러나며 예수 그리스도 안에서 은혜로우심을 통하여 드러난다. 이것은 하나님의 본

---

205) Karl Barth, *Church Dogmatics* I/1, trans. G. T. Thomson (Edinburgh: T & T Clark, 1936), p.426.
206) Barth, *Church Dogmatics* II/2, p.606.
207) 같은 책, p.553.
208) 같은 책, p.560.

질이 주되심이라는 것을 보여준다.

하나님의 주되심은 복종을 명령하시는 하나님의 은혜의 계시에서 발견된다. 하나님의 명령은 그 권능의 가능성이 아니라 하나님의 현실적 말씀이다. 그러나 윤리학의 근거를 찾기 위해 은혜의 사건 배후에 무엇이 있는지 생각할 필요는 없다. 하나님은 우리를 위한 하나님되심의 행위에서 하나님은 사랑이시다. 이것이 하나님의 명령의 내적 의미이며 근거이다. 바르트의 용어로 한다면, 율법은 복음의 형식이다. 하나님의 명령은 단지 우리가 인간의 선이신 하나님의 말씀을 듣고 응답하게 하는 형식이다. 따라서 선의 의미는 메타윤리적 영역에 해당하며, 하나님의 현실적 명령은 규범윤리적 영역에 해당한다. 그리고 이것은 동일한 하나의 사건이 된다. 예수 그리스도가 바로 그 사건이시다. 도덕이란 예수 그리스도 안에서 하나님의 인간되심의 선택과 연관되어야 한다. 하나님 이외의 선을 추구하고 규정하려는 모든 시도는 단지 인간의 죄악의 표현일 뿐이다.

따라서 바르트에게 있어서 신명령론은 하나님의 타자성 또는 신비를 선의 의미와 연관지어 설명한 것이며 의무의 결단이다. 인간의 선에 대한 생각은 진정한 선에 대한 규정이 아니다. 인간의 행위는 하나님의 명령에 복종하는 것인 한에서 옳은 것이라 할 수 있다. 이것은 또한 예수 그리스도 안에서 계시된 하나님의 존재하심으로부터 그 명령의 윤리적 기초가 된다. 일찍이 소크라테스는 신에 대한 가치론적 질문을 제기한 바 있다. 그는 왜 신들이 우리의 숭배대상이 될 수 있는지 질문한다. 이것은 하나님의 우리의 하나님 되심에 필수적으로 수반되는 순종의 명령과 상충한다. 오직 하나님의 본질, 하나님의 주되심만이 인간의 행위와 실존을 알게 한다. 하나님의 선하심은 예수 그리스도 안에서 나타난다. 바르트의 윤리학을 지지하는 것은 결국 하나님의 명령을 벗어나서는 인간의 선의 의미를 알 수 없다는 점을 주장하는 것과 다를 바 없다.[209] 그는 윤리란 하나님의 윤리라고 한다. 그 초점은 인간의 행위가 아니라 하나님의 역사하심이다. 아이러니칼하게도, 존재하는 것은 행위하는 것이라는 주장을 하는 윤리학은 행위를 부정함으로써 종결된다.

힘, 선 그리고 기독교 윤리

이제까지 우리는 바람직한 신명령론적 윤리를 위해 가치론적 주장과 도덕적 옳음과 그릇됨 사이의 관계를 설명해 왔다. 극단적인 신명령론은 선을 힘의 주권성에 환원시킬 위험이 있다. 수정된 신명령론은 이것을 피해 가지만 하나님의 존재와 행위 사이의 연관성에 대한 논의 가능성을 차단하였다. 바르트는 선과 옳음의 일체성을 강조하며 하나님의 존재와 행위의 일체성을 강조한다. 이것은 타당한 기독교 이론은 교리를 벗어나서는 안된다는 점을 보여준다. 하나님의 초월성은 힘의 심연이 아닌 타자에 대한 하나님의 자유하심이다. 하나님의 자유는 우리를 위한 하나님되심에 있다.[210] 바르트의 윤리에서 기독론은 신학적 가치론이 되며 신명령론의 골자이다. 그러나 이것은 하나님의 권능이 아닌 하나님의 은혜의 주권이 자연적, 사회적 가치들을 윤리적 성찰의 중심이 되게 한다. 그렇다면, 우리가 신명령론을 통해 얻을 수 있는 것은 과연 무엇일까?

기독교 윤리의 전통에서 신명령론의 배후가 하나님의 권능에서 그

---

209) 바르트의 윤리는 근본적 자유와 하나님의 주권을 보존하고 있으며, 신명령론의 의미를 하나님이 주시는 계시와 연관지어 설명한다. 그는 예수 그리스도 안에서 계시된 창조주, 구원자, 화해자로서의 하나님에 대해 말한다.

210) H. Richartd Niebuht, *The Center of Value*, p.107.

은혜로우심에로 옮겨가고 있음을 보았다. 이러한 담론은 전능하심의 내적 의미를 은혜로 설명한다. 이것은 윤리학의 기본원리인 동시에 우리의 실존을 파악하고 판단하는 원리가 된다. 이 원리를 통하여 힘의 절대적 권위를 저하시킬 수도 있으며 선의 관점을 따라 힘의 사용에 대한 주장을 제안할 수도 있을 것이다. 기독교 윤리는 하나님의 존재하심에 그 의미가 있다. 이것은 힘에 대한 가치전환을 도덕의 기초로 상정하려는 시도에 도움을 준다.

바르트는 궁극적 차원에서 힘과 선을 동일시하는 것처럼 보인다. 이렇게 함으로써 바르트는 신학적 가치론과 도덕적 옳음의 원리를 제공하였지만 윤리학을 하나님의 윤리로 바꾸어 놓았다. 인간의 행위는 과연 어떤 의미를 지니는가? 하나님 이외의 존재들의 도덕적 지위는 어떤 것인가? 하나님에게 적용될 권능과 선, 행위와 존재 등은 잘 설명되겠지만, 그의 윤리학이 인간의 문제에 적용가능한 것일까? 인간의 심층적 문제는 행위와 성품이 동일하지 못하다는 점, 선이 힘있게 작용하지 못할 경우도 있으며 역으로 힘이 선으로 상정될 수 있다는 점이다. 바르트가 말하는 하나님의 명령에 대한 이론은 인간의 문제에 대한 대답이 되지 못할 듯 싶다. 물론 그 이론은 매우 심오한 것이며 실재에 대한 충분한 이론을 제공하고 있음에 틀림없다. 신명령론적 윤리가 해석학적 실재론과 연관될 수 있는 부분이 바로 이 점이기도 하다.

신명령론은 인간의 도덕에 대한 바람직한 해석의 관점일 수 있다. 인간에게 있어서 선과 존재의 상충이라는 문제에 대한 독특한 관점이기 때문이다. 하나님의 존재하심은 권능과 선, 행위와 존재와 동일시된다. 이처럼 신명령론은 힘과 선, 존재와 행위에 대한 우리의 생각을 근본적으로 뒤집어 놓는다. 신명령론에 따르면, 궁극적 힘이란 유한자들을 창조하며 구원하며 유지하는 힘이다. 그리고 힘은 선에서 완성된다.

그러나 과연 기독교 윤리는 신명령론이 되어야 하는 것일까? 필자는 그렇게 생각하지 않는다.

신명령론은 기독교 윤리의 모든 문제들을 포괄하지 못한다. 선과 힘의 관계를 비롯하여 다양하게 표현되는 삶의 통전성을 존중하고 함양하는 힘의 선함을 볼 수 있어야 한다. '그리고 하나님이 보시기에 좋았더라' 하는 창조 이야기를 생각해 보자. 여기에 사용된 선이라는 개념은 하나님의 통치라는 빛 아래에서 또는 하나님의 통치에서 혹은 철학적 용어로 목적의 왕국에서 신학적으로 설명되는 개념이다. 이것은 도덕적 의무, 법의 체계, 힘의 사용, 그리고 심지어는 하나님의 명령을 포함하여 도덕적 가치가 힘의 사용이 아닌 존재론적 기초에 의해 설명될 수 있는 근사치적 접근의 근거가 된다. 신명령론은 인간의 도덕을 분석하는 비판적 계기이다. 즉 선의 내용과 의미를 사회적, 개인적 실존에로 환원하려는 시도들에 대해 일정한 통찰력을 제공해 준다.

기독교 윤리는 독특한 도덕존재론을 가진다. 그 안에서 의무와 명령의 담론이 의미를 갖게 된다. 이러한 도덕존재론은 유한자들이 힘의 팽창에 종속되어서는 안된다는 것을 보여준다. 그리고 이것은 기독교 윤리가 하나님의 타자성에만 관심이 있는 것이 아니라 하나님 이외의 존재에 대해서도 관심을 가지고 있음을 보여준다. 신명령론은 힘이 전부라고 숭배하는 생각에 대한 비판적 통찰력을 제공한다. 그러나 인간은 선에 대한 설명 없이 신명령론의 요점을 파악할 수는 없다. 하나님의 하나님되심은 도덕을 넘어선다. 결과적으로 신명령론은 하나님 이외의 존재들에 대한 윤리적 문제를 제기해 준 셈이다. 기독교 윤리는 이 세상에서의 삶을 이해하고 그 방향을 설정하는 방법에 관한 탐구임을 잊어서는 안된다.

결론

이 장에서 우리는 신명령론이 기독교 윤리의 성찰 전체를 포괄하는 것은 아니라는 점을 살펴보았다. 신명령론은 도덕을 인간실존의 뿌리로부터 살펴보게 하는 하나의 계기라 할 수 있다. 우리에게는 힘의 시대에 있어서 도덕에 관한 질문이 남아있다. 힘의 사용만이 전부인가? 기독교 윤리의 근본문제는 삶의 통전성을 존중하고 함양하는 것이다. 우리는 하나님 이외의 존재들, 즉 삶의 통전성의 존중이라는 관점에서 하나님에 대해 사유할 수 있어야 한다. 그렇게 함으로써 전능하신 하나님을 영화롭게 하면서도 그 권위를 절하시키지 말아야 할 것이다.

제9장 하나님의 선하심의 주권

 기독교 신앙의 가장 중요한 기초는 하나님은 선하시며 그 인자하심이 영원하신 분이시라는 것이다.[211] 그러나 이 고백을 조금 더 검토해 본다면, 우리는 다음과 같은 당혹스러운 질문에 직면하게 된다. 하나님과 선은 어떤 관계인가? 이 질문은 윤리학의 역사에, 특히 플라톤의 윤리와 기독교 윤리 사이의 지속적인 교환의 형태로 깊이 각인되어 있다. 세속문화 덕택으로 범세계적인 종교에의 관심으로 재론된 것을 제쳐 놓더라도, 우리 시대에도 여전히 이 문제가 논의되고 있다. 이 장에서 우리는 플라톤 윤리의 재론과 우리 시대의 상황을 연관지어 검토하고자 한다.
 우리는 우선 논쟁거리가 무엇인지 명확하게 하고, 머독(Iris Murdok)의 저서를 중심으로 현대 윤리학의 당면과제를 살펴보게 될 것이다. 나아가 머독의 관점에 나타난 인간, 하나님 그리고 실재에 대한 생각들을 검토하고자 한다. 그리고 머독의 플라톤 윤리적 비젼에 대한 기독교적

---

[211] 이 글은 *Iris Murdoch and the Search for Human Goodness*, pp.209-235.에 게재되었던 글이다.

응답을 제시해 볼 생각이다.

논제

우리는 플라톤주의와 기독교 윤리 사이의 오랜 만남에 관심을 가지고 있다. 여기에는 몇 가지 중요한 이유가 있다. 첫째, 이 각각의 윤리 전통들이 인간과 세계를 가치있는 것으로 여기며 이해해야 할 최고의 실재를 최고선 또는 하나님이라고 설명하기 때문이다. 이 전통들은 사유와 삶의 일원론적 또는 유일신론적 형태를 취하고 있다. 둘째로, 이 각각의 사고들은 인간의 세계해석에로 환원되지 않는 실재에 대한 이해를 추구한다는 점에서는 실재론적이다. 실재적인 것이란 인간이 만들어 내거나 발명할 수 있는 것이 아니며, 실재에 대한 모사나 해석 역시 인간의 구성물에 불과하다. 이것은 인간이란 실재에 순응하든지 혹은 순응하지 않든지 둘 중의 하나를 선택해야 하는 존재임을 말해주는 것과 같다. 이 두 전통은 실재관과 선의 설명 사이에 일정한 정합성이 있다. 도덕적 선은 사물의 근본에 관련된 것이며, 역으로 사물들의 존재방식은 인간의 삶의 방식을 위한 중요한 단초가 된다. 말하자면 이 두 전통은 모두 실재론을 표방하고 있다. 셋째, 이렇게 본다면, 기독교 윤리와 플라톤적 윤리는 모두 윤리적 보편주의를 지향하고 있다. 이 두 전통에 속하는 사람들은 각각 그들 나름대로의 출발점과 특수내용에 있어서의 차별성을 인정하면서도 공통적인 관점을 가지고 있다. 그것은 삶을 특징짓는 규범과 선에 대한 설명을 시도한다는 점이다.

플라톤 윤리와 기독교 윤리 사이의 이러한 일치 요소들에 대한 비판가들의 소리 역시 거세다. 예를 들어 답답하고 심지어는 독단적인 일원론은 이 세계의 다원성을 용납하지 못하며, 역사의 현장에서 탈피하려는 경향이 있다는 비판이 그것이다. 비판가들은 윤리란 사물들의 존재방식과 같은 것이 아니며 결과를 만들어내는 힘, 즉 사회적 양심 및 창조적 상상력과 같은 것들에 그 뿌리가 있다고 말한다. 우리가 살펴본 것처럼, 반실재론자들은 인간은 도덕을 발견할 수 없으며 발명해낼 뿐이라고 한다.212) 이렇게 본다면, 플라톤 윤리와 기독교 윤리는 현대 윤리의 관점에서 볼 때 일종의 환상에 속한다. 이들 전통의 요점이 도덕의 무조건적 특성과 깊이에 관련되어 있기 때문이다. 이러한 의미에서 기독교 윤리학은 플라톤의 윤리를 옹호하려는 최근의 논의들에 관심을 가져야 할 것이다.

머독은 그녀의 여러 저술에서 플라톤의 윤리에 기초한 종합적인 도덕철학을 제안한다. 머독에 따르면, 선한 삶이란 사랑의 대상인 완전의 이념에 의해 지도되는 개인들을 위한 비이기적 보살핌을 향하여 나아가는 것이다. 머독은 윤리학에서 종교적 관심을 제거하려 하기보다는 윤리학의 중심에 하나님을 대신하여 선을 그 자리에 놓아야 한다고 주장한다. 사실, 『도덕의 안내로서의 형이상학, *Metaphysics as a Guide to Morals*』에서 머독은 하나님 없이도 지속될 수 있는 일종의 신학이 필요하다고 하면서, 도덕철학은 왜 그러한 생각을 하지 않는 것인지 질문한다. 그녀는 도덕철학이란 궁극적 관심, 무조건적인 것에 대한 체험과 거룩한 것에 대한 지속적인 관심을 다루는 것이라고 한다.213) 도덕철학에 대한 이러한 규정으로부터, 머독은 선이란 늙은 신의 변신이 아니라 그 신을 상징화한 것이라고 말한다.214) 머독은 플라톤적 전통에 충실하여 도덕의 중심은 신이 아니라 선이라고 주장한다. 이러한 주장을 신학적으로 검토하면 우리에게 많은 시사점이 있으리라 생각된다.

우리는 머독의 저술을 역사적이고 비교적인 안목에서 다루지는 않

---

212) Mackie, *Ethics: Inventing Right and Wrong*.
213) Murdoch, *Metaphysics as a Guide to Morals*, pp.511-12.
214) 같은 책, p.428.

을 것이다. 하나님과 선에 관한 설명에서 필자가 제기하려는 질문은 윤리학의 제일원리에 관한 질문과 다를 바 없으며 어떻게 실재론을 취할 수 있는지를 설명하는 것과 같다. 여기에서 필자가 사용한 제일원리라는 말은 윤리학의 체계적 통전성을 줄 수 있는 상징 또는 근본적 은유에 해당한다. '제일원리는 환원불가의 일차적인 것이기 때문이다.215) 제일원리를 다룬다고 해서 인간의 문제를 비껴가려는 것은 아니다. 지금 우리의 논제, 즉 삶의 통전성을 존중하고 함양하는 것이야말로 가장 일차적이며 환원불가한 실존의 문제이기 때문이다.216) 그리고 윤리학의 제일원리라는 것은 도덕에 대해, 그리고 우리의 삶에 대해 주권성을 지닌 문제를 다룬다는 뜻이다. 이렇게 볼 때, 도덕의 제일원리에 대한 설명에서 우리가 사용하는 상징과 은유는 중요한 의미를 지닌다.

우리는 먼저 머독의 윤리와 기독교 윤리 사이의 비판적 비교를 통하여 기독교 윤리의 제일원리를 설명하고자 한다. 윤리의 제일원리는 세계와 타자와의 관계에서 힘의 가치와 방향성의 문제로 연결되어야 한다. 인간은 힘을 사용하는 존재이며 이 세계 안에서 상호작용하며 고통을 겪는 존재이며 삶의 방향설정을 위해 자신과 타자와 세계를 평가하는 존재이기 때문이다. 머독은 이러한 생각에 동의하는 듯하다. 그녀는 도덕이란 영혼의 에너지를 이기적인 환상으로부터 실재를 향하도

---

215) 이에 관한 논의를 위해 다음 책을 참고할 것. Albert R. Jonsen, *Responsibility in Modem Religious Ethics* (Washington, D. C.:Corpus Books, 1968).
216) 다른 입장에 있는 윤리학에서도 전쟁이란 원칙상 그릇된 것임을 인정할 것이다. 전쟁이 정당화되기 위해서는 그에 합당한 조건이 요구된다. 이러한 기본적인 것에 대한 도덕적 불일치가 클수록 어떻게 살 것인가에 대한 대답도 달라지게 마련이다. 이러한 맥락에서 도덕이 과연 상호불가통약적인 것인지의 문제는 여전히 열린 문제로 남아있다.

록 그 방향을 조정하는 방식의 문제라고 생각한다. 그러므로, 윤리학은 힘에 의해 개인과 세계에 대한 설명이 일차적인 것이 아니라 삶의 이해가능성이라는 것이 일차적인 것임을 입증해야 한다. 그리고 인간의 특징은 힘의 추구 및 힘의 증진이라는 환상 이외의 다른 방식으로 이해되어야 한다. 필자는 힘이 일차적 가치를 지닌 것이라는 생각, 그리고 힘만이 삶의 가치를 창출하는 것이기 때문에 삶의 주권을 지닌 것이라는 생각에 들어있는 오류를 지적해내고 싶다.

기독교는 죄와 구원 그리고 창조와 파괴, 죽음과 부활, 근본적인 사랑과 의롭고 자비로운 삶에 대한 갈망에 관심을 가진다. 이것은 삶에 의미를 부여하고 삶을 가치있게 하는 힘에 대한 관심이다. 그렇다면, 하나님에 대한 질문은 도덕의 제일원리가 되는 셈이다. 신학적으로 볼 때, 도덕의 일차성과 불가환원성을 인식한다면, 하나님에 대한 해석은 우리의 행위와 평가의 기초이다. 기독교 윤리는 도덕의 구조와 체험된 실재의 분석 및 해석을 위하여 기독교 전통의 개념적이고 상징적인 원천들을 비판적이고 해석적인 방식으로 사용하는 윤리이다. 문제는 그 상징과 개념들이 필연적 가치를 입증하고 있는가에 있다. 이것이 필자가 머독의 도덕철학과 관련하여 말하고자 하는 부분이다.[217]

윤리학의 문제

머독은 현대사회의 윤리적 문제들을 들춰내고 싶었을 것이다. 그녀

---

[217] 윤리학은 도덕적 확신의 의미를 설명하고 그 진리를 입증하고자 한다. 윤리학이 기독교적인 것이 되는 조건은 사회적, 역사적 실존이라는 관점에서가 아니라 오직 인간을 하나님과의 관계에서 이해하는 데 있다. 이에 대한 논의는 Schweiker, "Hermeneutics, Ethics, and the Theology of Culture"를 참고할 것. 이 글에서는 니버(H. Richard Niebuhr)의 기독교도덕철학(Christian moral philosophy)이라는 용어를 인용하고 있다.

가 보기에, 우리 시대의 상황은 세계에 대한 설명에서 형이상학적 기초가 되는 가치를 배제한 결과이며 인간을 비인격적 체계들 안으로 밀어넣은 결과이다. 서구사회에 있어서 신의 권위실추와 세속주의는 근대의식에 전제된 이러한 문제들의 역사적 표현이라는 것이다. 머독은 현대철학이 얼마나 종종 이것을 비판적으로 평가하고 응답하기보다는 단지 성찰하는 수준에 머물고 있는지를 보여주고자 하였다.

머독은 현대언어철학의 발전, 특히 후기구조주의 또는 해체주의의 문제로부터 시작한다. 그녀는 이러한 관점들이 세계를 해석함에 있어서 개별적 화자들의 영역을 넘어서는 기호들의 상호관계성에 의해 의미가 결정되는 광대한 시스템 또는 기호체계로 설명된다고 보았다.[218] 일찍이 데리다(Jacques Derrida)는 텍스트만 있다고 말했다. 그에 따르면, 모든 의미는 언어적 신호체계, 즉 텍스트에 의해 결정된다. 4장에서 살펴본 것처럼 해석학과 달리 후기구조주이에서는 언어를 그 타자, 즉 비언어적 실재를 넘어선다고 생각하지 않는다. 이러한 의미의 형이상학은 그 어떤 전체적 체계에서라도 의미체계와 행위의 분석을 선호하여 개인과 내적 삶의 복합성을 몰수해 버린다. 그러므로 '의미는 내적으로 상호연관된 운동이거나 언어놀이이다'[219] 3장에서 우리는 정보통신기술의 발전에 대해 생각해 보았다. 머독에게 있어서, 정보통신기술은 언어결정론보다도 더 무의미하다. 언어체계에서 가정된 개별적 화자들은 언어놀이에 참여하는 자들이기 때문이다. 그렇다면, 개별자들의 인격적인 삶의 복합성을 근거지어주는 가치는 상실되어 버린 것이다.

머독이 보기에, 실존주의자들은 이러한 세계설명을 산뜻하게 적용시켜 인간의 모습을 보여줄 수 있었다. 실존주의에 있어서 인격이란

---

218) Murdoch, *Metaphysics as a Guide to Morals*, p.188.
219) 같은 책, p.193.

무의미한 세계 안에 던져진 존재로 묘사된다. 윤리학의 초점은 의지의 창조행위에 있다. 자아는 선택의 순간에 그 주권성을 드러낸다. 이처럼 윤리란 행위의 문제이다. 객관적으로 자아가 아닌 것은 내가 통제할 수 없다. 그것은 논리학자들과 관찰자들이 결정한다. 자아에게 속하는 것은 속박되지 않고 고독한 의지 뿐이다. 인격은 순수의지의 지점에서 쇠락하여 간다.220) 이러한 인간개념이 수용되면, 윤리학이 의무, 당위, 옳음과 같은 중요한 단어들에 대한 공개적인 도덕적 담론 및 행위, 선택의 규범에 초점을 맞춘다는 것이 그다지 놀랄 만한 일은 아니다. 내적 삶의 복합성, 인격의 깊이와 혼돈, 그리고 사랑과 애정도 윤리학의 범위를 넘어선다. 외부의 세계는 내부세계와 연속적이지 않으며 속박 없는 선택의지와 연속적이지 않다. 의지로 규정된 인간은 낯선 세계를 향하여 나아간다.

인간과 세계에 대한 응답은 초월의 개념을 복위시키고 개인을 구출해내며 인격의 복합성을 검토하며 인간에 대한 결정론적 관점과 주의론적 관점과 더불어 싸워야 한다. 우리가 실제적인 체험을 한다면, 의미와 주관성에 대한 주도적 이론들이 확언하는 것들을 볼 수 있을까? 피조물로서의 인간은 세계 내에 살고 있으며 신체로서의 인간으로, 그리고 자연세계의 일부로 살고 있다. 머독은 말하기를 인간의 모든 언어적, 사회적 행위들은 말하고 행위하는 인격에 어느 정도는 의존적이다. 우리는 가치의 세계에 살고 있으며 아름다움을 체험하며 타자에 대한 도덕적 경탄을 체험하며 살아간다. 우리의 모든 선택이 자기이해의 극대화에 목적을 둔 것은 아니며 인간의 자유는 본래적인 선에 한정된다. 호수에 비치는 노을과 빛나는 별빛은 신기술로 새로지은 집을 보는 것보다 더 경이롭다. 머독은 그러한 아름다움이 선의 초월성을

---

220) Iris Murdoch, "The Idea of Perfection", in *The Sovereignty of Good* (London: Routledge, 1991), p.16.

보여준다고 했다. 그리워하는 연인을 껴안는 것은 단지 그렇게 해야 하겠다는 느낌에서 나온 행위이다. 정치 및 종교 이데올로기에 의해 무고히 살해된 사람의 죽음은 슬픔을 자아내며 도덕적 격분을 유발한다.

우리가 가치없는 세계에 우연히 던져진 존재요 우리 스스로 길을 찾고 가치를 창조해야하는 존재로 남겨졌다는 것은 옳지 못하다. 우리는 초월적인 것을 경험할 수 있으며 욕구나 의지의 행위라고 규정할 수 없는 가치의 실재를 체험할 수도 있다.[221] 이것이 바로 필자가 말하는 모든 의식있는 존재들에게 기본적인 책임감이라는 것이다. 머독이 암호적인 뉘앙스로 말한 것처럼, 철학에 의해 오염되지 않은 보통사람들은 선택에 의해 가치를 창조할 수 있다고 생각한다.[222] 머독은 도덕적 실재론에 서서, 인간이 실존으로부터 평가적 판단을 근절시킬 수 없다고 주장함으로써 현대의 도덕적 관점들에 도전장을 내밀었다. 만일 가치에 대한 생각을 제거해 버린다면 그것은 인간이기를 그치는 것이다. 선은 삶의 이해가능성의 원천이며 일차적이며 환원불가한 것이다. 머독은 현대사회가 실재에 대한 비젼을 상실하였으며 우리의 욕구는 자연적 이기주의에 의해 이끌려지는 환상으로 위로를 받으려 한다고 말한다. 그리고 포스트모던 사회는 큰글자로 쓰여진 자아와 같아서 자기 봉사적 환상들을 만들어 내고 책임으로부터 도피하게 한다.

여기에서 우리는 몇 가지 기본적인 질문들을 강조할 필요가 있다. 현대사회에 두드러진 힘과 가치의 연계성을 어떻게 설명해야 하는가? 머독은 포스트모던 시대의 비젼의 상실이 곧 자아의 전능성 추구로 이

---

[221] 이와 관련하여 코악(Erazim Kohak)은 책을 참고하기 바란다. Kohak, *The Embers and the Stars*, p.7. 그리고 Lovin, "The Limits of Freedom and the Possibility of Politics"도 참고할 것.

[222] Iris Murdoch, "The Sovereignty of Good over Other Concepts", in *The Sovereignty of Good*, p.97.

어져서는 안된다고 한다. 그것은 힘과 가치의 동일시이다. 인격과 사물에 대해 언급하는 가치의 기원과 근거는 힘이라고 믿고 있다. 실존주의는 자아에 대한 강요된 그림이다. 현대인들은 인간이 의지를 가지고 있다는 것이 가치창조적 힘과 연계된 것이라고 생각하기 때문이다. 이와 유사하게 후기구조주의적 의미론은 가치의 상실에 대한 것이라고만 볼 수 없다. 그것은 의미창조적 언어의 생산력에 대한 분석이다. 그들에 따르면, 텍스트 외에는 아무것도 존재하지 않는다. 무(無)가 아니라 텍스트가 의미를 산출해 내기 때문이다. 텍스트란 의미창조적 힘의 기초를 지칭하는 것이다. 결국, 우리의 세계관에서 신의 상실은 가치의 창조가 신 또는 자연으로부터 인간능력의 영역에로 전환되었다는 것을 뜻한다. 우리는 실재에서 가치를 보지 못한다. 우리 시대는 가치가 힘에 있다고 믿고 있으며, 힘은 너무도 쉽게 그 작품들, 즉 욕구의 작품, 정치적 제도, 경제 시스템과 같은 것들의 배후에 그 자체를 은닉시키기 때문이다.[223]

그러므로 우리가 직면한 윤리적 과제는 가치의 근거가 존재에서 힘에로 전이된 것, 정확하게 말하자면, 가치의 근거인 존재 자체가 힘이라고 하는 관점에서만 생각한다는 점이다. 이것이 이 책 전체를 통해 필자가 도전하려는 문제이기도 하다. 이러한 가치론에 대한 검토는 윤리학으로부터 형이상학적 질문을 제거할 것을 요구하지 않는다. 오히려 윤리학의 형이상학적 차원이 전환되었다고 해야 할 것이다. 현대세계는 더 이상 자연을 피조물로 보지 않으며 인간을 하나님의 형상으로 여기지 않는다. 우리는 더 이상 고전의 세계, 즉 인격과 사물이 존재의 체계로부터 그 가치를 도출해 내는 미메시스의 세계에 살지 않는다.[224] 요나스의 주장을 기억하라. 현대적 조건의 역설은 인간의 지위,

---

[223] 필자의 이러한 생각은 아우구스티누스의 관점에서 유래했다. 그의 지상의 도성과 하나님의 도성이라는 구분을 참고하면 좋겠다.

하나님의 형상으로서의 그의 극단적인 형이상학적 겸손의 지위가 마치 신과 유사한 특권과 능력을 지닌 존재에로 전환되고 있다는 것이다. 그 강조점은 힘에 있다.225)

인간과 세계에 대한 이러한 설명에서, 현대사회를 사회적, 경제적, 문화적, 정치적 힘의 메카니즘에 대한 끊임없는 갈등으로 특징지으려는 것이 오히려 의아한 일은 아닐까? 우리는 스스로를 가치의 세계에 응답하는 존재가 아니라 가치창조적 행위자(예를 들어 경제행위를 하는 존재)로 본다. 더구나 언어체계들은 의미를 산출한다. 그렇다면, 인종적 불평등과 빈곤의 도시에 살아가는 젊은이들이 자기방어를 위해 힘을 사용할 수 있으며, 필요한 경우에는 살인도 할 수 있다고 하면서 폭력집단이 되어버리는 것은 얼마나 놀라운 일인가? 힘의 증대가 두드러지는 시대에 삶의 통전성이 위협을 받고 있다는 것은 얼마나 놀라운 일인가? 이러한 사실에 비추어 볼 때, 윤리학은 힘에 대한 질문을 제기하지 않을 수 없다.226) 그리고 이러한 질문에서 기독교 윤리가 항상 고려되어야 한다. 기독교 윤리는 실재를 힘과 가치의 연관성이라는 관점에서 설명하고 있기 때문이다. 즉 하나님의 실재와 행위자되심이라는 관점이 연관된다.

이러한 논의를 통해 윤리학의 제일원리에 대한 요점을 간추릴 수 있을 것이다. 우리가 윤리학의 원리에 관심을 가지고 있는 한, 제일원리는 힘이 어떤 과정을 거쳐서 행위자에 의해 평가되고 사용되며 사물과

---

224) Schweiker, *Mimetic Reflections*.

225) Jonas, *Philosophical Essays*, p.172.

226) 기독교에서는 플라톤주의가 이 문제에 대해 결코 답을 줄 수 없다고 생각한다. 플라톤주의자들은 사도바울이 말하는 육체의 정욕과 성령의 소욕 사이의 모순을 이해할 수 없을 것이다. 플라톤주의에서는 아우구스티누스에게 라인홀드 니버에게 이어지는 이른바 힘에 대한 갈망이라는 인간의 모습을 알 수 없을 것이다.

인간에게 어떤 가치들을 전달해 주는지를 설명할 수 있어야 한다. 도덕의 원천에 대한 설명에는 두 가지 정도의 설명이 가능할 것이다. 이것은 머독이 왜 서양윤리에서 칸트와 플라톤을 중요시했고 특히 플라톤 편에 서게 되었는지를 설명해 준다. 우리는 가치의 원천에 대한 기독교의 독특한 설명을 이해하기 위하여 이러한 요소에 관심을 가질 필요가 있다.

첫째, 힘의 절제가 칸트의 실천이성 같은 내적 능력에 달려있다고 할 수 있다. 올바른 행위의 원칙은 타자의 복지와 관련되며, 복지증진을 위해 행위한다는 것은 자유에서 비롯된 것이라 할 수 있다. 행위자는 자신에 대해 주권을 행사하지만, 그 자유는 타자를 존중하는 것이어야 한다는 제한이 있다. 말하자면, 자기입법이라는 주체적 행위는 그 객체에 있어서 도덕규범의 근거가 된다. 이것이 타자에게도 동일하다는 것을 인정한다면, 타자는 우리의 도덕적 존중을 불러일으킬 것이다. 역으로, 우리는 올바른 행위의 원칙은 플라톤주의자들이나 기독교에서 말하는 것처럼 행위자 이외의 타자에 관련된 것이라 할 수 있다. 이 원칙은 신명령론이라고도 할 수 있으며 하나님의 본성이라는 관점에서 이해될 수 있을 것이다. 이러한 경우에 하나님 혹은 선은 주권적이다. 객관적 규범은 삶을 도덕적으로 이해시킴에 있어서 행위자에 의해 주관적으로 조절될 것이다. 이러한 외재주의적 입장은 칸트를 비롯한 내재주의자들이 인간이란 자아로부터 해방될 수 없으며 힘의 사용을 극대화하게 마련이라고 했던 주장에 의구심을 갖는다. 이러한 이유로, 플라톤주의자들과 기독교 윤리에서는 다른 설명법을 취한다. 그들은 자아를 초월하면서도 자아와 일치하는 선 또는 하나님을 추구한다.[227] 그들은 욕구의 힘도 넘어서는 규범을 추구함으로써 힘이 선한 목적을

---

227) Taylor, *Sources of the Self*. Schweiker, "The Good and Moral Identity".

위하여 봉사할 수 있는 것이 되도록 절제시키고 방향을 설정하며 변형시켜준다. 그러나 이러한 규범은 심층의식에 관계되는 것이어야 하며, 반성적 사고에 대해 열려있는 것이어야 한다.

우리는 어느덧 플라톤적 윤리와 기독교 윤리의 일치점에 되돌아와 있다. 특히 실재의 본성, 도덕이 그 기초이다. 그러나 이러한 일치에도 불구하고 우리는 또한 이 두 도덕전통들 간의 지속적인 논쟁도 볼 수 있다. 이 논쟁은 힘 이상의 규범이란 무엇인가, 그것은 어떻게 상징화되어야 하는가, 그것을 어떻게 접촉할 수 있는가, 도덕의 제일원리를 어떻게 설명할 것인가 하는 문제에 나타나는 차이들이다. 문제는 실재를 어떻게 상징화할 것인가이다. 실재란 도덕의 기초이고 가치의 원천이다. 기독교에서는 윤리학의 제일원리로 하나님을 상정한다. 플라톤주의자들은 존재와 신을 넘어서 선에 대해 말한다. 필자는 머독의 윤리에서 선의 정당화를 다루어 보려 한다. 이것은 하나님을 새롭게 인식하게 하는 단초가 될 것이다.

인격, 선 그리고 하나님

머독에게서 볼 수 있는 것은 도덕적 존재로서의 인간의 자기이해가 윤리학의 기초라는 점이다. 머독은 이렇게 말한다. '우리는 실로 하나의 불분명한 에너지 체계와도 같다……거기에서 의지의 선택과 가시적인 행위들이 그 간격에 드러난다. 그것은 종종 불분명한 방식으로, 때로는 선택의 순간 사이의 시스템의 조건에 의존하는 것처럼 보인다.'[228] 의식은 자아의 혼돈스러운 에너지를 조직화하고 그 방향을 잡아준다. 머독의 자아에 대한 설명은 프로이드와 플라톤에게서 영향을 받았으며, 이러한 의미에서 머독은 의식의 형성, 즉 행위자에 대한 설명

---

228) Iris Murdoch, "On 'God' and 'Good'", in *The Sovereignty of Good*, p.54.

에서 의지의 능력에 초점을 맞추기보다는 올바른 행위를 하도록 하는 의식형성에 더 관심을 가진다.[229]

머독이 윤리학을 규정하면서 가치를 의지의 행위에로 환원하고 도덕적 행위자를 의지적 선택자로 해석함으로써 인식의 부수현상이라고 규정한 것은 놀랄 만한 일이 아니다. 자아는 선택이라는 행위에서 자기정체성을 가지는 비실체적 의지라는 것이다. 이것이 사실이라면, 도덕은 이 세상에는 없는 것에 대한 담론이 되고 만다. 즉 저 세상적인 의지행위를 말하는 것에 불과하다.[230] 머독은 '가치와 가치평가란 의지의 특별한 기능이 아니라 이 세상에 대한 이해로서 인지적 측면의 하나이며 이것은 도처에서 발견될 수 있는 것'이라고 한다.[231] 머독의 문제의식은 자아의 전능성에 대한 요구가 스스로를 너무도 쉽게 표상해 내어서 자기봉사적 환상에 이르게 한다는 것이다. 도덕은 자유의 사용을 타자라고 하는 실재와 연관지음으로써 절제시키며 그 방향을 잡아준다. 그리고 지각이란 의식에 대해 기초적인 것이라 하겠다. 이렇게 본다면, 신중한 숙고적 지각은 도덕의 핵심이며 세계와 타자를 올바르게 보도록 하는 끈질긴 노력이라 하겠다.

머독은 도덕을 설명할 때, 심리적 에너지의 방향을 재설정해주는 회심이라고 보았다. 여기에서 주의라는 단어가 사용되는데, 그것은 '개별적 실재를 향한 정의롭고 사랑에 가득찬 응시라는 개념'을 표현한 것이다. 이것은 부가된 자유가 아니며 '능동적 도덕행위자의 특징적이고 고유한 표식'이라고 머독은 주장한다.[232] 플라톤의 동굴비유를 설명하

---

[229] 이와 관련하여 다음의 글이 도움이 될 것이다. G. E. M. Anscombe, "Modern Moral Philosophy", Philosophy 33 (1958): pp.1-19.

[230] 머독은 주의론을 논박한다. 그녀는 윤리학이 행위에 초점을 맞추는 것이지 의지에 관심을 가지는 것이어서는 안된다고 주장한다. 불필요하게 윤리학의 용어를 늘리기만 할 필요가 없다는 것이다.

[231] Murdoch, *Metaphysics as a Guide to Morals*, p.265.

면서, 머독은 인간이란 투영된 환상에 빠져 자신이 본래적으로 더 낳은 삶을 위해 선이라고 하는 태양빛에 비추어 자아와 타자와 세계를 보아야 한다는 사실을 놓치고 있는 존재라고 설명한다. 도덕이란 실재에 대한 주의를 통하여 행위자를 완성시켜가는 과정이다. 말하자면, 의식의 핵심은 주의함이며 그 대상은 개별자라는 실재이다.

머독은 인간이란 실재를 볼 수 있는 존재이며, 그 실재에 복종하도록 강요받고 있는 존재라고 설명한다. 실재가 자아의 주인인 셈이다. 실재를 분명하게 볼 수 있다는 것은 심리적 에너지의 체계를 조직화하여 인간으로 하여금 바르게 선택하며 행위할 수 있도록 이끌어 준다. 그러므로 실재는 인식의 일차적이고 환원불가능의 원천이다. 그리고 선이 실재하는 것이라는 사실을 알 수 있다면, 도덕은 불가환원적이며 일차적인 것이라 할 수 있다. 머독의 선에 대한 설명에서 얻을 수 있는 통찰은 바로 이것이다. 그녀의 주장이 정당화되려면, 선이 모든 의식의 행위에 암묵적으로 내재되어 있으며 필연적으로 실재하는 것임을 입증해야만 할 것이다.

그녀의 유명한 논문「신과 선에 관하여」에서 머독은 신이란 '주의의 대상으로서 단일하며 완전하며 초월적이고 비표상적이고 필연적인 실재'라고 하였다.[233] 그녀는 이것이 전통적 유신론을 점유하고 있는 신의 관념이라고 보았다. 이것은 신이라는 단어를 상징화한 것이다. 머독은 선이 이와 동일한 속성을 지닌다고 주장한다. 그녀는 주의를 기울이게 하는 그것은 주체를 초월하는 실재라고 보았으며 필연적으로 실재적이며 단일한 가치를 지닌 실재라고 주장했다. 이 대상은 비표상적인 것이기 때문에 우리의 의미체계나 표상에로 환원될 수 없는 것이다.

---

232) Murdoch, *The Idea of Perfection*, p.34.

233) Murdoch, "On 'God' and 'Good'", p.55.

선은 또한 단일함의 초월성이며 표상의 체계에로의 환원을 거부한다. 또한 형이상학적 가치의 표준을 제공하는 것으로 완전하게 실재적인 것이라 할 수 있다. 이것이 입증될 수 있다면 머독은 도덕의 무조건적 특성을 설정하는 데 성공한 것이며 우리 시대에 있어서 가치를 형이상학적 기초가 되게 할 것이다.

  선의 불가환원성을 설정하기 위하여 머독은 사물, 인격 그리고 행위의 지각에 대한 이야기로부터 시작하고 있다. 선이란 지각의 정도에 따라 무엇인가를 이해함에 있어서 통일시키는 이념이다. 우리는 끊임없이 선과 악의 명백한 혹은 암묵적인 측면에서 사건과 인격과 행위들을 등급을 매기고 평가하는 존재들이다. 이러한 평가적 행위들은 선의 개념의 언저리에서 하나로 모아진다. 그러나 이것은 또한 선이란 규정될 수 없는 것임을 의미하는 것이기도 하다. 이 세상은 이루 헤아리기 어려울 정도로 다양하기 때문이다. 도덕에 있어서 관심은 주로 개인에게 집중되기 마련이며 선은 덕의 불분명성, 즉 도덕적 덕이란 행복과 같은 다른 것을 위한 것이 되지 않는 본질적 선이라는 것과 연계된다. 선에 관한 머독의 설명은 하나의 거대한 비전에 통합되며, 여기에 세계와 덕에 관한 이야기 및 의식과 주의함에 대한 이야기들이 포함된다. 그녀의 입장은 단일론적이다. 그렇다면 선이라는 실재를 어떻게 설정해야 하는 것인가?

  머독은 선에 관한 자신의 주장을 존재론적 신존재증명을 통하여 입증하고자 하였다. 여기에서 그녀가 선을 신의 속성들과 동등한 것으로 여겨 실재하며 초월적이며 주의의 완전한 대상이라고 생각했던 것을 기억할 필요가 있다. 그녀는 선에 대한 이해가 그 필연적 존재를 수반한다고 주장한다. 머독은 신존재의 증명을 선의 정도에 대한 우리의 지각에 근거하는 것이라고 생각한다. 말하자면, 신의 비우연성에 대한 규정은 '우리에게 누구에게나 신체라는 것이 주어져서 그것을 통해 가치란 근본적인 것이요 편재하는 것이라는 점을 지각하고 체험할 수 있다.'[234] 이것은 신존재의 증명이 아니라 선에 대한 증명이며 도덕적 평가 가능성의 필연적이고 실재론적인 조건을 말하는 것이다. 머독은 말하기를, '우리는 필연성으로부터 이러한 고유한 관념을 얻는다'고 하였으며, 또한 선과 악에 대한 부정할 수 없는 체험으로부터 나오는 것이라고 주장한다.[235] 이것을 선의 실재에 대한 것으로 만들기 위하여 머독은 기존의 신존재증명에서 인격성의 구속을 자유롭게 하였고, 신존재증명을 도덕적 가치에 대한 것이라고 간주하였다. 그러므로 선에 대한 증명이 보여주는 것은 인간에게서 제기될 수 없는 무조건적 조건을 말한다. 이것이 사실이라면, 도덕철학은 '이성과 실재의 구조에서 무조건적 조건을 활용하고 있는 셈이다.'[236] 윤리학은 신없는 신학이다. 선이 바로 늙은 신의 상징이기 때문이다.

신을 선으로 대치시킴으로써 머독은 상호연관된 몇 가지 주장을 제안한다. 첫째, 신을 초자연적 인격의 이름으로 사용하고 있으며 신이라는 칭호를 모든 영적 실재들에게 적용하게 되면 혼란이 생긴다. 둘째로, 그녀는 선을 선호하여 초자연적 인격개념을 앞세운다고 해서 영적으로 도덕적으로 상실될 것은 아무것도 없다고 한다. 사실, 존재론적 증명은 필연적 존재의 요구를 충족시킬 수 없는 인격적 존재의 개념을 입증함으로써 이러한 목적에 기여한다. 셋째로, 머독은 선이란 늙은 신의 상징개념이며 특별히 완전성의 정도를 구별하는 모든 체험에서 드러나는 인간에 대한 절대적이고 필수적인 도덕적인 주장을 상징화한 것이라고 주장한다. 그리고 이러한 논의들과 연관지어 넷째로, 머독은

---

234) Murdoch, *Metaphysics as a Guide to Morals*, p.396.
235) 같은 책, p.406.
236) 같은 책, p.432.

종교를 유신론자들의 것으로부터 해방시켜 새로운 정의를 내리고 있다. 그녀는 종교란 '삶의 선과 덕의 독특한 주권적 지위에 대한 일종의 신념'이라고 한다.237) 이것은 가치상실의 문제로부터 신 없는 신학, 형이상학적 기초로 상정하려는 시도에 대한 응답이다. 그녀는 인간의 의식과 선이라는 실재 안에서 가치의 편재성을 주장한다.

2장에서 말했던 것처럼, 기독교에서 하나님이라는 칭호는 단지 초자연적 존재의 명칭에 그치지 않는다. 우리는 선의 개념이 신의 개념을 충분히 담을 수 없음을 알게 된다. 머독의 주장에 대한 기독교적 응답을 제시하기 위한 예비단계로 물어야 할 중요하고도 기초적인 도덕적 질문이 있다. 그 질문은 도덕적 관심, 즉 개별자에게 맞추어지며 우리들로 하여금 도덕의 원천을 다시 한 번 생각해 볼 수 있도록 이끌어 준다.

머독은 도덕의 초점이 개별자의 사랑과 지식이라고 하였다. 그녀는, '도덕의 핵심개념은 "그러므로 너희는 완전하라"는 명령의 빛 아래에서 사랑에 의한 지식에 대한 개별적 생각'이라고 한다.238) 그녀는 이것이 기독교에서 찾아볼 수 있는 개별자에 대한 위탁이라는 것을 알아차렸다. 이것은 또 다른 질문을 낳는다. 개인중심성에 관한 이러한 주장의 원천은 무엇인가? 좀더 정확하게 말하자면, 왜 개별자는 실재적이고 현실적인 개별자가 완전하지 못한 경우에 도덕적 주의와 사랑의 대상이 되어야 하는가? 그것은 머독이 자신의 이론에서 기독교의 하나님을 비인격적인 선으로 대치하고자 했던 바로 그 우연성과 불완전성이 아닐까? 왜 인간에게는 그러한 논의가 적용되지 못하는 것일까? 요컨대, 이 질문은 개인의 가치에 대한 문제인 것이다.

---

237) 같은 책, p.426.
238) Murdoch, "The Idea of Perfection", p.30.

이 질문에 대해서는 잘 알려진 몇 가지 대답이 있다. 머독은 그 어느 하나도 좋아하지 않는다. 그녀가 이것을 거부한 이유를 알아내는 것이 중요하다. 첫째, 우리는 개인을 선의 인식이라는 목적을 위한 수단으로서의 개인에 대한 논의를 알고 있다. 쾌락주의자들은 그렇게 말할 것이다. 그러나 만일 우리가 그것은 인격을 다른 사람을 위한 수단으로 간주하는 것이라고 말할 수 있다면, 머독의 반대에도 불구하고 덕은 이러한 측면을 지니게 된다. 둘째로, 우리는 과연 사람을 우리의 도덕적 완성에 유익한 한에서만 존중하고 사랑해야 한다는 말인가? 칸트주의자들은 인격에 있어서의 인간성이라는 개념에 초점을 맞추어 존중을 불러일으킨다고 답할 것이다. 그러나 우리의 지각이 그러한 평가를 내릴 때 결함이 없다고 말할 수 있을까? 머독은 개인의 가치에 대한 이러한 대답을 선호하는 도덕적 이해에 대한 혼란을 너무도 잘 알고 있었다. 그러므로 우리는 다시 이렇게 묻지 않을 수 없다. 사랑을 명령하는 인격체의 불완전하고 우연적이며 너저분하고 인색한 실재에 대하여 무엇이라고 말해야 하는가? 필자는 이 질문에 대한 답이 도덕철학 전체에 대한 주장을 긍정하는 머독의 생각에 제한을 가해야 한다고 하는 것이다. 이 점을 분명하게 하는 것이 매우 중요하다.

우리가 살펴본 것처럼, 머독이 주장하는 도덕적 존재의 양태는 의식이다. 그녀는 인간의 의식이 하나되게 만드는 행위라고 주장한다. 우리는 항상 삶과 세계를 정합성있는 것으로, 의미있는 전체로 만들기 원한다. 이것은 인간의 마음에 고유한 형이상학적 충동이다. 칸트가 말한 것처럼, 의식이란 종합적 행위이다. 플라톤은 말하기를 인간은 선에 대한 연관성을 가지고 이해할 수 있는 존재라고 하였다. 머독은 이 두 가지 주장 모두를 유지하려고 하였다. 완전성이라고 하는 이념과 연관지어 하나되게 하는 행위는 창조적인 예술적 행위에서 볼 수 있다. 예술이 머독에게 중요했던 이유가 바로 이것이다. 그녀는 인간이란 모두가 예술가라고 주장한다. 물론, 머독은 인간의 마음이 어떻게 조합되는지, 그리고 사랑이 거짓과 연계될 수 있다는 것을 알고 있었다. 그녀는 선이라는 실재를 설정하고 도덕적 주의력을 변형시킴으로써, 즉 명상과 기도와 같은 행위들을 통해서 이러한 경향성을 극복하고자 하였다.

머독이 말한 것, 그리고 필자가 4장에서 언급한 것이 바로 의식의 하나되게 함이며 이것은 그 자체로 힘의 행위이다. 개인과 윤리의 제일원리라는 것에 연관지어 볼 때, 이것은 어떤 의미인가? 여기에 두 가지 대답이 가능하다. 그 하나는 내재론자들의 대답이고 다른 하나는 외재주의자들의 응답이다. 첫째, 우리는 의식에 있어서 이러한 힘의 작용, 즉 의지함보다는 인지적 하나되게 함이라는 것은 가치전달적인 것이다. 가치를 참조한다는 것은 행위자에게 내재적인 것으로 이해되어야 하며, 이것은 반실재론자 및 구성주의자들의 견해로서, 그렇게 이해되지 않는다면 불완전성은 사랑과 존중의 대상이 될 수 있다. 존중과 사랑을 불러일으키는 것은 하나되게 하는 존재로서의 개별자라는 실재이다. 즉 그들이 마음을 가지고 있으며 선에 대한 의식을 가지고 있다는 것이다. 개별자를 사랑한다는 것은 선이 알려지는 다양하고도 복합적인 방식으로 사랑하는 것을 말한다. 인격에 도덕적 가치를 부여하는 것은 힘의 작용이며 선이라는 실재 하에서의 마음의 하나되게 하는 것이다. 힘은 가치창조적인 것이지만, 그것은 마음의 힘이며 의지의 힘이 아니다. 이것이 중요하다.

머독은 의식의 하나되게 하는 행위에서가 아니라 인격체의 인격체됨에 관하여 사랑과 존중을 주장한다. 이것이 의미하는 바는 그러한 의식은 가치를 부여하지 않는다는 것이다. 자아의 가치마저도 어떤 측면에서는 자아에 대해 외재적이다. 여기에서도 선이 주권을 행사한다.

이것은 머독이 자아가 선한 인격을 무로, 선에 대한 투명한 것으로 본다는 것을 말한다. 자아는 그 하나되게 하는 행위에서 그것이 만일 선이요 의식의 모든 행위를 잠재적으로 실행하는 것이며 이러한 목적에 거스르는 것인 한, 사랑의 대상이 되어야 한다. 다시 말해 의식이 사실상 가치부여적인 것이라면 도덕적 주의는 개별자의 특수성보다는 그 공유된 것을 향하게 될 것이다.

이제 우리는 이 질문의 출발점에 돌아왔다. 즉 도덕의 근본으로서 힘과 가치의 연관성, 그리고 그 연관성이 행위자에 대해 내재적인 것인지의 여부, 또는 주체에 대해 외재적인 것인지의 문제가 그것이다. 머독은 이 점에서 실존주의자들과 여타의 반실재론적 관점을 거부한다. 의식은 실재를 향하여 있으며 인간의 자유는 바로 그 맥락에서만 의미있는 것이 된다. 그러나 여기에 또 다른 문제가 생긴다. 무엇이 개인에게 가치를 부여하는가? 머독은 선이라고 했지만, 실재의 선, 특별히 개별자들의 선이란 무엇인가? 필자가 보기에 이것은 기독교 윤리가 머독으로부터 얻어낼 수 있는 잔여물이다. 인간은 존재한다는 것만으로도 사랑과 존중의 가치가 있다. 창조의 빛 아래에서 본다면, 우리는 아우구스티누스가 말한 것처럼, 존재하는 한 모든 것은 선하다는 긍정에 이른다. 그러나 이것이 과연 창조주 하나님을 배제한 채로 의미있는 것이 될 수 있을까?

이제 우리는 머독의 주장에서 나타난 신과 선에 대한 주장을 문제삼을 차례가 되었다. 만일 필자가 옳다면, 실재론적 윤리학자들은 자아가 창조주와 창조하는 개념에 호소함으로써 자아 안에서 능력의 작용 이외의 다른 근거에서 개별자의 존엄성을 주장할 수 있을 것이다. 그러나 이것은 우리가 하나님을 선으로 대체시킬 수 없다는 것을 의미한다. 다시 말해, 선은 하나님을 온전하게 상징화하는 것이 아니다. 그리고 이것은 또한 해석학적 실재론의 진가를 인정해야 한다는 것을 뜻하기도 한다.

하나님의 선하심의 주권

필자는 이 책에서 우리 시대의 도덕적 가치의 근거가 더욱 더 힘이라고 하는 관점에서 규정되어가고 있다는 점을 주장하였다.[239] 이것이 의미하는 바는 가치란 개인 또는 공동체의 목적을 성취시켜주는 일들을 발생시키는 능력에 그 뿌리를 두고 있다는 생각이다. 그리고 여기에는 힘, 즉 실재에 대한 응답과 형성과 영향의 능력이 증대되면 가치도 증대된다는 생각이 수반된다.[240] 우리가 알고 있는 한, 인간만이 힘

---

[239] 가치는 가치론적이고 관계론적 용어로 규정될 수 있다. 가치는 실존의 통전성을 존중하고 함양하는 것이어야 한다. 우리가 소비하는 음식은 그것이 우리의 필요를 위협하지 않는한 가치있는 것이라 할 수 있다. 가치없는 것이란 존재라는 것들을 파괴하고 훼손시키는 것이다. 리차드 니버는 가치가 주관적 평가에 환원되지 않는다고 한다. 가치는 존재자의 속성을 말하는 것이 아니다. 가치는 존재자와 존재자의 관계에 관련된 것이다. 이렇게 본다면, 도덕적으로 옳은 행동이란 자연적, 개인적, 사회적 삶의 통전성을 함양하는 것일 때에 인정된다. 옳고 그름 그리고 도덕적 의무는 필요, 능력, 가능성에 뿌리내린 기본적 가치와 관련하여 정당화된다. 머독은 가치론의 일부에 대해 동의할 것이다. 그녀는 자신을 비교조적 자연주의자라고 말한다. 이와 관련된 설명을 좀더 필요로 한다면, H. Richard Niebuhr, "The Center of Value"를 참고할 것.

[240] 힘이란 실재에 응답하고 영향을 주며 형성시키는 능력이다. 힘은 인격이나 사물을 통제하고 강요하며 지배하는 능력이 아니다. 나아가 힘은 특정한 사물이 아니다. 오히려 라틴 용어대로 하자면, 힘은 존재자들을 상호작용 속에서 지속적으로 존재하게 하는 능력이다. 힘은 다양한 형태를 지닌다. 사회적인 것일 수도 있고 자연적인 것일 수도 있다. 힘은 합법적으로 또는 부당하게 강요하는 능력이나 비강요적 능력으로 행사된다. 힘에 대한 접근은 어떤 결과를 산출하게 하는 능력에 대한 접근이다. 자유란 개인의 도덕에 결정적인 역할을 하는 힘의 한 가지 형태라고 할 수 있다. 자유는 실재에 응답하고 영향을 주며 형성시키는 능력이다. 이에 관한 더 많은 논의는 다음 글을 참고할

을 의도적으로 사용하는 존재이며 이것은 인간이 가치의 원천이라는 것을 의미한다. 이러한 일련의 주장들을 통하여 윤리학자들은 다음 몇 가지 결론을 도출한다. 반실재론자들의 주장에 의하면, 가치가 존재론적 기초인 것이 아니다. 힘이 그 기초이다. 힘에 대한 억제는 힘을 사용하는 사람의 내적인 것, 그것이 의지가 되었든 혹은 의식이든 간에 또는 행위자들 사이의 합의가 되었든 간에 내재적인 것이다. 이것이 옳다면, 플라톤주의와 기독교의 기본적인 주장은 허위가 되고 만다. 이미 살펴본 것처럼, 이러한 몇 가지 주장들은 포스트모던 문화 및 현대 윤리학의 가장 심층적인 전제이다.

다시 말해 의지나 의식에 있어서 힘이 가치의 근거가 되는 것인지 또는 힘 그 자체 이외의 것인 선에 의해 힘의 사용에 대한 억제가 주어지는지 하는 것이 문제이다. 이것은 인간이 행위함으로써 일정한 목적을 이루고 다른 사람들에게 영향을 주는 능력을 사용하는 현실적 또는 잠재적 행위자라는 점에서 본다면 도덕적으로 기본적인 문제이다. 힘과 가치 사이의 연계성은 심층적이며 인간의 마음으로부터 근절될 수 없다. 그것은 인간의 사랑, 창조성, 갈등의 엔진이며 종교의 원천이다. 인간은 사랑과 상상과 행위를 통하여 가치창조능력에 접하기를 원한다. 이것은 인간에 대한 실재론적 이해의 기초이다. 머독이 이 질문에 대해 기여해 준 것은 도덕에 있어서 비전과 지각에 대한 사려깊은 분석을 해주었다는 점이다. 그녀는 우리의 힘과 사랑과 자유가 우리의 실재에 대한 지각에 의해 억제되고 그 방향이 결정된다고 하였다. 그러나 그녀의 논의가 결정적인 것은 아니다. 문제는 어떻게 선이 실재를 상징화하는가 하는 데 있다. 이것을 설명하기 위하여, 필자는 우리

것. Joseph Allen, "Power and Political Community", in *The Annual of the Society of Christian Ethics* (Washington, D. D.: Georgetown University Press, 1993), p.3-22.

가 살펴본 머독의 논의들을 재검토하는 수준에서 논하고자 한다. 즉 윤리학의 제일원리에 대하여, 일상적 경험과 연관지어 그것을 정당화하고, 의지나 의식을 가치부여적인 것이라고 말하는 실수를 저지르지 않으면서도 도덕적 존재에 대한 근본적 양태를 묘사할 수 있는 방법에 대해 살펴보고자 한다.

만일 이에 관한 필자의 논의가 설득력이 있다면, 윤리학의 제일원리는 힘과 가치의 연관성을 다음과 같은 방식으로 설명할 수 있어야만 할 것이다. 즉 힘은 인간과 같은 존재자들의 가치에 봉사하는 것이 되어야 한다는 것이다. 힘의 작용은 가치부여적인 것이 아니다. 힘은 유한자들을 존중하고 그 가치를 함양하는 경우에 도덕적 가치를 지닌다. 머독이 말한 선의 윤리학은 이러한 주장에 이르지 못한다. 이것은 선 그 자체에의 상징주의 때문이다. 이것은 무슨 뜻인가? 머독은 선 안에서 진리의 빛이 보여지고 세계를 드러내어 주며 생명의 원천이라고 주장한다.[241] 그러나 생명의 원천으로서의 선은 그 힘이 유한자, 곧 피조물에게 구속되는 것이 아니라는 점을 인식하는 것이 중요하다. 선은 그 자신 이외의 것을 인정하지도 않으며 그것에 응답하지도 않는다. 다시 말해, 선은 가치창조적 힘이 유한한 생명체들을 존중하고 함양하도록 하는 변형을 상징하지 않는다. 이것이 바로 머독이 개별자들의 가치를 위한 근거를 설명하기 어려운 이유이다. 이 점을 파악함에 있어서 우리는 선을 실재에 대한 상징으로 설명해 왔다.

이 책의 여러 장에서 설명했던 것처럼, 힘의 변형은 기독교의 하나님에 대한 생각에서 중심적인 위치에 있다. 하나님은 궁극적인 가치창조적 힘이시며 유한자들에게 관심을 가지신다. 하나님에 대한 이러한 설명은 철학자의 하나님, 즉 머독 주의의 단일한 완전실재적 대상이

---

241) Iris Murdoch, *The Fire and the Sun* (Oxford: Clarendon Press, 1977), p.4.

라고 했던 그 하나님이 아니다. 그녀의 규정은 이미 완전성을 선에 부여하려는 관념에 담겨져 버렸다. 그러나 필자 역시 하나님에 대하여 너무나도 인간의 모습을 띤 대중적 경건의 대상이 되는 하나님을 의미하는 것이 아니다. 하나님을 인격체요 행위자라고 말하는 것은 우리의 인생관에서 창조성의 불가환원성을 의미한다. 그것은 문자적 인격체를 말하는 것이 아니다. 기독교의 하나님은 무조건적 가치창조적 권능의 하나님이시다. 그러나 하나님에 대한 신앙은 다양한 개념과 상징의 세트들을 통하여 설명된다. 즉 창조, 하나님의 형상으로서의 인간, 도덕에서 정의와 자비의 강조, 그리고 결정적으로 예수 그리스도는 선을 의미하지 않는 힘으로서의 힘(power qua power)이시다. 하나님은 힘과 가치의 연계성을 지니시고 힘으로 하여금 하나님 이외의 존재들의 통전성을 존중하고 함양하는 것에 사용하시는 분이시다.242) 이것은 힘이 윤리학의 제일원리가 아니라는 뜻이다. 힘은 존재의 가치를 존중하고 함양하는 것을 그 원리로 삼는다. 하나님이 계신다는 것은 우리에게 이러한 통찰을 갖도록 이끌어 준다.

　이러한 논의에서 두 번째 논증이 진행될 수 있겠다. 기독교 윤리가 주장해야 할 것이 바로 이 점이라는 사실을 어떻게 설명할 것인가? 우리는 이 질문에 대해 일차적으로 하나님과의 관계에서 존재하는 인간이라는 관점에서 답을 찾을 수 있다. 기독교적 전통에서 우리는 유한한 존재들을 존중하고 그 가치를 함양하며 구원하는 행위가 가치창조적 능력이라는 것을 볼 수 있다. 더구나 이러한 실재만이 무조건적이고 절대적이라는 것을 알 수 있다. 이것은 2장과 8장에서 논한 바 있다. 하나님을 알게 하는 기독교적 상징들은 여러 가지가 있다. 계약, 구속, 창조, 하나님의 통치 등등이 그것이다. 7장에서 말했던 기독론적

---

242) 이러한 전통에서 죄 또는 도덕적 결함이 무지나 오류의 문제가 아니라고 말하는 이유가 여기에 있다.

관점은 이러한 통찰이 그리스도 안에서 나타난 것임을 보여준 것이다.

그러므로 하나님을 알게 하는 많은 용어와 개념들은 하나님이 존재자들에게 그 존재를 지속할 수 있는 힘을 주시며 가치의 원천이 되신다는 것을 보여준다. 바로 이러한 이유에서 하나님은 불가환원적이고 일차적인 존재라고 표현될 수 있다. 기독교 윤리는 하나님이 선하심의 주권을 행사하시는 분이라는 사실, 즉 무조건적 선을 지니신 분이라는 점을 설명하는 작업이다. 하나님을 향하도록 하는 것, 그리고 삶에 대한 근본해석에로 이끌어주는 것은 초월적 자의식, 세계해석, 타자에 대한 평가라는 결과로 나타난다. 이것이 바로 기독교 전통의 핵심이다.

기독교 윤리는 하나님에 대한 설명과 윤리학의 제일원리에 대한 주장이 기독교 윤리에 대해서만 타당한 것이 아니라는 점을 입증해 주어야 한다. 하나님이라는 성호로 상징화된 실재, 즉 신적 실재는 자아의 대상인가? 자아의 존재의 깊이인가? 이 문제에 답하기 위하여 우리는 불명료한 신학적 요점에 담긴 도덕적 의미를 찾아내어야 한다. 오랫동안 신학자들은 하나님의 역사하심이 하나님의 본성을 보여주는 것이라고 설명해 왔다. 스콜라적 용어를 사용한다면, 하나님의 존재와 본질은 하나이다. 하나님의 본질은 존재하심이다. 그러나 하나님의 권능의 역사, 특별히 창조와 구원에 나타난 권능은 하나님이 창조주이시며 구원자이시라는 정체성을 보여준다. 즉 하나님의 일하신 것을 보면 하나님이 어떤 분이신지 알 수 있다. 하나님의 선하심은 가치를 창조하는 권능의 사용을 의미할 뿐 아니라 그 힘을 유한자들과 연계시키심으로써 하나님이 어떤 분이신지를 보여준다. 이것이 바로 성서가 하나님의 이름을 계약관계에서 나타난다고 말하는 이유이다. 하나님이 어떤 분이신가 하는 것은 계약과 같은 힘의 가치전환과 가치의 원천이라는 맥락을 통해서만 인식된다. 이것을 윤리학적으로 설명한다면, 힘의 사용은 항상 실재에 대한 응답이어야 하지만, 행위자의 정체성을 재구성해주는 것이어야 한다. 이러한 이유에서 유신론적 담론은 자아 안에서 반향을 일으킨다. 모든 창조적인 행위에서 우리는 의미있는 세계의 존속을 위해 사용해야 하며 우리의 정체성을 형성할 수 있어야 한다. 모든 행위와 관계에서 우리는 최소한 암시적으로, 힘이 항상 그 자체를 넘어서 실재적이고 의미있는 것을 향하고 있다는 점을 긍정하거나 부정한다.

물론, 문제는 실재적이고 의미있는 것, 세계라는 영역이 자아에 한정될 수 있다는 것이다. 그렇다면 어떻게 해야 하는가? 인간의 행위에 대한 신학적 해석을 통하여 우리는 삶의 심층에서 힘과 가치의 연관성을 재구성하기를 원한다. 우리는 근본적 해석에 관여하고 있는 존재들이다. 이렇게, 행위할 수 있는 힘, 의식의 하나되게 하는 힘, 그리고 인간의 사랑과 창조의 힘은 모두 다 하나님에게 주의를 기울일 때, 상징적으로 변형된다. 하나님을 인정하는 것은 억센 힘 이외의 다른 용어로 실재를 상징화하도록 하기 때문이다. 도덕적 진보 또는 완성은 인간에 대한 변형을 통해서만 가능하며 우리의 삶과 세계를 의미있고 인식가능한 것으로 만들려는 노력에 있어서 가치창조적인 힘과의 일정한 접촉을 사모하면서 말이다. 기독교에서 희생을 도덕의 기본이라고 말하는 것은 바로 이러한 이유이다. 이러한 변형이 없이 가치는 힘의 뒤편으로 밀려나가고, 세계는 자아 뒤로 밀려나가며 삶의 목적은 힘있는 자, 힘있는 것에 봉사하는 것으로 전락하고 만다.

필자가 말하려는 것은 우리가 행위자인 한, 우리는 힘의 사용을 통하여 세계에 대한 의미를 파악하고자 한다는 것이다. 이렇게 본다면, 우리는 존재함의 가치와 연관된 힘의 변형을 말해주는 상징이나 개념이 필요하게 된다. 이러한 상징은 인간의 힘의 사용이라는 것 이외의 다른 근거에서 개인과 세계의 가치를 보증하고 도덕적 이해를 변형시키는 상징적 수단을 제공함으로써 인간의 자유의 방향을 재설정하게 된다. 현대사회는 인간에게서 이러한 상징을 발견한다. 그러나 인류에 대한 이러한 신념은 이상하게도 자기모순적인 모습으로 나타나고 있다. 생명을 존중하고 그 가치를 함양하기보다는 힘에의 의지라는 우상화를 목격하고 있다. 기독교에 있어서 하나님이라는 성호는 실재를 가치의 심층으로 상징화한다. 이 모든 것은 선이란 신을 상징화한 것이라는 가정에 실패한 것이다.

이제까지 머독에 대한 응답에서, 필자는 선이란 신을 상징화한 것이 아니며, 신과 선을 실재라고 상징화하는 방식에 중요한 차이가 있고, 종교공동체와 인간실존이라는 유신론적 담론에 대해서만 의미를 부여할 수 있다는 것, 특히 우리들의 행위자됨의 의식에서만 그것이 가능하다는 것을 볼 수 있었다. 이제 마지막 단계로 자아에 대해 살펴보자. 머독은 선과 의식을 상호연관시켰다. 즉 마음의 하나되게 하는 힘을 강조하였다. 이것을 유비적으로 설명할 수 있는 기독교적 관점은 무엇일까? 그것은 머독의 생각을 곡해할 때만 가능할지 모른다. 그러나 우리는 의식이라는 개념에 대하여 실존주의자들과 사회심리학자들의 관점을 넘어서 새로운 해석을 줄 수 있어야 한다. 이렇게 함으로써 필자가 말하려는 하나님의 주권에 대한 논의가 가능해질 것이다. 하나님은 그 전능하심에 대한 주권을 지니시기 때문이다.

전통적인 기독교 윤리의 용어를 사용한다면, 인간은 도덕을 알 수 있는 존재로 지음받았다. 양심이 그 증거이다. 의식의 핵은 양심이다. 양심은 힘이란 궁극적으로 유한자들을 위해 사용되어야 한다는 것을 말해준다. 양심은 인간의 마음에 들어있는 특정한 기능이 아니다. 양심은 타자와의 관계에서 응답적으로 살아가는 인간의 실존의 양태이다.

우리가 스스로를 행위자로 인식한다면, 그것이 좋은 것이든 혹은 나쁜 것이든 간에 우리가 무엇인가를 파악했다는 말이고, 우리의 행위와 관계에서 우리는 단지 존재해야만 하는 것이 있다는 느낌을 갖는 것이며 존재하는 것들은 임의적으로 훼손되거나 파괴되어서는 안된다는 느낌을 가졌다는 뜻이 된다. 유한한 실재들, 가령 어린이, 인격체, 작열하는 노을 등등의 것이 존재해야만 하는 것이라는 느낌을 가지고 되고 그것들이 훼손되거나 파괴되어서는 안된다는 것을 알게 되면, 이것이 힘의 궁극적이고 최종적인 종됨의 의미를 보여주는 것이다. 이것은 창조에 대한 도덕적 감각을 체험하는 것이며 도덕법칙에 대한 인식을 말하는 것이요 양심의 증거들이다. 양심의 실천은 근본적 해석의 실천이다. 이러한 영적이고 도덕적인 실천들은 삶의 통전성을 존중하고 함양하기 위하여 인격을 깊이 있게 하며 개혁시키며 심지어는 신성하게 취급하도록 하는 것을 그 목표로 한다.

따라서 양심은 마틴 하이데거가 말했던 것처럼 인간의 자아에로의 부름, 비본래적 자아에 대한 본래적 실존의 부름을 뜻하지 않는다. 그것은 어디까지나 실재론적 윤리학을 거부하는 내재론자들의 주장일 뿐이다. 이와 마찬가지로 양심은 사람의 확신과 정체성이 그 공동체에 의해 형성되는 것을 지칭하는 이름이 아니다. 양심이란 타자의 비수단적 가치에 대한 응답으로서의 실존의 모습이다. 양심은 가치를 부여한다기보다는 인정한다. 자아에 대한 파악이며 자아의 사회성의 기초에 대한 인식이다. 양심은 머독이 주의함이라고 부른 것을 신학적으로 유비한 것이다.

힘이란 궁극적으로 유한자들을 위해 봉사하는 것이라는 사실이 체험된다면, 우리 삶의 한 가운데에서, 우리의 양심에서 하나님의 존재하심에 대한 근본적인 긍정을 볼 수 있을 것이다. 우리는 하나님의 존재하심에 순응하든지 혹은 그것을 부정하든지를 선택할 수 있다. 우리 시대의 문제들, 그것은 모든 시대에 해당되는 것이기도 하지만, 실재에 대한 비전을 상실한 것만을 말하는 것은 아니다. 이것은 양심이 사회적이고 이데올로기적인 수단에 의해 무뎌지고 변형되어서 힘의 사용이라는 것만 보일 뿐 유한자들을 존중하고 그 가치를 함양하는 과제가 무의미해진 것이다. 그리고 이것은 일차적이고 환원불가적인 것, 즉 행위자로서의 삶의 이해가능성의 원천을 파악하지 못한 것이다. 이렇게 본다면, 도덕은 양심의 증거를 따라 실재를 알게 되는 좋은 측정치가 될 것이며 양심에 순응하여 산다는 것이 무엇인지를 보여주는 것이라 하겠다. 바울은 로마서 12장 2절에서 이렇게 말하고 있다. '너희는 이 세대를 본받지 말고 오직 마음을 새롭게 함으로 변화를 받아 하나님의 선하시고 기뻐하시고 온전하신 뜻이 무엇인지 분별하도록 하라.'[243) 이러한 양심의 변화를 통하여 만물은 하나님과 연관지어 그 가치가 평가된다. 인간의 고유함, 즉 인간의 불가환원적 가치는 피조물이며 우리는 하나님이 상징화하는 존재들이다. 가치란 우리가 우리 자신 이외의 다른 존재들에게 응답할 수 있는 존재인 한에서 가치를 부여받는다. 이렇게 함으로써 힘에 대한 가치평가를 변형하고 그 방향을 설정하게 된다.[244)

결론

인간은 힘을 사용하는 존재인 까닭에 어떻게 살아야 하며 의미있는

---

243) 다음 자료를 읽으면 많은 도움이 될 것으로 생각된다. Hans Dieter Betz, "Christianity as Religion: Paul's Attempt at Definition in Romans", *Journal of Religion* 71, No. 3, 1991, pp.315-44.

244) 보다 자세한 논의는 Schweiker, *Responsibility and Christian Ethics*를 참고할 것.

실존이 되기 위해 무엇을 해야 하는지에 관하여 살펴보았다. 우리는 만일 우리 자신이 윤리학의 제일원리를 설명할 수 있으려면 하나님이라는 단어가 상징하는 것이 무엇인지를 알 필요가 있다. 기독교 윤리는 실재에 대한 상징화에서 가치와 힘의 적절한 관계를 그 원리로 설명하는 방식을 취한다. 필자는 이것을 개념적으로 설명하고자 노력하였다. 즉 우리의 현실적인 체험, 그리고 인간관의 문제와 연관지어 설명해 왔다. 필자는 하나님이 윤리학에 있어서 실재에 대한 최선의 상징화임을 논하였다. 양심은 도덕적 존재로 살아간다는 것을 상징적으로 보여주며 도덕적 존재로서의 근본적 양태이다.

이러한 논의를 통하여 필자는 머독에게서 많은 도움을 받았다. 이 책은 주로 머독의 관점을 많이 인용하고 있으며 특히 인간의 도덕적 지위에 대한 해석과 도덕의 심층에 대한 설명에서 그녀의 통찰력을 수용하였다. 그러나 만일 필자의 생각이 옳다면, 힘과 가치에 대한 연관성의 문제를 고려하지 않는다면, 우리는 현대적 상황을 올바로 이해할 수 없을 것이다. 그녀는 이 문제를 설명하지 못했다. 그녀의 이론에서 선의 중심성은 힘과 가치에 관한 심층성을 삭제해 버렸다. 현대의 상황은 머독이 가정하는 것보다 훨씬 더 위험하다. 비젼을 바로잡는 일은 가치와 힘의 동등시하는 관점을 쉽게 잘라버릴 수 없다. 다시 말해 선이 실재를 상징화한다는 것은 한계가 있다.

기독교 윤리는 이러한 문제를 설명하는 개념 및 상징들의 복합적 세트를 가지고 있으며 그렇게 함으로써 신앙의 핵심 곧 하나님을 중심에 두게 할 것이다. 하나님의 선하심에 대한 설명을 통하여 우리는 윤리학의 제일원리를 힘과 가치의 문제에 연관지어 설명할 수 있을 것이다. 이것은 우리들로 하여금 우리의 상황을 진단하고 비판하며 희망적으로 변화시키게 할 것이다. 이 책의 요점은 도덕에 대한 독특한 관점에 있으며 이것이 다른 문제들을 해결할 단초가 된다는 것이다. 그리고 이것은 기독교 윤리가 도덕적 체험의 구조를 열심히 분석하려는 이유이다.

머독은 우리로 하여금 인간이 삶에 대한 도덕의 무조건적 영향성이라는 관점에서 종교적인 문제들을 고려하는 방식으로 윤리학을 추구할 수 있도록 해 주었다. 이러한 탐구에 대한 응답으로, 머독은 신없는 신학을 제안하였다. 그녀의 이론을 검토함으로써 우리 시대의 다른 사상가들의 이론을 검토함으로써, 필자는 우리 시대의 심층적인 문제들에 대한 기독교 윤리학적 접근의 필요성을 강조하고자 하였다. 윤리학은 인격의 가치에 관여하는 학문이며 인간이해에 있어서 창조론을 전제할 때에만 비로소 그 일을 할 수 있다고 생각되기 때문이다. 필자가 보기에 이러한 접근을 통하여 우리는 하나님의 선하심의 주권이 다른 모든 부분에, 특히 행위자로서의 인간에 대해 성립되어야 한다고 생각한다.

역자후기

포스트모던의 시대로 불리우는 현대사회의 기독교윤리는 과연 어떤 것이어야 하는가? 다원성, 복합성을 특징으로 하는 포스트모던의 시대에 나타난 도덕적 반실재론과 구성주의적 관점, 그리고 이와 나란히 나타나는 테크놀러지 발전으로 인한 인간의 힘의 근본적 확장은 기독교적 세계관에 입각한 책임윤리의 필요성을 절감하게 한다. 이것이 바로 이 책의 주제이며 슈바이커(W. Schweiker) 교수의 문제의식이다.

선이란 무엇이며, 어떤 것이 가치있는 것인가? 슈바이커 교수는 이 책의 여러 곳에서 포스트모던의 시대에 두드러진 도덕적 반실재론과 구성주의적인 조망을 채택할 경우, 결국 인간의 존엄성과 삶의 통전성이 테크놀러지적 힘의 논리에 종속되어 버릴 것이라고 경고한다. 그는 하나님의 존재를 중심으로 하는 도덕실재론을 옹호하면서, 하나님 앞에서의 삶의 통전성을 존중하고 함양하는 윤리의 필요성을 역설한다. 이 책에서 사용된 이른바 해석학적 실재론은 선과 가치에 관한 도덕실재론의 정립을 위한 중요한 방법론으로서, 독자들에게는 다소 생소하거나 난해할 수 있는 이론들을 슈바이커 교수는 나름대로 재치있는 방법으로 설명하고 있으며, 이를 통해 기독교적 관점에서의 도덕실재론을 제안하고 있다.

이 책의 가장 탁월한 특징을 꼽으라고 한다면, 슈바이커 교수의 해박한 지식과 열린 자세 및 신학적 책임성이라 할 수 있겠다. 많은 경우,

특히 한국에서의 대부분 기독교윤리가 신학적이고 교리적인 용어들의 변형인 것과는 다르게 이 책은 신학 및 철학의 방대한 이론들, 그리고 난해한 현대윤리학의 다양한 관점들을 통찰력있게 분석, 평가하고 그 대안을 제시한다. 이것은 슈바이커 교수의 저작들이 지니고 있는 특징이자 장점이다. 이 책을 제대로 이해하는 것만으로도 현대도덕철학 및 기독교윤리의 흐름에 대한 전체적인 조망이 가능할 정도라고 감히 말하고 싶다.

역자는 이 책의 출판으로 슈바이커 교수의 걸작 두 권을 번역하게 되었다. 이 책은『책임윤리란 무엇인가?』(원제: *Responsibility and Christian Ethics*, 1995/ *拙譯, 대한기독교서회, 2000)와 나란히 슈바이커 교수의 기독교윤리를 대변하는 그의 역작이다. 앞의 책이 '테크놀러지'를 주제로 삼은 것이라면, 이 책은 '포스트모던'이 그 화두이다. 이 책의 번역과정에서 나타난 실수들로 인해 원저의 진의가 제대로 전달되지 못하게 된다면, 매우 안타까운 일이 아닐 수 없다. 이 점 깊은 책임감을 통감하면서 독자들의 양해를 구하며, 지면을 빌어 1998년 겨울 Univ. of Chicago, Divinity School에서의 슈바이커 교수의 환대에 감사의 마음을 전하고자 한다. 또한 현대사회의 문화와 윤리에 대한 통찰을 바탕으로 이 소중한 시리즈를 기획하고 편찬하는 살림출판사의 값진 노고에 깊이 감사드리며, 번역기간동안 따듯하게 격려해준 아내와 아들 훈이에게 감사의 정을 전하고 싶다.

2003. 2
문시영

포스트모던 시대의 기독교 윤리

초판 인쇄　2003년 3월 5일
초판 발행　2003년 3월 10일

지은이　윌리엄 슈바이커
옮긴이　문시영
펴낸이　심만수
펴낸곳　(주)살림출판사
주　　소　110-847 서울시 종로구 평창동 358-1
출판등록　1989년 11월 1일 제9-210호
전화번호　영업·(02)379-4925~6　편집·(02)394-3451~2
팩　　스　(02)379-4724

ⓒ 살림출판사, 2003

ISBN 89-522-0090-X 03200

* 잘못된 책은 구입하신 서점에서 바꾸어 드립니다.
* 저작권자와의 협의에 의해 인지를 생략합니다.

값 10,000원